LES
DOCTRINES ÉCONOMIQUES
ET SOCIALES *2989*
du Marquis de Mirabeau

Dans l'*Ami des Hommes*

PAR

Lucien BROCARD

CHARGÉ DE COURS D'ÉCONOMIE POLITIQUE A L'UNIVERSITÉ
D'AIX-MARSEILLE

> « L'*Ami des Hommes* est un de
> « ces livres dont tout le monde parle,
> « que presque personne ne connaît,
> « et que dans chaque génération,
> « un courageux citoyen devrait lire
> « pour en dispenser tous les au-
> « tres. »
>
> EDMOND ROUSSE, *Mirabeau*, p. 22.

PARIS

V. GIARD & E. BRIÈRE

Libraires-Éditeurs

16, RUE SOUFFLOT, 16

1902

LES

DOCTRINES ÉCONOMIQUES

ET SOCIALES

du Marquis de Mirabeau

DANS L'*Ami des Hommes*

LES
DOCTRINES ÉCONOMIQUES
ET SOCIALES
du Marquis de Mirabeau

Dans l'*Ami des Hommes*

PAR

Lucien BROCARD

CHARGÉ DE COURS D'ÉCONOMIE POLITIQUE A L'UNIVERSITÉ
D'AIX-MARSEILLE

> « L'*Ami des Hommes* est un de
> « ces livres dont tout le monde parle,
> « que presque personne ne connaît,
> « et que dans chaque génération,
> « un courageux citoyen devrait lire
> « pour en dispenser tous les au-
> « tres. »
>
> EDMOND ROUSSE : *Mirabeau*, p. 22.

PARIS

V. GIARD & E. BRIÈRE
Libraires-Éditeurs
16, RUE SOUFFLOT, 16

—

1902

INTRODUCTION

Peu d'auteurs sont en même temps plus célèbres et moins connus que le marquis de Mirabeau : père du grand orateur de la Constituante et fils intellectuel de Quesnay, sa renommée se perd un peu dans le rayonnement de la leur. On oublie trop souvent qu'il a une personnalité distincte, l'une des plus fortes parmi les hommes de son temps, et qu'avant d'être Physiocrate il a d'abord été lui-même. Un très grand nombre de ceux qui en parlent ne le connaissent que par ouï-dire ; ils se sont arrêtés au seuil de ses œuvres, retenus par sa réputation d'auteur obscur, prolixe, et disons le mot, détraqué. La Harpe le déclare atteint d'une « exaltation qui touche à la folie » (1). L'un des meilleurs historiens de sa famille, ne voit en lui qu'un « déséquilibré sagace » (2), le plus

---

(1) Cité par Rousse. — *Mirabeau*, p. 32.
(2) Loménie. — *Les Mirabeau*, I, p. 338.

« fécond et le plus diffus des Physiocrates » (1). Il veut bien concéder que l'*Ami des hommes* est un ouvrage « rempli de bonnes intentions » (2), mais il se défend de « l'intention meurtrière » (3) d'en aborder l'analyse, et le « résumé d'après un résumé (4) » très bref qui n'est, à vrai dire, que la conclusion du livre et qui pour avoir été écrit par Mirabeau lui-même n'en est pas pour autant plus compréhensible. Un autre de ses historiens, qui le tient, celui-là, pour un profond penseur et un grand écrivain, ne l'admire que de loin et fait appel à « quelque courageux citoyen » pour aller interroger le sphinx ; encore, ne lui offre-t-il pour prix de son courage que le modeste espoir de trouver dans l'*Ami des hommes* un simple commentaire de l'*Esprit des lois* (5).

Redouté par ceux qui l'ignorent comme un auteur apocàlyptique, Mirabeau n'obtient, le plus souvent, de ceux qui le connaissent pour l'avoir lu, que des jugements défavorables. A l'exception de l'un d'eux, qui veut en faire « le père de l'économie politique en France » (6), on lui refuse en général le bénéfice de l'originalité : Blanqui dans

(1) Loménie, ii, p. 186.
(2) Id., ii, p. 200.
(3) Id., i, p. 485.
(4) Id., ii, p. 162.
(5) Rousse. — 22.
(6) Rouxel, dans l'*Ami des hommes*, édition Guillaumin. Avis des éditeurs.

son *Histoire de l'économie politique* oubliant que la publication de l'*Ami des hommes* est antérieure aux relations de Mirabeau avec Quesnay, le croit écrit sous l'inspiration du docteur (1). D'autres, récemment, se sont montrés plus sévères encore : pour eux Mirabeau n'est pas seulement un disciple, c'est un plagiaire, qu'ils accusent d'avoir copié l'*Essai sur la nature du commerce de Cantillon*.

Qui croirait qu'un auteur si dédaigné et si maltraité aujourd'hui, a obtenu, de son temps, un succès qu'égale à peine celui de nos dramaturges les plus célèbres ou de nos acteurs les plus renommés ? Telle est cependant la vérité. Déjà, son mémoire sur les Etats provinciaux avait attiré l'attention sur lui : publié sans nom d'auteur, il avait été attribué à Montesquieu (2) qui jouissait

(1) L'erreur s'explique facilement. Blanqui a eu entre les mains une édition postérieure à l'adhésion de Mirabeau à la doctrine des Physiocrates. — Les historiens, ou les économistes préoccupés par les études historiques, ont en général rendu justice à Mirabeau, et reconnu son grand mérite d'observateur des mœurs. Cf,: Tocqueville, Taine, Léonce de Lavergne et spécialement pour ce dernier : *Les économistes français du* XVIIIe *siècle*, Guillaumin, 1870, p. 113-166. Il nous faut mentionner aussi une étude publiée au moment où nous terminons notre travail, par M. Henri Ripert : *Le Marquis de Mirabeau*, Paris, Rousseau, 1900, *Thèse* de doctorat. L'auteur a voulu embrasser dans son œuvre les trente-huit volumes publiés par Mirabeau et ses manuscrits.

(2) L'erreur ne faisait pas beaucoup d'honneur à ceux qui l'avaient commise, car Mirabeau a précisément des défauts

alors d'une réputation éclatante. Mais quand
parut l'*Ami des hommes,* ce fut un enthousiasme
extraordinaire : le mot délire est à peine trop fort
pour l'exprimer ; on se disputait le portrait de
l'auteur ; on se pressait pour le voir aux messes
où il assistait et on y payait les chaises jusqu'à
douze sous Le dauphin, père de Louis XVI, prétendait savoir le livre par cœur, et l'appelait le
livre des honnêtes gens (1). Son titre servait d'enseigne aux boutiques, et en 1760 une traduction
du poème des *Saisons* de Thompson, fut dédiée
sans explication à l' « Ami des hommes », nom sous
lequel tout le monde en France et à l'étranger
connaissait Mirabeau, depuis qu'il avait bien voulu
renoncer à l'anonyme et se livrer en personne à
l'admiration publique. Chose rare de tout temps,
pour un économiste, sa gloire était lucrative,
sinon pour lui, du moins pour ses libraires qui
de 1757 à 1760 publièrent vingt éditions de ses
œuvres et avouèrent un bénéfice de 80.000
livres (2). Enfin plus heureux en cela que certai-

qui forment avec les qualités de Montesquieu, le contraste le plus absolu : la prolixité au lieu de la concision,
l'emportement d'une verve impuissante à se contenir à
la place de la maîtrise la plus parfaite dans la pensée et dans
le style.

(1) Léonce de Lavergne, *Les économistes français du*
xviiiᵉ *siècle*, p. 141. Rouxel, *loc. cit.*

(2) Mirabeau abandonné plus tard par l'opinion qui l'avait
tant choyé, raconte lui-même avec un dédain qui n'est pas

nes de nos célébrités contemporaines, il avait su
se concilier en même temps les suffrages du public,
et les éloges de la critique, ou de ceux qui la rem-
plaçaient alors dans la direction de l'opinion :
Rousseau lui écrivait d'Angleterre en 1767 : « J'ad-
« mire votre grand et profond génie, vos œuvres
« sont, avec deux traités de botanique, les seules
« que j'aie emportées avec moi dans ma malle (1). »

Un pareil succès ne pouvait pas s'expliquer uniquement par des qualités d'écrivain, dont Mirabeau
devait, en raison des défauts de style et de méthode (2) insupportables à certains moments, perdre,
comme de nos jours, tout le bénéfice. Il tenait
à la nature même du sujet traité. Le mémoire sur
les Etats provinciaux déjà, mais *l'Ami des hommes*
surtout, ont été pour la société finissante de l'ancien régime un examen de conscience fait par un
moraliste pénétrant qui a su poursuivre les
vices de l'organisation sociale de son temps, jusque
dans leurs conséquences économiques : l'enthousiasme avec lequel il fut accueilli n'est qu'un témoignage de plus de cette bonne volonté, grande
mais tardive, qu'on apportait alors à réparer

exempt d'amertume, une partie de ces détails à son ami
l'économiste italien Longo. — Cf. Rouxel, *loc. cit.*, p. VI.
  (1) Cité par Loménie, ɪ, 338. ɪɪ, 141. Rousse. p. 29.
  (2) Grimm voyait avec beaucoup de raison, dans la forme
des œuvres du marquis de Mirabeau, un pronostic de succès
éphémère. Cf. Rouxel, *loc. cit.*, p. 141.

des fautes irréparables. Le succès devait disparaître avec ses causes : lorsque Mirabeau se convertit à la Physiocratie, il s'engagea dans des discussions de questions techniques, où ne pouvait plus le suivre le public auquel il devait sa gloire, il fut englobé dans l'hostilité grandissante autour de la « secte » dont il propageait les doctrines avec tant d'abnégation, et après la renommée la plus étourdissante, il connut de la part du public un si complet mépris, qu'il ne trouva plus en France d'éditeurs pour ses œuvres, et les imprima à l'étranger sans oser les signer d'un nom capable de les déconsidérer.

Nous n'essayerons pas de réveiller pour l' « Ami des hommes » l'admiration passée, ni même de lui attribuer, à l'égard de l'économie politique, une paternité partagée ou disputée aujourd'hui par un trop grand nombre d'auteurs pour faire honneur à qui que ce soit. Nous voudrions seulement, en nous gardant le plus possible des jugements exagérés ou hâtifs, marquer nettement la place qui lui revient dans cette histoire des doctrines économiques françaises basée sur une étude complète et détaillée des sources, qui nous fait encore actuellement défaut, mais qu'on construit aujourd'hui pierre par pierre. Nous avons essayé d'en ajouter une à l'édifice et dans l'impossibilité d'embrasser en une seule étude l'œuvre d'un auteur qui a laissé près de quarante volumes publiés et des manuscrits considérables, nous avons commencé (sauf à continuer plus tard notre examen) par celui de ses ouvrages où se manifeste le mieux sa personnalité, c'est-à-dire par *l'Ami des hommes*. Le mémoire sur les Etats provinciaux, publié auparavant, ne contient en effet que les germes de sa doctrine économique mélangés à des considérations d'ordre politique sur le rôle des Etats et l'administration locale, qui n'offrent que peu d'intérêt pour l'économiste. Quant aux ouvrages postérieurs, ils ne permettent d'apercevoir Mirabeau qu'à travers la doctrine de Quesnay. C'est donc Mirabeau, avant sa conversion à la Physiocratie, que nous étudierons ici (1).

Nous verrons que comme économiste autonome, il occupe, dans l'histoire des doctrines économiques françaises, une place qui n'est certainement pas la première mais à laquelle nul autre ne saurait prétendre, car malgré ses lacunes et ses défectuosités, son œuvre n'a pas d'équivalent. Non seulement il fut, avant les Physiocrates, et sans tomber dans les erreurs ou les exagérations qu'il contribuera plus tard à propager, l'un des premiers critiques du Mercantilisme dégénéré et passé à l'état de préjugé pour avoir perdu le contact avec

---

(1) De tous les ouvrages de Mirabeau, *l'Ami des hommes* est d'ailleurs aujourd'hui le moins connu et M. Ripert, dans sa récente étude, ne lui a consacré qu'une part relativement minime de ses développements.

la réalité, mais il a été avant Le Play l'unique théoricien économiste d'un système féodal, renouvelé et adapté aux besoins de la société de son temps comme une transition naturelle du régime économique du moyen-âge au régime moderne.

Il a été plus encore qu'un réactionnaire éclairé contre des tendances dont il voyait nettement l'aboutissement fatal au cataclysme révolutionnaire ; par l'importance tout à fait prépondérante qu'il attache aux mœurs et à leur éducation, il a donné le premier à l'économie politique ce caractère éthique qui a formé de nos jours l'objet de tant de discussions ; il est incontestablement le premier en date des économistes moralistes et se rattache par là non seulement à Le Play dont le système social n'est d'ailleurs qu'une adaptation bourgeoise du sien, mais à une branche importante de l'école historique moderne.

Telles sont les principales idées qui se dégageront pour nous de l'étude de l'*Ami des hommes*. Pour en aborder l'examen avec fruit, nous dirons d'abord quelques mots de la personne de Mirabeau, nous tenterons ensuite de caractériser son œuvre en la plaçant dans le milieu intellectuel où il a vécu et en mesurant les influences qu'il y a exercées ou subies. Il ne nous restera plus alors, après avoir traité de sa méthode, qu'à faire rapidement l'histoire externe de son livre.

I

Mirabeau qui eut à Bordeaux des relations assez suivies avec Montesquieu, a été jugé par lui en des termes qu'il nous a conservés dans sa correspondance : « Un jour, dit-il, que nous errions en vrais méridionaux, il me dit avec son accent gascon : « Que de génie dans cette tête-là, et quel dom-« mage qu'on n'en puisse tirer que de la fougue (1) ! » Montesquieu s'exprimait ainsi avant la publication de l'ouvrage qui valut à son ami une si étonnante célébrité. Un peu plus tard il eût vu que le « génie » de Mirabeau pouvait se manifester autrement que dans la conversation, au cours d'une flânerie à travers la campagne méridionale ; mais son jugement demeure vrai en ce sens qu'il met en relief les deux traits les plus saillants et les plus généraux de la nature de Mirabeau : une personnalité exceptionnellement forte, une supériorité d'esprit qui fit de lui l'un des hommes les plus distingués de son temps, et l'impuissance absolue à maitriser sa pensée ou ses sentiments. Ses impressions se succèdent au gré d'une fantaisie dont le secret lui échappe complètement et chacune d'elles, au moment où elle se produit, le domine si bien tout entier qu'elle lui fait oublier les autres. C'est pour-

____

(1) Lettre inédite, mars 1778. Déjà cité par Loménie, I, p. 405.

quoi Vauvenargues qui fut son ami et qui le connaissait bien le déclarait « plus agité et plus inégal que la mer » (1). Ces deux traits dominants du caractère de Mirabeau se retrouvent également dans sa vie et dans ses œuvres.

Il naquit à Pertuis en Provence, le 8 octobre 1715 (2). Bien qu'il ait été pendant toute une partie de son existence fort attaché aux préjugés nobiliaires de son temps, et que dans l'*Ami des hommes* il fasse de la transmission héréditaire des titres et des fonctions un rouage essentiel de son système social, sa famille n'était point, paraît-il, de noblesse fort ancienne : les Riquetti de Florence, dont il prétendait sortir, n'avaient autrefois de commun avec les Riquet de Marseille, dont il descendait réellement, que les premières lettres de leur nom. Ses ancêtres, commerçants enrichis, avaient acquis la noblesse par les moyens ordinaires, et donnant par avance un démenti formel aux doctrines que leur descendant devait développer plus tard, ils avaient trouvé dans leur dignité nouvelle non seulement des satisfactions d'amour-propre, mais un sentiment assez vif des responsabilités et des devoirs

(1) Cité par Loménie, I, p. 389.
(2) Nous n'avons rassemblé ici que les traits essentiels de la vie de Mirabeau, particulièrement ceux qui peuvent aider à comprendre son œuvre. On trouvera sur sa personne, et sur sa famille une étude très complète dans l'ouvrage déjà cité de Loménie.

qui y étaient attachés. Dédaigneux des attraits et des profits de la cour, ils partagèrent leur activité entre l'armée et leurs terres, sur lesquelles ils menaient la vie du seigneur féodal, telle que Mirabeau la rêvera plus tard : ainsi fut en particulier Jean-Antoine de Mirabeau, le père de l' « Ami des hommes », qui après avoir fait campagne en Italie et reçu, à Cassano, de multiples blessures dont l'une l'obligea depuis à porter constamment une cravate d'argent pour soutenir sa tête, vint s'installer à quarante-deux ans sur ses terres de Provence et s'y maria. Féodal convaincu, non seulement il avait refusé de résider à la cour, mais il ne s'y était laissé présenter que pour y tenir des propos à faire écrouler sur lui les murs du château de Versailles, tant ils étaient peu accoutumés à en entendre de pareils (1). Il gouvernait les paysans qui vivaient sur ses terres, avec une rigueur, mais aussi un dévouement et un souci de leurs intérêts qui le faisaient partout craindre et respecter. « C'était, dit Taine, le plus absolu et le plus intrai-
« table des hommes, exigeant que les officiers qu'il
« présente pour son régiment, soient agréés du roi
« et des ministres, ne souffrant les inspecteurs
« de revue que pour la forme, mais héroïque,

____

(1) « Oui, Sire, dit-il, à Louis XIV, si quittant les dra-
« peaux, j'étais venu à la cour payer quelque catin, j'au-
« rais eu mon avancement et moins de blessures. » Cf
Lucas de Montigny, *Mémoires de Mirabeau*, II, p. 6.

« généreux, dévoué, distribuant la pension qu'on
« lui offre à six capitaines blessés sous ses ordres,
« s'entremettant pour les pauvres plaideurs, de
« la montagne, chassant de sa terre les procu-
« reurs ambulants qui viennent y apporter leurs
« chicanes, protecteur naturel des hommes jus-
« que contre les ministres et contre le roi. Des
« gardes du tabac ayant fait une descente chez son
« curé, il les poursuivit à cheval si rudement qu'ils
« se sauvèrent à grand'peine en guéant la Durance...
« Voyant son canton stérile et ses colons pares-
« seux, il les enrégimente, hommes, femmes, en-
« fants, et par les plus mauvais temps, lui-même,
« avec ses vingt-sept blessures, le col soutenu
« par une pièce d'argent, il les fait travailler en les
« payant, défricher des terres qu'il leur donne à
« bail pour cent ans, enclore d'énormes murs
« et planter d'oliviers une montagne de ro-
« chers (1). »

Cet homme redoutable et bienfaisant avait eu
sept enfants : Victor, le cinquième et l'aîné des
survivants fut l' « Ami des hommes ». Il professait
pour son père un respect mêlé de crainte, et
modela sur son exemple non seulement sa vie,
mais même son œuvre. Il débuta comme lui par

____

(1) *Ancien régime*, dernière édition à laquelle nous nous
référerons toujours, I, 46-47. — Lucas de Montigny, *Mémoires de Mirabeau*, I, 52-182. — *Mémoires de Mirabeau*,
p. 12 et suiv. — Loménie, *loc. cit.*

la carrière militaire : à 13 ans il entre au service ;
à seize ans il est envoyé à Paris dans une « Acadé-
mie », où il devait apprendre à la fois, « la
guerre, le monde et la cour » (1). Déjà livré
aux emportements de sa fougue, il y mène en bon
Provençal, la vie du Cadet de Gascogne : nouveau
Cyrano de Bergerac, il organise avec une bande
de ses amis, des manifestations dans les théâtres,
veut contraindre les acteurs à jouer des pièces de
son goût, et menace de « couper le nez » (2), à
ceux qui n'obéissent pas à ses injonctions. Il
s'octroie d'ailleurs avec ses amis, — et le futur
« Ami des hommes » en a beaucoup — des libertés de
toutes sortes. Mais les aventures un peu scabreuses
au milieu desquelles il dépense sa jeunesse n'ex-
cluent pas chez lui les préoccupations plus sérieuses, dont les sévérités de son père ne tardent pas
à lui rappeler plus fortement le souvenir. Le service
militaire actif occupe honorablement la première
partie de son existence : il fait la guerre de Bavière
en 1742 et se retire en 1743, avec le grade de capi-
taine.

A ce moment commence une nouvelle phase
de sa vie : les questions agricoles depuis
quelques années déjà attiraient son attention ;
dès 1740, il annonçait à Vauvenargues son intention de faire une étude sur l'agriculture : « Et où

(1) Rousse, p. 16.
(2) Loménie, t, p. 361.

avez-vous pris, me direz-vous, ce goût nouveau
pour l'agriculture ? C'est que je sens qu'un philosophe doit finir par là » (1), lui écrivait-il. Mais
en même temps que le désir de mettre en pratique
ses théories agricoles le poussait vers ses terres de
Provence, l'ambition qui l'avait toujours tourmenté
de jouer un rôle important dans la société, l'attirait vers Paris ; son ambition fut d'abord la plus
forte : « Ayant reconnu que le gouvernement
tendait à tout ramener vers la capitale, je conclus
que pour faire sagement et ne pas déchoir, il ne
fallait pas être des derniers à se laisser entraîner (2) ». C'est ainsi qu'avant de soumettre l'absentéisme à la critique aiguë que nous étudierons bientôt, il céda d'abord aux tendances qu'il
allait stigmatiser.

En homme qui n'hésite pas longtemps entre un
projet et son exécution, il acheta en 1740 la terre
du Bignon, voisine de la capitale, et la paya
112.000 livres, sans se rendre compte qu'elle était
dans le plus lamentable état. Il y ajouta bientôt un
hôtel à Paris, dont le prix joint à celui des réparations considérables qu'il dut effectuer pour le
rendre habitable dépassa 100.000 livres. Il s'aper-
çut alors que sa fortune était notablement dimi-
nuée et qu'il lui en coûterait trop de vivre à Paris.
Abandonnant alors son premier projet aussi rapi-

(1) Cité par Loménie, i, 412.
(2) Idem, p. 435

dement qu'il l'avait conçu et exécuté, Mirabeau prit
la résolution de se marier et de revenir provisoi-
rement au moins à la vie provinciale (1). En 1743
il épousa Mlle de Vassan, dont la dot était minime
mais qui devait plus tard recueillir par succession
des domaines importants dans le Limousin, le
Périgord et le Poitou ; et qui lui apportait immédiatement la terre Saulvebœuf. C'était un large
champ ouvert à ses expériences agricoles ; il
revendit pour 85.000 livres son hôtel de Paris qui
lui en avait coûté 100.000 et commença immédiatement dans sa terre du Bignon des travaux
d'amélioration.

Toutefois, ces terres situées aux quatre coins de
la France ne lui suffisaient pas encore : il acheta
pour 450.000 livres le fief de Roquelaure, au duc
de Rohan, sans d'ailleurs l'avoir vu et en le jugeant
uniquement sur ce que son vendeur avait bien
voulu lui en dire. Ce fut pour lui une nouvelle
source de regrets qui, pas plus d'ailleurs que les
déceptions précédemment éprouvées, ne le corri-
gèrent de son imprévoyance. Elargissant encore le
cercle de son activité il organisait, en 1763, l'exploitation d'une mine de plomb découverte à
Glanges, en Limousin, dans les terres de Mme de

(1) Mirabeau songea toujours à quitter la province ; il
tenta d'entrer dans la diplomatie, mais la laideur de sa
femme et peut-être aussi son humeur intraitable, ne lui
permit pas de réussir dans son entreprise.

Vassan. Il ne paraît pas qu'il s'y soit enrichi et la
compagnie qu'il avait fondée finit par renoncer à
l'entreprise après avoir encouru la déchéance (1).

On voit que les essais de Mirabeau, dans le domaine de l'activité pratique, ont été plutôt malheureux et que ses insuccès s'expliquent comme il
le reconnaît lui-même d'ailleurs par son imprévoyance : « J'ai gâté bien des choses par vivacité
et précipitation et ne me suis mêlé d'aucune avec
entendement (2). » Il ne faudrait pas cependant
exagérer la gravité de ses fautes et de ses mala-
dresses : si quelques-unes de ses tentatives ont
échoué, les autres, et particulièrement celles qui
avaient pour objet l'amélioration de ses terres, ont
obtenu un succès relatif et lui ont permis, du moins,
d'augmenter en même temps que le chiffre de ses
dettes celui de ses revenus (3).

Cependant tant de travaux et de soucis n'absorbaient pas complèment l'activité de Mirabeau ; il
trouvait encore le temps de publier des ouvrages
multiples sur les sujets les plus variés. Il avait
d'ailleurs toujours été hanté par un besoin, qui
prenait chez lui les proportions d'une manie, de
« confier sur toutes choses sa pensée au papier » ; ce
qui lui faisait dire plaisamment que si sa main eût
été de bronze, elle n'eût pu résister à un aussi dur

(1) Loménie, p 246, t. ɪ.
(2) Cité par Loménie, *id.*, 447.
(3) *Id.*, 477.

labeur. Il commence d'abord par mettre l'art de
la guerre en poème didactique ; bientôt après il
écrit un éloge enthousiaste de Lefranc de Pompi-
gnan qu'il considérait comme le plus grand poète
de son siècle (1). C'est même cet ouvrage qui exci-
tera plus tard contre lui la mauvaise humeur de
La Harpe. Mais en 1750 il a trouvé sa voie, il pu-
blie son mémoire sur les Etats provinciaux, et,
bientôt après, en 1757, l'*Ami des hommes*, qui le
consacra définitivement économiste. C'est en cette
même année que, sous l'influence de Quesnay, il
se convertit à la Physiocratie dont il devint ensuite
l'adepte le plus convaincu. Il n'y adhéra pas cependant sans résistance ; sa première entrevue avec
Quesnay fut des plus orageuses. A la suite d'une
discussion, dans laquelle le docteur fut taxé de
folie, on rompit l'entretien mais pour le reprendre
le soir même et le terminer cette fois par un accord
parfait : Mirabeau s'avouait vaincu, il consentait
à reconnaître qu'il avait mis « la charrue avant
les bœufs en présentant la population comme
la source de la richesse » (2), et comme il ne
faisait rien à demi, sa conviction fut bientôt si
profonde qu'elle devint chez lui une véritable foi.
L'œuvre de Quesnay lui apparaissait comme un
autre évangile qui devait régénérer l'humanité
et dont il était prêt à se faire l'apôtre ou le martyr.

(1) Rousse, p. 32.
(2) Loménie, II, 171.

« Nouveau saint Jean-Baptiste annonçant le Messie » (1), il mit sans réserve au service de la doctrine son talent d'écrivain consacré par le prestigieux succès de l'*Ami des hommes*, son influence personnelle et sa dévorante activité.

Quesnay qui savait juger les hommes vit immédiatement le parti qu'il pouvait tirer d'une personnalité à la fois aussi forte et aussi dévouée ; il lui confia aussitôt une mission difficile et dangereuse entre toutes, celle d'attaquer les fermiers généraux, dont le bail arrivé à son terme était sur le point l'être renouvelé. Mirabeau s'exécuta sans hésiter et publia en 1760 la *Théorie de l'impôt*. L'ouvrage avait tout ce qu'il fallait pour être remarqué ; recommandé au public par la célébrité de son auteur, il le fut peut-être davantage encore par ses attaques contre les financiers dont l'impopularité allait croissant. Le résultat ne se fit pas attendre. Mirabeau qui dans l'*Ami des hommes* avait formulé, en des termes quelquefois très durs, les critiques les plus hardies contre le gouvernement sans être inquiété fut immédiatement enfermé à Vincennes : il avait atteint dans leurs œuvres vives les fermiers généraux, et le roi ne pouvait rien refuser à des créanciers qui le tenaient à leur discrétion. Pourtant grâce à l'influence de Quesnay sur Mme de Pompadour, et de celle-ci sur le roi, l'in-

(1) Loménie, II, 198.

carcération ne dura pas longtemps. Entré à Vincennes le 16 décembre, Mirabeau en sortit le 24 au soir avec injonction de se rendre au Bignon et d'y demeurer jusqu'à nouvel ordre. On donnait ainsi du même coup aux fermiers une satisfaction partielle et à Mirabeau une auréole de persécution qui ne lui coûtait guère, mais qui ne fit qu'accroître le succès de son livre, en même temps que l'admiration du public pour sa personne : « Les « lettres de compliments lui arrivaient par ballots, les « visites par carrossées, enfin une jeune dame de ses « amies (1) avait consenti à partager sa disgrâce et « cette agréable intimité donnait à l'heureux marquis « tout ce que l'attrait d'une liaison naissante pouvait « ajouter aux jouissances de sa bruyante célé- « brité (2). » Son exil au Bignon ne dura pas assez longtemps pour lasser le zèle de ses admirateurs. Le 21 février sa peine était suspendue, et il retournait à Paris d'où on ne songea plus à le renvoyer (3).

Son ardeur n'en fut pas ralentie : pendant deux ans et demi, il est vrai, à la suite de cet incident, les Physiocrates jugèrent prudent de garder le silence (4).

***

(1) Mme de Pailly avec laquelle Mirabeau entretint pendant longtemps des relations plus qu'amicales, mais qui le devinrent exclusivement par la suite. Loménie, ii, 503.

(2) Rousse, 31.

(3) Loménie, ii, 241.

(4) Dupont de Nemours dans les *Ephémérides* s'en désole

Mais durant ce temps, le nombre de leurs adhérents s'était accru, principalement sous l'influence de Mirabeau qui fit constamment en faveur de la « secte », comme on commençait à l'appeler, la propagande la plus efficace. En 1767 il y attira Dupont de Nemours, ainsi qu'il nous l'apprend lui-même dans une lettre à son ami l'économiste italien Longo (1), il y rallia également le Margrave de Bade, qui, en 1771, appliqua dans ses Etats le système de l'impôt unique (2) ; le grand duc Léopold de Toscane, sans parler de l'abbé Baudeau, le directeur des *Ephémérides du Citoyen* qui deviendront bientôt après, toujours sous l'influence de Mirabeau, l'organe des Physiocrates (3). Il chercha également à gagner Rousseau, « le seul écrivain de profession, dit-il, que je con- « naisse estimable de notre temps » (4). Mais il n'y réussit pas malgré son insistance. Rousseau lut sans y rien comprendre sa *Philosophie rurale ; l'ordre essentiel et naturel des sociétés* de Mercier de *La Rivière* lui inspira une insurmontable répugnance, si bien qu'il écrivit un beau jour à Mira-

en disant : il « est impossible de dissimuler que le progrès « des lumières a été nécessairement retardé pendant deux ans « et demi. » II, 1769, Loménie, p. 244.

(1) Loménie, II, p. 246.

(2) *Ephémérides* de 1777. Loménie, II, 277.

(3) A partir de janvier 1707. Les économistes écrivaient auparavant dans le *Journal de l'agriculture* dirigé par Dupont de Nemours. Loménie, II, p. 251.

(4) Loménie, II, 270.

beau : « Illustre ami des hommes et le mien, je me prosterne à vos pieds pour vous conjurer d'avoir pitié de mon état et de mes malheurs, et de laisser en paix ma mourante tête. Aimez-moi toujours, mais ne m'envoyez plus de livres; on ne se convertit point sincèrement à mon âge (1). » En même temps qu'il gagnait des adhérents à la Physiocratie, il s'efforçait de créer entre eux des liens d'intimité. Pour cela, il avait fondé dès 1767 les mardis où se réunissaient les initiés, et quelquefois aussi les étrangers qu'on voulait attirer. Il lui arriva même d'y présenter un jour Forbonnais, l'ennemi déclaré des Physiocrates, le défenseur de Colbert et du Mercantilisme (2).

Ce rapide aperçu de l'œuvre de propagande entreprise par Mirabeau en faveur de la Physiocratie montre assez le rôle prépondérant qu'il a joué dans son extension. Il faut y ajouter son œuvre scientifique qui comprend environ trente-huit volumes dont les premiers surtout ont exercé une influence considérable sur l'opinion. Son zèle ne s'affaiblit pas un seul instant ; il n'éprouva jamais l'ombre d'un sentiment de jalousie contre

(1) Loménie, ii, 274.

(2) Grâce au savoir-faire de Mirabeau tout se passa le mieux du monde ainsi qu'il nous l'apprend lui-même dans une lettre à Rousseau : « J'entre et, l'embrassant, je prends aussitôt par la main l'abbé Baudeau qui est la meilleure créature du monde et je leur dis en riant, que j'ai voulu voir, comme Cicéron, si deux augures pouvaient se regarder sans rire. » — Loménie, ii, 263.

l'auteur de cette doctrine qui avait supplanté la sienne jusque dans son esprit, et pour laquelle il garda jusqu'à la fin son enthousiasme et sa foi de néophyte. « Nous avons perdu notre père, « disait-il dans l'éloge funèbre de Quesnay, car nous « lui devions tout, et nos principes et la règle physi- « que de nos devoirs..., et cette lumière inextin- « guible à jamais jetée sur la solidarité physique des « intérêts humains... Socrate, dit-on, fit descendre « du ciel la morale, notre maître la fit germer sur « la terre. La morale du ciel ne rassasie que les « âmes privilégiées ; celle du produit net procure « d'abord la subsistance aux enfants des hommes, « empêche qu'on ne la leur ravisse par violence ou « par fraude, avance sa distribution, assure sa repro- « duction, et nous mettant à l'abri des gênes de la « nature impérieuse, nous oblige au culte d'obéis- « sance par le travail et nous amène au culte d'amour « et de reconnaissance par ses succès... Le calcul et « la distinction des avances et du produit net ne « sont plus un secret pour la pauvre humanité « fascinée (1). »

Cet enthousiasme qui nous paraît aujourd'hui ridicule, mais qui renferme sans doute le secret du succès obtenu par Mirabeau dans son œuvre de propagande, ne lui faisait d'ailleurs point per- dre de vue l'importance du rôle qu'il avait joué.

(1) *Nouvelles éphémérides économiques*, 1775, i. Cité par Loménie, ii, p. 336.

Il écrivait, non sans malice, en parlant de Quesnay : « Je dois tout ainsi que l'humanité à ce « vénérable homme : il ne me doit que sa célé- « brité (1). » Toutefois il oubliait d'ajouter qu'il y avait perdu la sienne. L'air de conviction pédante avec laquelle « la secte » affirmait ses opinions, la raideur et la dureté dont elle faisait preuve vis-à-vis de ses adversaires, les abstractions et les obscurités dans lesquelles elle enveloppait sa doctrine, mais aussi, il faut bien le dire, l'activité avec laquelle elle combattait de monstrueux abus, avaient créé autour d'elle une atmosphère d'hostilité dans laquelle Mirabeau fut d'autant plus sûrement englobé qu'il lui était dévoué corps et âme. — Quelques écrivains seulement consentaient à lui faire une place à part parmi ses amis : Grimm dans sa correspondance littéraire le trouve « moins creux et moins plat que ses confrères » (2) ; et Galiani qui dans ses dialogues a si durement malmené les Physiocrates proclame par la bouche du chevalier Zanobi que la *Théorie de l'impôt* est un excellent ouvrage (3). Mais ce ne sont là que des exceptions : Mirabeau était à ce point discrédité dans le public, qu'il ne parvenait plus à se faire lire, ni même à se faire éditer.

(1) Loménie, i, **186**.
(2) Loménie, ii, **179**.
(3) Loménie, ii, **256**.

Aux déboires de sa carrière d'économiste,
venaient s'ajouter les misères de sa vie de famille :
non seulement il était tracassé par des soucis
d'argent, dont il faisait la confidence à Mme de
Rochefort (1), mais il vivait en désaccord avec les
siens. Lui qui en politique s'était toujours montré
partisan des moyens doux, ne jugea pas à
propos de les employer dans son ménage. Il engagea contre sa femme, au sujet de l'héritage
de sa belle-mère, un procès « compromettant
aussi bien pour le patrimoine que pour l'honneur
de la famille » (2) et qu'il perdit d'ailleurs. Il usa
vis-à-vis de sa femme et de son fils d'emprisonnements arbitraires, enfermant la première dans
un couvent de Limoges à cause de sa vie déréglée,
et le second à Vincennes pendant trois ans, à la
suite de ses intrigues avec Mme de Monnier (3).
La détermination du rôle et de la responsabilité
de chacun dans ces luttes de famille ne saurait
jeter aucune lumière sur les doctrines économiques de Mirabeau ; nous mentionnons ces conflits en
passant comme l'une des causes qui ont sans doute
largement contribué à jeter le trouble dans son

(1) « Mon plus continuel et poignant souci a toujours été
d'avoir de l'argent... Il m'a fallu tout mettre au hasard,
moi le moins hasardeux de tous les hommes en fait de fortune parce que le courant ne pouvait pas me soutenir. »
Lettre à Mme de Rochefort, 3 juillet 1764. Loménie, I,
page 473.

(2) Rousse, 57,

(3) Du mois de mai 1777 au mois de décembre 1780.

esprit et à introduire dans ses œuvres le désordre et l'obscurité.

Au milieu de ces soucis et de ces tristesses, Mirabeau trouva une grande consolation dans l'amitié inaltérable de l'un de ses frères, dont il faut ici dire quelques mots car il a exercé sur son œuvre une influence considérable, qu'on n'a fait que soupçonner jusqu'ici et que nous aurons l'occasion de mettre en pleine lumière. Il s'agit de Jean-Antoine-Joseph-Charles-Elzéar de Mirabeau, que ses historiens appellent habituellement « le bailli ». Embarqué à 12 ans sur les galères du roi comme garde de l'étendard et novice de l'ordre de Malte , il devint en 1752 gouverneur de la Martinique, puis de la Guadeloupe. Ce fut un excellent marin, un administrateur distingué et surtout un homme de la plus haute valeur morale. Comme son frère le marquis il consacra une grande part de son activité à l'étude des questions économiques, et particulièrement des questions coloniales, il échangea avec lui plus de quatre mille lettres auxquelles il joignit plusieurs mémoires sur la marine, sur le commerce et le crédit public. Tous ces documents, encore inédits, nous ont fourni des renseignements précieux sur l'origine des doctrines de Mirabeau (1).

(1) Ces documents ont été déjà utilisés par Loménie pour l'histoire de la famille de Mirabeau. Nous devons ici des remerciements particuliers à M. Lucas de Montigny qui

L'affection profonde du bailli pour son frère ne se démentit pas un seul instant ; c'est elle qui le rappela auprès de lui pour le soutenir dans les épreuves de ses dernières années. Elles furent particulièrement cruelles pour Mirabeau : il assista à la ruine de ses idées, aux approches de la Révolution qu'il voyait venir depuis si longtemps, et mourut en juillet 1789, à 74 ans (1).

II

Nous venons d'entrevoir la personnalité de Mirabeau à travers sa vie : essayons de la saisir plus nettement en étudiant les caractères généraux de son œuvre, dans le milieu intellectuel où elle a pris naissance. Nous y retrouverons cette même impuissance à maîtriser ses idées ou ses impressions que nous avons déjà remarquée dans sa conduite, et qui donne à toutes les manifestations de son activité un certain air de désordre et d'incohérence. Ses pensées sont pour lui autant d'obsessions dont il ne peut se débarrasser qu'en les écrivant dans l'ordre où elles se présentent sans qu'il ait, semble-t-il, aucune action sur leur enchaînement. Il arrive même qu'elles se pressent dans son esprit avec

en est propriétaire et a bien voulu nous permettre de les consulter.

(1) Loménie, I, 481.

une telle impétuosité et en si grand nombre qu'elles chevauchent les unes sur les autres. De là vient principalement l'obscurité compacte qui enveloppe si souvent chez lui les idées les plus simples et les plus justes. Bien que ses livres soient divisés en chapitres, il réussit rarement à y classer ses pensées ; elles lui apparaissent toutes en bloc avec leurs liens de dépendance, si étroitement unies, qu'il passe sans s'en douter de l'une à l'autre. Il marche ainsi de digressions en digressions, ouvrant des parenthèses qu'il ne ferme jamais, laissant des démonstrations inachevées ou recommençant plusieurs fois la même, bondissant d'une idée à une autre sans se soucier du lecteur qui s'essouffle à le suivre ou demeure embourbé. « Je te demande pardon si j'enjambe, dit-il à son frère dans une de ses lettres : tu suppléeras aux transitions, je pense la plume à la main (1). » Il fait de même dans ses livres. Ce n'est pas qu'il n'ait longuement réfléchi à ce qu'il veut dire, mais la réflexion se fait chez lui automatiquement et en désordre, elle évoque des coins de tableau colorés et vivants, des impressions d'ensemble, des jugements généraux, mais jamais des classifications ; puis lorsque ses idées ont longuement dansé dans son esprit leur folle sarabande et qu'il leur ouvre la porte pour s'en débarrasser, elles se précipitent

(1) Lettre inédite, 7 avril 1755.

toutes ensemble, et aussi peu maîtrisées que si
elles se présentaient à lui pour la première fois.
Il a d'ailleurs conscience de ces débordements de
sa verve ; il reconnaît que ses écrits sont un « chaos
de raisonnements jetés (1) », que son style est
« négligé, souvent diffus et amphibologique (2) » ;
il avoue qu'il n'a pas consacré six mois à rédiger
l'*Ami des hommes*, et craint que le « désordre
qui y règne ne rebute ses lecteurs (3) » ; mais il
se déclare impuissant à revenir sur ses pas sans
être gagné par une « langueur qui le paralyserait
complètement ». Il est obligé de se laisser emporter par sa fantaisie, et si elle l'entraîne quelquefois fort loin, il s'en console facilement sous ce
prétexte que tout fait cercle ici bas : « Je me par-
donne, dit-il, des incursions qui ne me mènent
jamais hors de mon sujet par la raison qu'il renferme tout (4). »

(1) *Ami des hommes*, p. 374. C'est toujours à l'édition
Guillaumin que nous renverrons le lecteur.
(2) *Ibid*, 574.
(3) Introduction, p. LXII.
(4) *Ami des hommes*, p. 95. Mirabeau revient souvent
sur cette idée. A la fin du chapitre II de la seconde partie,
après s'être égaré suivant son habitude dans une longue di-
gression sur la politique européenne, il s'en excuse en disant : « Mais je suis moi-même émerveillé du ronflant de
« ma péroraison ; c'est faire un beau saut de la charrue à la
« monarchie universelle. Cincinnatus n'était rien auprès :
« ce n'est pas la dernière fois qu'on s'apercevra que je laboure
« un champ fort uni et qui souffre tout ; mais ne vous y
« trompez pas, tout est ici-bas lié par des chaînons néces-
« saires, et un bon traité de l'agriculture en grand pourrait

Si une telle spontanéité dans l'esprit peut rendre quelquefois pénible la lecture d'un ouvrage, ce défaut, comme beaucoup d'autres lorsqu'ils se rencontrent dans un esprit supérieur, n'est pas sans compensation. Il en est une particulièrement précieuse chez un critique de mœurs, dans une société comme l'ancien régime, où l'on court des risques à s'exprimer librement : c'est la sincérité. Mirabeau aborde à chaque instant les questions les plus brûlantes ; il attaque tour à tour les ordres privilégiés, les financiers, la cour, le roi lui-même, et il dit aux uns et aux autres, à travers des réticences ou des allégories dont tout le monde comprend la signification, les plus dures vérités. Il fait, pour se contenir et pour éviter de laisser éclater trop brutalement l'invective, des efforts continus mais le plus souvent impuissants : tôt ou tard le naturel reprend ses droits et provoque tout à coup une explosion de verve d'autant plus violente qu'elle a été retardée davantage.

Toutefois, c'est surtout par la forme même dont Mirabeau revêt parfois ses idées, qu'il rachète les défauts qu'on constate dans leur enchaînement. C'est par elle d'abord qu'il se différencie des économistes de son temps et qu'il acquiert une personnalité propre. Il possède au suprême degré la

« porter le titre de la thèse de Pic de La Mirandole, *de « omni re scibili*, à plus forte raison un traité de la popula- « tion. » *Ami des hommes*, p. 201.

faculté d'être vivement impressionné par les choses
et d'en conserver dans l'esprit une image nette et
vivante. Il arrive assez souvent que cette image se
déforme en s'extériorisant, mais lorsqu'il réussit à
la reproduire telle qu'il la voit, il est vraiment un
écrivain de premier ordre dont la touche se reconnaît d'ailleurs dans les pages les plus troublées
par la hâte de sa rédaction ou le tumulte de ses
pensées : « On ne peut lire dix lignes de ce fatras
« rugueux et superbe, sans que le nom de Saint-
« Simon vous vienne malgré vous à la pensée, un
« Saint-Simon presque aussi grand peintre que l'au-
« tre, mais bien plus large, plus ouvert, j'ose le dire,
« plus vivant (1). » Mirabeau, du reste, a conscience
de ce don spontané d'expression qui se révèle si
souvent en lui. Il affecte, il est vrai, de dédaigner
les qualités du langage. « C'est une chose bien bête,
dit-il, en parlant de son fils l'orateur, que l'homme
et le lapin quand ils sont pris par les oreilles. »
Mais ailleurs il ajoute : « Je sais que je serais peintre
si je voulais précisément cela » (2), et s'il proclame
bien haut sans avoir l'air de s'en soucier les incor-
rections de son style, c'est par un dédain d'artiste
qui se croit assez intéressant pour se montrer en
négligé et qui ne peut d'ailleurs faire autrement.

Hâtons-nous d'ajouter que nul talent ne ressemble moins que le sien à l'art d'un arrangeur de

(1) Rousse, 33.
(2) *Ami des hommes*, 305.

phrases qui amuse l'oreille par la musique des mots ; chez aucun écrivain le relief et la vigueur de l'expression ne sortent plus directement de la force de la pensée. C'est pourquoi, même au point de vue purement scientifique, son art n'est pas négligeable. Avec cette rare faculté de reproduire la réalité dans ses plus petits détails sous des couleurs saisissantes qui laissent dans l'esprit des tableaux ineffaçables, de mettre en scène des personnages vivants, de les faire agir et parler comme s'ils étaient sous nos yeux, de conter des apologues, de petites anecdotes particulières derrière lesquelles on aperçoit tout un monde de cas analogues ou identiques, il réussit à nous faire sentir profondément des idées qui nous apparaissaient pauvres, décolorées et vagues à travers les formules abstraites des auteurs auxquels il les a peut-être empruntées mais qui n'avaient pas réussi à les faire vivre en nous.

Pour cette seule qualité, Mirabeau mériterait d'être proclamé un écrivain original, mais il en a d'autres qui sont pour nous plus précieuses encore parce qu'elles lui ont permis d'ajouter quelque chose aux idées de son temps, sur la société et sur l'économie politique. L'influence exercée sur lui par le milieu dans lequel il a vécu, a sans doute été très grande. Il rentre nettement dans cette catégorie d'auteurs qui avant Adam Smith et les Physiocrates ont commencé la réaction contre les institutions fiscales et économiques de l'ancien régime, battu en brèche le Mercantilisme, avec son esprit de réglementation et sa tendance à orienter trop exclusivement l'activité économique vers l'industrie manufacturière. Si l'on fait exception pour ses théories coloniales où l'on trouve pour la première fois, peut-être, une critique précise du pacte colonial empruntée d'ailleurs à son frère, pour sa conception du rôle de l'Etat qui, encore aujourd'hui, mérite de nous intéresser, par une heureuse conciliation entre des tendances qu'on juge à tort contradictoires, on ne peut pas dire qu'il soit arrivé à une solution *franchement nouvelle des questions particulières* qu'il étudie après beaucoup d'autres.

Et cependant son œuvre demeure tout entière originale parce qu'elle est dominée par quelques idées générales qui de nos jours tendent à jouer dans le domaine économique un rôle prépondérant, et qui ont été presque complètement étrangères à ses contemporains ainsi qu'à ses successeurs immédiats. Ces idées sont le produit d'une qualité d'esprit qui est chez Mirabeau tout à fait prédominante bien qu'on la lui ait contestée, c'est celle d'un observateur des mœurs. Mirabeau est *avant tout un moraliste* qui étudie les usages et la manière de vivre des hommes de son temps, dans leurs conséquences sociales et économiques, et qui le fait avec tant de sagacité que les historiens modernes, comme Tocqueville ou Taine, jugeant les mêmes événements à distance, dans le calme du cabinet, à l'abri de l'influence perturbatrice des passions du moment, se sont bornés bien souvent à reproduire ses conclusions.

De ses observations se dégage pour le marquis de Mirabeau une conception fondamentale, qui donne à son œuvre malgré le désordre de ses idées une unité parfaite qu'on chercherait en vain chez les contemporains dont il s'est le plus souvent inspiré. Boisguilbert concentre tout son effort sur le mauvais état des finances publiques, les vices de répartition et de perception des impôts, les entraves au libre commerce des grains. Il est convaincu qu' « en deux heures de travail et quinze jours de temps » (1) on opérerait une réforme qui amènerait immédiatement une ère de prospérité. Cantillon s'occupe de commerce, de monnaie, de banque, et ne sort pas de ce domaine restreint où il se montre d'ailleurs supérieur ; les mœurs et leurs effets économiques n'attirent son attention qu'au point de vue particulier des variations des prix et du chiffre de la population. Hume émet sur différentes questions économiques ou psychologiques, des vues souvent profon-

(1) *Factum de la France*, ch. II, p. 272, édition Guillaumin.

des mais toujours fragmentaires : il traite pêle-
mêle, de l'agriculture, de l'amour et de la jalousie,
du crédit public, du luxe, sans qu'il soit possible
de saisir une pensée directrice donnant l'unité à
ces conceptions juxtaposées. Mirabeau au contraire
embrasse d'un seul regard toutes les manifestations
de l'activité sociale (1) ; la conception qu'il s'en
fait est dominée tout entière par une seule idée,
celle que les mœurs sont la cause dernière de la
prospérité ou de la décadence d'un pays : qu'en elles
réside l'explication de la plupart des phénomènes
sociaux, le secret de toute réforme sociale profonde
et durable.

Par ces préoccupations morales, par cette unité
de conception surtout, Mirabeau se rapproche de
Montesquieu ; mais il en demeure tout à fait distinct : Montesquieu décrit surtout les mœurs en
savant qui constate et qui cherche les causes, qui
étudie les relations entre l'homme et son milieu. Il
fait, à proprement parler, ce qu'on appelle aujour-
d'hui de la *science* sociale : il constate ce qui est,

---

(1) On a contesté à Mirabeau « cette puissante unité de
pensée et de composition qui assure le succès des livres ».
Cf. Ripert, *loc. cit.*, p. 25. — La critique en tant qu'elle
s'applique à la composition n'est que trop justifiée, mais elle
ne saurait s'appliquer à la pensée dont l'unité est poussée
chez Mirabeau jusqu'à l'idée fixe, et cependant c'est bien
à elle qu'elle s'adresse, car le même auteur dit ailleurs :
« *Il lui a manqué une vue d'ensemble des phénomènes
économiques qui eût donné une unité à sa pensée.* » *Loc.
cit.*, p. 142.

pour l'expliquer. Mirabeau est surtout dominé par
des préoccupations réformatrices. Au lieu d'étendre
comme Montesquieu son champ d'investigation, de
comparer les différents peuples les uns aux autres,
pour mettre en relief l'influence des milieux divers,
Mirabeau se cantonne dans l'observation de la
société de son pays et de son temps, il y constate
des vices d'organisation, il cherche à les comprendre pour les corriger ; en un mot, il ne s'occupe
de ce qui est que pour déterminer ce qui doit être,
il fait, à proprement parler, de l'*art* social (1).

Ce n'est pas seulement par l'étendue du milieu
social observé, et par le but de l'observation, que
Montesquieu et Mirabeau diffèrent l'un de l'autre,
c'est aussi et surtout peut-être par l'aspect particulier sous lequel ils envisagent les phénomènes
sociaux. Montesquieu est avant tout et principalement un politique : « le philosophe de la politique »,
ainsi que Mirabeau lui-même le définit ; il s'occupe
des formes du gouvernement, de leur influence
sur le développement de la société ; il n'est économiste qu'accessoirement et d'une façon pour ainsi
dire dépendante ; il aperçoit entre les phénomènes
économiques et les phénomènes politiques un lien
de subordination ; les formes de l'activité économique dans un pays sont pour lui une émanation
de la forme du gouvernement : il ne croit pas que

(1) Il est toujours porté, comme il le répète souvent, à
« dire ses idées pour le mieux ». *Ami des hommes*, p. 206.

dans une monarchie le commerce puisse se développer de la même façon que dans une république;
le luxe convient à un état monarchique mais non
à un état républicain (1). Ainsi tous les phénomènes économiques sont étudiés par lui dans leur
relation avec la forme du gouvernement. Mirabeau,
au contraire, les étudie en eux-mêmes et pour eux-
mêmes ; il est avant tout et principalement un
économiste ; il refuse d'admettre cette subordination des phénomènes économiques aux phénomènes politiques proposée par Montesquieu, et la dis-
cute en traitant du luxe et du commerce. Ce n'est
pas qu'il ait la prétention d'isoler les phénomènes
économiques, il est au contraire bien convaincu du
lien intime qui unit les uns aux autres tous les
faits sociaux et répète à chaque instant « que tout
fait cercle ici-bas ». « Qui s'en tient à sa sphère
stricte, dit-il dans une de ses lettres, ne saurait
seulement être bon sacristain de chapelle ni bon
suisse de porte ; il faut tout voir et tout prévoir (2). »
Il est si bien pénétré de cette idée qu'il franchit à
chaque instant les limites les plus larges qu'on ait
jamais assignées à l'économie politique : l'*Ami des
hommes* est l'embryon d'une sociologie presque
comparable à celle que concevra plus tard Auguste

(1) Cf., *Esprit des lois,* l. VII, ch. IV. Jaubert, *Montesquieu économiste*. Thèse, Aix 1901, p. 43.
(2) Lettre inédite, 25 mars 1755. Ailleurs il dit encore :
« Tout est ici-bas lié par des chaînons nécessaires. » *Ami
des hommes*, p. 204.

Comte. Mais il diffère de Montesquieu en ce qu'il voit des liens de dépendance mutuelle là où celui-ci voyait des liens de subordination, en ce que surtout le domaine économique est pour lui, comme le domaine politique pour Montesquieu, le point de ralliement de ses idées, le centre d'où il rayonne dans les directions les plus opposées et vers lequel convergent tous ses efforts.

Demander à l'observation des mœurs le moyen d'assurer la prospérité d'un pays, la multiplication et le bien-être de ses habitants (1); faire voir par quel effort lent et continu l'humanité s'élève de la barbarie à la civilisation grâce à l'éducation des mœurs, comment par leur décadence toujours menaçante elle est sans cesse exposée à retomber sur elle-même et à retourner vers la barbarie; chercher par quels moyens on peut empêcher ce mouvement de recul, telle est l'idée qui constitue la trame de l'*Ami des hommes* : en tant qu'affirmation elle n'est pas nouvelle, l'antiquité nous l'a transmise et depuis longtemps elle circule à l'état d'aphorisme banal. Mais ce qui était nouveau au temps de Mirabeau, ce qui l'est encore aujourd'hui, c'est d'en faire l'application aux phénomènes économiques, de montrer comment et

(1) « J'aime le peuple, j'aime les hommes ; je sais com-
« bien ils seraient plus aimables s'ils étaient plus heureux ;
« j'ai vu des moyens simples de les rendre tels. » Lettre à la
comtesse de Rochefort.

pourquoi les mœurs exercent une si grande influence, de conclure, à une époque où s'accrédi-
tait partout sous l'influence de Rousseau la légende
du bon sauvage, par un énergique appel à la lutte
contre les instincts aveugles de la nature qui ont
fait de l'homme primitif un misérable barbare, et
demeurent toujours prêts à se réveiller chez le
civilisé (1).

Vu sous cet aspect, le marquis de Mirabeau
nous apparaît à son époque comme un isolé qui
engage l'économie politique dans des voies à peine
fréquentées jusqu'à lui. Il obtient devant le public
pendant quelques années l'un des succès les plus
étourdissants qu'on ait jamais vus ; il exerce peut-
être sur les esprits pour la solution de telle ou
telle question particulière une influence qui n'est
pas négligeable, mais sa conception fondamentale
n'est pas remarquée dans sa portée et dans sa nouveauté. Loin d'entraîner des disciples à sa suite, il
devient lui-même le disciple d'une autre école, dont
les doctrines lui semblent sans doute conciliables,
avec ses conceptions morales, et le sont peut-être
logiquement, mais qui en fait, s'est perdue dans
le courant de l'école classique, et a poussé l'écono-

(1) Mirabeau parle bien quelquefois de revenir à la nature
et de lui obéir. Mais ce n'est pour lui comme pour Bacon,
qu'un moyen de la mieux dominer. « Nous forçons en tout
« et partout la nature des choses et nos efforts sont nos pro-
« pres bourreaux. » *Ami des hommes*, p. 442.

mie politique dans une direction sinon opposée du moins différente.

Néanmoins, s'il est impossible de saisir dans l'histoire des doctrines économiques une transmission directe de l'influence de Mirabeau, on peut dire cependant qu'il appartient à une famille d'esprits dont il n'est pas le seul représentant : par deux fois au cours du xix⁰ siècle, on a vu reparaître dans le domaine de l'économie politique, les tendances qui caractérisent *l'ami des hommes*. On les retrouve d'abord dans l'œuvre de Le Play, et dans les écoles qui plus ou moins se rattachent à sa doctrine. Le Play comme Mirabeau a été amené à l'étude de l'économie politique par l'observation directe des faits sociaux. Comme lui il a été dominé par des préoccupations morales, et persuadé que le bonheur des hommes dépend non pas seulement de l'accroissement de la richesse, mais surtout de la conservation et de l'accroissement du patrimoine moral accumulé par les générations passées ; comme lui enfin, il a rattaché étroitement les conceptions morales aux conceptions économiques, voyant dans l'éducation des mœurs et le progrès moral la condition du progrès économique et le seul moyen d'empêcher que le développement de la richesse ne devienne pour la société une cause de décadence. L'analogie entre ces deux auteurs ne se borne pas à la communauté des tendances et des idées directrices. Les mêmes principes appliqués

par eux à des milieux sociaux différents les conduisent à des conclusions qui ne s'écartent les
unes des autres que dans la mesure imposée par
la différence des milieux. Mirabeau, d'abord
adversaire intransigeant et quelque peu aveugle
du système politique et économique du xviiie siècle (1), avait fini par sentir le caractère inéluctable de certaines transformations, et conçu un
idéal social formé de toutes pièces d'éléments
empruntés au système féodal ancien, mais adapté
aux exigences nouvelles de la société de son
temps. Or un siècle plus tard Le Play se livrait
au même travail, et à l'aide de matériaux empruntés sinon aux œuvres du marquis de Mirabeau, du moins à la période de notre histoire
dont celui-ci s'est le plus inspiré, il formulait
un plan d'organisation sociale, dans lequel il
confiait aux classes bourgeoises jouant le rôle
d'autorités sociales, la même mission directrice et
moralisatrice, que Mirabeau attribue de son temps
aux ordres privilégiés.

Toutefois des conceptions aussi larges que
celles-là, et composées d'éléments aussi com-
plexes, ne sont nécessairement que des approxi-
mations provisoires ; certains des matériaux qui
ont servi à les construire peuvent être bons, l'édifice est le plus souvent ruiné par le temps. C'est

(1) Cet état d'esprit se constate surtout dans le testament politique. Cf. Loménie, *loc. cit.*, I, p. 100.

précisément ce qui est arrivé à **Mirabeau**. La Révolution française qu'il voyait venir de loin, et qu'il voulait arrêter dans sa marche, rendit son système irréalisable, et il semble que nous nous éloignons chaque jour davantage de celui de Le Play.

Mais si les systèmes ont échoué, les idées directrices qui les avaient inspirés ont survécu ; on les a vues se perpétuer dans les écoles qui plus ou moins directement dérivent de Le Play èt renaître libres de toutes attaches avec les systèmes antérieurs, chez certains représentants de l'école historique moderne. Parmi eux, il faut citer surtout Schmoller dont l'œuvre tout entière est dominée par les conceptions éthiques qui ont vivifié celles de Mirabeau et de Le Play. Ces tendances se sont comme diffusées dans l'atmosphère économique moderne qu'elles ont imprégnée presque tout entière. Il est vrai qu'un courant d'idées très distinct de celui-là qui nous vient en droite ligne de l'école classique, a semblé vouloir s'opposer à lui, mais après avoir été pendant un certain temps divergents, ces deux courants tendent à devenir parallèles et peuvent se rencontrer sans se heurter dans le même esprit, soit qu'on cantonne chacun d'eux dans les domaines nettement séparés de l'art et de la science comme le fait l'école mathématique ou l'école autrichienne, soit qu'on ne voie en eux que des manifestations

inséparables d'une réalité complexe et indivisible.
Sous ces deux formes, les préoccupations éthiques tendent donc de plus en plus à faire partie
intégrante de la pensée économique moderne :
à Mirabeau revient le mérite d'avoir été sur ce
point son précurseur.

III

Entre la conception qu'un auteur se forme de
l'économie politique et la méthode qu'il emploie
pour l'étudier, il y a nécessairement un lien très
étroit. Pour qui fait de la science pure, il est loisible
de recourir de préférence à la méthode déductive,
mais quand on se consacre presque exclusivement
à l'art économique, quand on a pour but principal
la réforme de la société de son temps, il faut nécessairement l'étudier par la méthode d'observation
directe. Mirabeau qui, d'ailleurs, était naturellement porté vers cette méthode par son tempérament d'homme trop vivement impressionné par les
choses extérieures pour se contenter d'être un
simple logicien, lui doit la partie de son œuvre de
beaucoup la meilleure et la plus importante.

Il suffit, d'ailleurs, de lire *l'Ami des hommes*
pour voir avec quel soin Mirabeau s'efforce de demeurer en contact avec la réalité. « Je ne connais
pas, dit-il, de meilleure preuve que celle qui rési-

dera en faits : voir est le meilleur moyen pour
savoir (1). » Ses développements revêtent une
forme concrète : les descriptions, les anecdotes, les
tableaux y occupent toujours la plus large place.
Il remonte sans cesse aux origines historiques des
institutions pour les juger. Veut-il rendre compte
de l'état de l'agriculture et de son infériorité vis-
à-vis des autres industries? Il la suit successivement dans son évolution d'Asie en Grèce, de la
Grèce chez les Romains et des Romains chez les
hommes du Moyen-Age (2). Se propose-t-il de
critiquer le système colonial de son temps? Il
esquisse une histoire de la colonisation en commençant par les peuples de l'antiquité. S'agit-il
d'expliquer la variété des qualités dont fait preuve
la race française? Il en cherche la source dans ia
complexité de ses origines historiques et dans les
influences du voisinage. Il montre comment la
France « renferme dans son sein une multitude
« de nations différentes, réunies par une longue
« habitude de reconnaître une même domination...
« mais qui cependant diffèrent de génie, de tempé-
« rament et de propriétés..., fraternisées par le
« mélange inévitable entre les différentes parties
« d'un même Etat... Elles participent, d'autre
« part à toutes les propriétés des nations étran-
« gères par le moyen des diverses provinces qui

(1) *Ami des hommes*, p. 350.
(2) *Ami des hommes*, p. 33.

« sont limitrophes de chacune d'elles. Ainsi le
« Provençal a le feu et la vivacité de l'Italien, le
« Haut-Languedocien participe en quelque sorte
« de la gravité de l'Espagnol, le Breton tient de
« l'Anglais, le Flamand du Batave, l'Alsacien de
« l'Allemand, le Comtois du Suisse, etc., et ces
« diverses natures viennent se raffiner dans le
« creuset de la douceur et de la politesse fran-
« çaise (1). » Veut-il montrer par quels moyens
on peut fertiliser la terre et développer l'agriculture en France ? Il se met à décrire en détail la
constitution géographique du sol et les systèmes
d'irrigation qu'elle comporte (2).

Ce ne sont là que des exemples et on pourrait
les multiplier à l'infini, comme on le verra d'ailleurs dans la suite de cette étude. Ajoutons que
chez Mirabeau ce luxe de détails historiques et
concrets n'est nullement inspiré par le désir d'étaler une érudition d'ailleurs un peu vague ; les
faits sont pour lui un agent efficace de démonstration ; la lecture de Montesquieu l'a profondément
pénétré du sentiment de la relativité d'un très
grand nombre de phénomènes sociaux et de la
nécessité de les étudier spécialement dans chaque
milieu avec toutes les circonstances qui peuvent
les modifier.

Néanmoins malgré ces qualités fort rares au

(1) *Ami des hommes*, p. 43.
(2) *Id.*, p. 39.

xviiie siècle, le sens historique demeure chez Mirabeau à l'état d'instinct inculte et un peu inconscient. Ses observations sont surtout cohérentes et concluantes quand elles s'appliquent aux mœurs. Lorsqu'il veut sortir de ce domaine où il est véritablement un maitre, pour étudier les institutions et les faits économiques proprement dits, la précision lui fait trop souvent défaut. C'est ainsi qu'il traite la question de la population, qui pour lui domine toutes les autres, en raisonnant sur des données numériques vagues et même erronées. Mais ce qui est surtout sensible chez lui c'est non seulement la méconnaissance absolue des dangers du raisonnement déductif et des conditions dans lesquelles on en peut faire usage sans risquer de s'égarer, mais même un certain attrait pour la simplicité et l'évidence apparente de ses résultats. Il déclare que « le simple est le « vêtement de la vérité » et il reproche à Montesqieu « d'aimer trop les objets compliqués » (1). Il répète souvent que « des principes simples et « uniformes gouvernent l'univers » (2). Ces principes sans doute ne s'appliquent pas de la même façon à tous les milieux, mais ils demeurent « constants » et leur recherche doit être « la « principale étude de l'homme d'Etat » (3). Lors-

(1) *Ami des hommes*, p. 483.
(2) *Ami des hommes*, p. 318.
(3) *Ibid*.

qu'il pensera les avoir trouvés dans la doctrine de
Quesnay, il se croira en droit d'en *déduire* tout
un système économique. En attendant bien qu'il
soit retenu par la nature même de son sujet
dans le domaine des réalités concrètes qui ne
sont accessibles qu'à l'observateur, bien que la
richesse des souvenirs, la multiplicité et la force
des impressions, lui aient permis de répandre à
profusion dans l'*Ami des hommes*, les notions
vivantes et positives, on y voit poindre déjà cette
tendance à l'abstraction qui prendra dans ses
ouvrages postérieurs de si larges proportions.

IV

Après avoir placé l'œuvre de Mirabeau dans
son milieu et caractérisé ses tendances, il ne reste
plus qu'à en faire rapidement l'histoire externe;
et tout d'abord à déterminer exactement la date
de sa publication. A en juger par celle que porte
la première édition, *l'Ami des hommes* aurait été
édité en 1756 à Avignon. Mais on a de sérieuses
raisons de penser que l'ouvrage fut antidaté et
publié en réalité dans le cours de l'année 1757.
Loménie (1) l'avait déjà soutenu en se fondant
sur le silence des contemporains dont aucun n'a
parlé avant 1757 de ce livre qui cependant a excité
tant d'enthousiasme. Il invoquait encore le témoi-

(1) *Loc. cit.*, ii, 136 et suiv.

gnage de Grimm qui le 15 juillet 1757 signalait
l'apparition de l'ouvrage et enfin celui de Mirabeau lui-même, écrivant à Mme de Rochefort
le 26 mai de la même année pour lui annoncer
l'envoi de son livre qui venait, disait-il, d'être
publié. A ces témoignages il faut encore ajouter
celui de Dupont de Nemours déclarant nettement
que *l'Ami des hommes* a paru « vers le milieu de
« l'année 1757, chez Hérissont, rue neuve Notre-
« Dame » (1). On peut donc penser, contrairement
aux affirmations de M. Rouxel, que la première
édition de *l'Ami des hommes* a été antidatée (2)
pour dépister les recherches de la police.

Deux ans avant, c'est-à-dire en 1755, fut publié
un ouvrage qui au dire de certains économistes
a exercé sur l'auteur de *l'Ami des hommes* une
si grande influence qu'on a cru pouvoir l'accuser
de plagiat (3). Cet ouvrage est l'*Essai sur la nature
du commerce* de Cantillon. L'accusation a été
accueillie dans un récent travail sur Cantillon,
dont l'auteur déclare qu'elle « ne dépasse pas beau-

(1) Œuvres de Quesnay. — Edition Oncken, p. 145.
(2) Cf. édition Guillaumin. A toutes ces preuves,
M. Ripert en ajoute une autre tirée d'une lettre de Mirabeau à Mme de Rochefort, dans laquelle il lui dit à la
date du 27 décembre 1756, qu'il n'a encore publié jusqu'à
ce jour que son mémoire sur les Etats provinciaux. Donc
à moins que *l'Ami des hommes* n'eût paru dans les quatre
derniers jours de l'année 1756, il est de 1757. Cf. Ripert
124.
(3) Cf. Higgs: *Economic Journal*, juin 1891. *Quaterly
Journal of economics*, 1892, p. 430.

coup la vérité (1) » et ajoute: « Il est *permis de pen-*
« *ser* que le marquis de Mirabeau eut l'intention
« de se servir du manuscrit de Cantillon et de le
« publier avec quelques retouches sous son propre
« nom (2).» Nous ne croyons pas qu'on puisse s'accorder une pareille permission, à l'égard de qui
que ce soit, quand on n'apporte pas de preuve à
l'appui de ses affirmations. Mais vis-à-vis d'un
auteur qui a compromis sa réputation d'écrivain
pour défendre avec le dévouement le plus absolu
la doctrine de Quesnay parce qu'il la croyait vraie,
et bien qu'elle ne fût pas sienne, de pareilles hypo-
thèses sont tout à fait invraisemblables. Mirabeau
a pu dans sa vie commettre bien des fautes, la
loyauté et la droiture ne lui ont jamais fait
défaut.

Le plagiat n'est pas seulement incompatible avec
son caractère, il l'est encore avec la nature même
de son esprit. Quand on a une personnalité aussi
marquée, quand on sait l'imprimer aussi fortement
sur tout ce qu'on écrit, on peut quelquefois exprimer
mer les idées d'autrui, mais on ne saurait plagier
personne. Tel est précisément le cas de Mirabeau :
il fut un grand admirateur de Cantillon et eut
pendant quinze ans entre les mains la copie de son
manuscrit ; il avait même formé le projet d'en

(1) Legrand, *Richard Cantillon.* — *Thèse de Doctorat*
Paris, 1900.
(2) *Loc. cit.*, p. 8.

publier un commentaire. Mais avant qu'il eût terminé son travail (1) les papiers de Cantillon avaient été rassemblés et le manuscrit publié par une autre personne. C'est alors que Mirabeau remaniant son œuvre la fit imprimer sous une forme nouvelle. Mais loin de vouloir en dissimuler l'origine, il la dévoile au contraire dans son avertissement (2) ; *il cite très fréquemment* l'*Essai* de Cantillon et déclare que son auteur est « le plus habile « homme qui ait paru (3) ». Les plagiaires sont en général plus réservés et moins bienveillants à l'égard de leurs inspirateurs.

Si l'*Ami des hommes* n'est pas un plagiat, il n'est pas davantage un reflet de l'*Essai sur la nature du commerce*, il n'en est même pas un simple commentaire. La raison la plus apparente qu'on en peut donner, celle qui certainement pourrait dispenser des autres, c'est que *les deux auteurs ne traitent pas le même sujet*. Le livre de Cantillon comprend trente-cinq chapitres ; six ou sept à peine rentrent, par leur objet, dans l'étude de Mirabeau. L'*Ami des hommes* se compose de vingt-trois chapitres dont dix ou douze sont à peu près complètement en dehors du sujet de Cantillon.

(1) Le manuscrit de ce commentaire commencé se trouve aux archives nationales. M. 779, 780.
(2) *Ami des hommes*, p. LXVII.
(3) *Ibid.*, p. 94.

Si maintenant nous envisageons les deux ouvrages par leurs points de contact, nous verrons
qu'ils contiennent, relativement à l'agriculture et
à la population, un certain nombre d'idées com-
munes que nous ferons ressortir au cours de notre
exposé. Mais quel est l'économiste qui n'a rien
emprunté à ses prédécesseurs? A quoi servirait
l'effort scientifique de l'humanité si, depuis qu'il y
a des hommes qui pensent, leurs idées ne venaient
se superposer et se compléter les unes par les autres? Est-ce que les économistes classiques, successeurs d'Adam Smith, n'ont pas trouvé dans son
livre les éléments essentiels de leur doctrine? Est-
ce que les membres actuels de l'école historique
allemande ont jamais encouru le reproche d'avoir
servilement reproduit les doctrines de Le Play ou
d'Auguste Comte dont ils parlent si peu, ou celles
de leurs ancêtres officiels, Roscher, Knies et Hilde-
brand? Enfin est-ce que Cantillon lui-même doit
être considéré comme un plagiaire pour n'avoir
pris qu'après Sully, Boisguilbert et tant d'autres la
défense de l'agriculture? Le marquis de Mirabeau
n'a rien fait de plus à l'égard de ses prédécesseurs :
son œuvre, sans doute, a ses racines dans le
milieu intellectuel où elle s'est développée, mais
elle les a encore, plus fortement que beaucoup
d'autres, dans le tempérament même de son auteur.
On peut même dire qu'à cet égard il y a entre

Cantillon et Mirabeau le contraste le plus frappant. Tandis que Cantillon est un technicien de l'économie politique qui concentre tout son effort sur les questions de monnaie, de change, de crédit et de banque, Mirabeau a le tort d'en ignorer *jusqu'aux éléments les plus simples*, parce qu'il est avant tout un moraliste, qui trouve moyen de rester tel même en traitant de la monnaie. Il faut donc en finir une fois pour toutes avec une accusation si peu établie, qui n'ajoute rien au mérite de Cantillon et qui nuit beaucoup à la vérité. *L'Ami des hommes* est une œuvre personnelle, ainsi que nous allons mieux le voir encore en déterminant son objet.

L'ouvrage est intitulé : *L'Ami des hommes ou traité de la population*. Mais il n'y a pas de titre plus trompeur et plus énigmatique. On croit en le lisant se trouver en présence d'une étude spéciale sur la population telle que celles de Malthus ou de M. Levasseur, et on éprouve tout d'abord une impression de surprise à voir son auteur y traiter non seulement toutes les questions économiques qu'il connaît, mais encore de la paix, de la guerre, de la marine militaire, se promener à son aise à travers un immense sujet qu'il déclare lui-même sans limites, et qui prend aux yeux du lecteur étonné les proportions d'une petite encyclopédie sociologique. Puis quand on est imbu de la culture économique moderne, quand on se souvient des discussions des économistes contemporains, sur l'objet et le but de l'économie politique, l'intitulé de Mirabeau revêt les apparences d'une protestation paradoxale et anticipée contre ce qu'on appellera plus tard les tendances chrématistiques des économistes classiques. Ceux-ci ont engagé leur science dans la voie de la spécialisation. Pour mieux étudier les phénomènes économiques, ils ont voulu les abstraire, c'est-à-dire les isoler des autres et ils ont certainement réussi par ce procédé à en préciser singulièrement certains aspects. Mais la pente est glissante, qui mène de l'abstraction à l'oubli, et il est particulièrement dangereux de s'y laisser entraîner, en une matière où la spécialisation est commandée moins par la nature des choses que par l'infirmité de notre esprit. Or, il est difficile de nier que certains économistes parmi les classiques ou leurs disciples se sont plus ou moins laissés aller à cet oubli ; en étudiant la richesse *in abstracto,* ils ont quelque fois trop négligé l'homme qui la produit et pour qui elle est produite ; ils l'ont envisagée comme but et non comme moyen, ou du moins ils en ont eu *trop souvent l'apparence* et c'est alors que l'école historique a attiré un peu rudement leur attention sur une omission dont on ne savait plus bien si elle était méthodique ou inconsciente.

Le malentendu est aujourd'hui dissipé, mais il est curieux de constater que Mirabeau fût de

prime abord placé au point de vue qu'on veut
faire prédominer aujourd'hui dans l'étude de
l'économie politique. Le titre de son livre et ses
développements révèlent nettement sa préoccupation essentielle qui est d'assurer le bien-être de
tous les membres de la société par une certaine
direction imprimée à l'activité économique et une
organisation sociale susceptible de donner à l'effort
commun son maximum d'efficacité. De la réalisation de cet idéal, naîtra la prospérité économique;
de la prospérité résultera le développement de la
population qui entraînera à son tour une prospérité plus grande encore (1).

Voilà en quel sens Mirabeau est, comme il le
dit lui-même, un *populateur*. Cela signifie que
dans sa pensée le bonheur de l'homme, son progrès moral et intellectuel, l'accroissement de la
population qui en est la conséquence en même
temps que la cause, figurent au premier plan.

(1) C'est sur la question de savoir si la population produit la richesse ou la richesse la population que s'est
engagée entre Quesnay et Mirabeau la célèbre discussion
durant laquelle le docteur passa successivement aux yeux
de son fougueux contradicteur d'abord pour un fou, puis
pour un homme de génie. En réalité, dans l'*Ami des hommes*, la prospérité économique est présentée tout à la fois
comme un effet et une cause du progrès de la population.
Il a fallu tout l'esprit de contradiction de Mirabeau,
pour provoquer une discussion sur ce point, et tout l'ascen-
dant personnel de Quesnay pour la terminer ainsi qu'on
le sait, car il y a comme nous le verrons bientôt, des divergences beaucoup plus profondes entre la doctrine de
Quesnay et celle de Mirabeau.

Quant à l'activité économique, elle n'est qu'un moyen d'atteindre le but et peut même en détourner lorsqu'elle est mal dirigée. Comment convient-il de la diriger ? Tel est le problème que Mirabeau a posé dans l'*Ami des hommes*.

Quand on cherche à se rendre compte du plan qu'il a suivi pour le résoudre, on éprouve tout d'abord une pénible hésitation ; on voit bien que l'ouvrage est divisé en trois parties et les parties en chapitres, mais on ne parvient pas à saisir ni la signification de ces divisions, ni l'idée directrice qui les a inspirées. — Qu'on en juge plutôt par la table des matières que nous reproduisons ici.

Iʳᵉ Partie

Chapitre Iᵉʳ. — Société et richesse.
   —   II. — Mesure de la population.
   —   III. — Agriculture premier des arts.
   —   IV. — Obstacles aux progrès de l'agri-
           culture.
   —   V. — Encouragements pour l'agricul-
           ture.
   —   VI. — Travail et argent.

IIᵉ Partie

Chapitre Iᵉʳ. — Commerce.
   —   II. — Justice et police.
   —   III. — Les mœurs.
   —   IV. — Le luxe.

Si on se décide à pénétrer dans le labyrinthe, privé du fil directeur que cette énumération n'a pas pu fournir, dans chaque chapitre on trouve en raccourci l'œuvre tout entière, mais presque jamais, complète et définitive, la solution de la question qu'il avait pour objet de résoudre. Mirabeau a voulu se donner à lui-même l'illusion de faire un livre, il n'a réussi qu'à jeter des idées sur le papier dans l'ordre où elles se sont présentées. Ses matériaux sont entassés pêle-mêle, les uns sur les autres ; mais la construction reste à faire. C'est l'équivalent des *Pensées* de Pascal, avec la supériorité au profit de ce dernier, de l'absence de groupement sur le groupement illogique.

Il ne s'agit donc pas seulement ici de présenter

une étude d'histoire des doctrines économiques,
mais d'écrire le livre dont Mirabeau a réuni les
éléments dans un ordre qui ne permet de les utiliser, qu'à la condition de lire l'ouvrage tout
entier la plume à la main.

C'est ce que nous avons fait, et après avoir rassemblé les tronçons d'idées épars dans *l'Ami des
hommes*, il nous a semblé que la meilleure manière d'exposer sans la déformer, là pensée de
Mirabeau était d'analyser tout d'abord son idéal
économique et les moyens de le réaliser, puis d'é-
tudier le système social qui dans son esprit doit
servir de support à son système économique.

PREMIÈRE PARTIE

L'Idéal économique du Marquis de Mirabeau.

Quelle direction convient-il de donner à l'activité économique d'un pays pour assurer sa prospérité ? A cette question les économistes classiques ont répondu par une règle simple et générale : chaque pays doit rechercher le travail qui lui assure les bénéfices les plus élevés dans le commerce international. Créer des valeurs d'échange aux conditions les plus avantageuses, tel est le but des individus aussi bien que des nations ; la nature des industries exercées importe peu, on ne mérite d'être prise en considération qu'autant qu'elle influe sur la valeur produite. C'est pourquoi Rossi s'élève avec indignation contre « les « entreprises particulières qui usurpent le nom de « travail national, comme si les travailleurs avaient

« intérêt à produire plutôt une denrée qu'une autre
« et à faire la fortune d'un fabricant de bas et de
« couteaux, plutôt que celle d'un producteur de
« pendules et de souliers (1) ».

La doctrine de Mirabeau forme avec ces idées le
contraste le plus marqué. On chercherait vainement
chez lui des vues générales sur la production des
valeurs d'échanges. Les industries lui apparaissent sous un aspect essentiellement concret et particulier, ce qui l'empêche d'apercevoir des vérités
scientifiques précieuses que les classiques for-
muleront plus tard, mais lui permet du moins
d'échapper aux dangereuses abstractions dans lesquelles s'égareront quelques-uns d'entre eux. Il
n'admet pas du tout qu'il soit indifférent pour
un pays de pratiquer telle ou telle industrie
pourvu qu'elle lui procure de gros bénéfices ; il
n'admet pas davantage qu'il doive négliger l'une
quelconque de celles qui peuvent vivre sur son
territoire. Le développement parallèle des industries lui semble, comme autrefois à Bodin et à
Montchrétien, la condition indispensable de l'indépendance économique d'un pays. « Il entre dans
« mes principes, dit-il, que chacun se mette en état
« chez soi de ne pas recevoir la loi de son voi-
« sin (2). » Il ne pense pas d'ailleurs que des indus-

(1) Rossi. — Introduction à *l'Essai sur le principe de
population de Malthus*, p. xxxviii. Edition Guillaumin.
(2) *Ami des hommes*, p. 408.

tries isolées puissent atteindre un haut degré de
prospérité ; la nation envisagée au point de vue
économique lui apparaît, ainsi que plus tard à List,
comme un tout dont les parties sont solidaires les
unes des autres, et, avant qu'on ait abusé de la
comparaison au point de la rendre amphibologique
par des assimilations intempestives, il compare la
nation à un organisme : « L'Etat est un arbre, les
« racines sont l'agriculture, le tronc est la popu-
« lation, les branches sont l'industrie, les feuilles
« sont le commerce proprement dit et les arts. C'est
« de ses racines que l'arbre tire le suc nourricier :
« elles jettent une infinité de rameaux et de cheve-
« lées qui tous attirent la substance de la terre ;
« cette substance devient sève, le tronc se renforce
« et jette, à une certaine hauteur, une quantité de
« branches ; le suc alimentaire finit sa course par la
« production des feuilles, qui sont la partie de l'ar-
« bre la plus brillante et la plus agréable (1). »
Cette formule pour Mirabeau contient tout entière la loi de développement des forces productives d'un pays. De même qu'un arbre ne peut vivre
et porter des branches vigoureuses sans avoir de
fortes racines et un tronc solide, de même un pays
ne peut jouir d'une grande prospérité économique,
sans une agriculture largement développée et une
population abondante. Ces conditions étant réa-

(1) *Ami des hommes*, p. 176.

lisées, le reste vient par surcroît, spontanément et par l'effet d'une expansion naturelle. C'est pourquoi lorsque les industries périclitent, il ne faut pas « soigner l'arbre par les feuilles », il faut aller à la racine, « la cultiver et l'amender sans « cesse ; car il n'appartient qu'aux plantes aquati-« ques et marécageuses de s'étendre en feuilles flot-« tantes et sans appui tandis que le tronc est nul et « que les racines ne tiennent à rien (1). » C'est donc tout d'abord à l'agriculture qu'il convient de s'appliquer ; elle fournira des subsistances à la population, des matières premières à l'industrie ; puis quand on aura un aussi grand nombre d'hommes que les produits du sol national en pourront nourrir et occuper, on étendra encore la puissance écono-mique du pays et on accroîtra sa population en achetant à l'étranger des matières premières et des produits alimentaires qu'on échangera contre le produit superflu des industries nationales, et ainsi le commerce international pourra prendre nais-sance. Enfin si la population continue à progres-ser et ne trouve plus de ressources ni sur le terri-toire national ni dans les produits des pays voisins, le moment sera venu de fonder des colonies. Telles sont pour Mirabeau les différentes étapes du développement économique normal (2). Nous

(1) *Ibid.*, 180.

(2) « Le prince n'a d'intérêts grands et petits que la popu-« lation. Cet intérêt à la vérité entraîne tous les rameaux de

allons les parcourir successivement à sa suite après avoir étudié ce qui en est pour lui le bùt et la fin dernière, c'est-à-dire la population.

« la surveillance souveraine, mais en voici la gradation, « l'agriculture d'abord, l'industrie ensuite et le commerce. » *Ami des hommes*, p. 450. Mirabeau n'ajoute pas les colonies parce que dans sa pensée l'expansion coloniale antérieure à une mise en valeur complète du territoire national était prématurée, mais il traite comme nous le verrons des colonies.

CHAPITRE PREMIER

LA POPULATION

La question de la population est, avec la question de la monnaie, l'une de celles qui ont attiré le plus tôt l'attention des économistes : l'Antiquité, l'ancien régime et les auteurs modernes s'en sont également préoccupés. Mais bien qu'on puisse retrouver chez les auteurs les plus anciens le germe des idées qui circulent actuellement sur ce sujet, il s'est présenté, suivant les époques, sous des aspects très différents qui ont plus particulièrement fixé l'attention des contemporains.

Ce qui nous frappe aujourd'hui, c'est le phénomène de la natalité et de sa progression décroissante (1) très sensible dans la plupart des pays civi-

(1) Cf. Bodio, *Movimento della populazione, confronti internationali*, Rome, 1894.

	Période de 1874-1876	Période de 1889-1892
France.....	26.1 par mille habit.	22.5
Allemagne .	40.5 —	36.2
Angleterre .	35.9 —	30.8

Cf. aussi Levasseur, *Population*, t, ii, p. 4-10. Leroy-

lisés et particulièrement en France où la natalité a toujours été plus faible qu'ailleurs. De là les inquiétudes de nos hommes d'Etat et de nos économistes qui voient, dans la situation stationnaire de la population, un obstacle à notre expansion économique et coloniale, une cause de déchéance politique.

Ce phénomène qui nous inquiète (1) aujourd'hui et que nous cherchons à combattre (2) eût été considéré au commencement du siècle par les adeptes de l'école anglaise comme très favorable aux progrès de la civilisation et à la diminution du paupérisme. Les nations industrielles et particulièrement l'Angleterre traversaient alors une crise redoutable, provoquée par l'apparition du régime économique moderne ; la grande industrie à ses débuts, jouissant d'une liberté économique que les circonstances avaient imposée, mais à laquelle elle n'était pas encore adaptée, avait occasionné, dans les classes inférieures, de grandes misères qu'aggravait encore la substitution du

Beaulieu, *Traité théorique et pratique d'économie politique*, 2ᵉ édition, t. IV, p. 604 et suiv.

(1) Voir cependant Maurice Block : *Revue des Deux Mondes*, 15 octobre 1882, qui attribuait la crise économique dont on souffrait à ce moment à une augmentation excessive de la population.

(2) Plusieurs propositions de loi ont été présentées dans le but d'encourager la population. Chambre, documents parlementaires, 1901, p. 139. Rapport Gailhard-Bancel, et Sénat, documents parlementaires, 1901, p. 125. On pourrait signaler beaucoup d'autres propositions antérieures.

machinisme à la main-d'œuvre. Les observateurs de la société avaient sous les yeux le spectacle lamentable d'une population ouvrière qui s'accroissait rapidement et qui souffrait en même temps du chômage chronique, de l'excès du travail et de l'insuffisance des salaires. Certains d'entre eux, dont le plus célèbre est Malthus, furent ainsi amenés à incriminer le développement de la population qu'ils jugeaient plus rapide que celui des subsistances et préconisèrent la « contrainte morale » pour rétablir l'équilibre, sans se heurter aux « obstacles répressifs », tels que la famine, la maladie et la guerre (1). Voilà comment au commencement du xixe siècle, on était aussi préoccupé des excès de la natalité que nous le sommes aujourd'hui de son insuffisance.

Mais quand on étudie la question de la population au temps de Mirabeau, et même au xviie siècle, il faut faire abstraction de ces conceptions divergentes qui ont entraîné les économistes et les penseurs de notre temps dans des directions si opposées. Ce n'est pas que ces conceptions soient absolument étrangères à l'ancien régime : on y a découvert des prédécesseurs de Malthus, qui en a cité lui-même quelques-uns. Nous en pourrions ajouter d'autres, par exemple l'Italien Botero,

____

(1) Malthus : *Essai sur le principe de population*. Traduction Prévost. Paris, Guillaumin, 1845, p. 315.

qui dès le xvi° siècle expliquait, lui aussi, la misère
et la guerre par un accroissement excessif de la
population (1). Mais ces auteurs sont des isolés.
Les hommes du xvii° et du xviii° siècle n'étaient en
principe occupés ni par la diminution de la natalité,
ni par sa progression trop rapide. Ce qui attirait
principalement leur attention, c'était la mortalité
et les moyens de combler les vides produits par
elle. Aujourd'hui le problème de la mortalité est
pour nous en partie résolu; depuis le commencement du xix° siècle la mortalité a notablement diminué (2) et nous savons que nous pouvons la restreindre encore par les progrès de l'hygiène, et
des sciences médicales, par l'amélioration du sort
des classes inférieures, leur éducation morale, la
protection de leur travail, enfin par l'augmentation
de la sécurité et la prolongation des périodes de
paix. Au xvii° et au xviii° siècle il n'en était pas de
même, une série de causes d'un caractère nettement
artificiel, tenant au milieu social et à son orga-

(1) Botero, dans *Della cause della grandezza et mag-
nificenza della Cita*. Rome, 1588, et surtout *la Ragion
di stato*, 1589. — Cf. Franklin, *Observation concerning
the increase of mankind*. Philadelphia, 1751. Beccaria,
Elementi di Economia politica. 1769.

(2) La moyenne en France pour mille habitants, de
1815-1830, était de 25,18 ; dans la période de 1874-1883,
elle est tombée à 22,38. Cf. Levasseur, Leroy-Beaulieu,
loc. cit. Il faut ajouter, toutefois, que cette moyenne est
plus forte qu'en Angleterre, et que sa réduction est, cependant pour nous, l'un des meilleurs moyens d'augmenter
la population.

nisation vicieuse, tendaient à accroître la mortalité, et opposaient, malgré la prolificité de la population, un formidable obstacle à son développement.

Ce sont ces causes qui du temps de Mirabeau ont donné à la question de la population un aspect particulier et qu'il nous faut étudier tout d'abord pour comprendre sa doctrine.

I

Bien qu'à certaines époques du xvii° et du xviii° siècle la population française se soit légèrement accrue, on peut affirmer que cette période de notre histoire a été très défavorable à son développement. La fin du règne de Louis XIV lui a été particulièrement fatale. Durant ces deux siècles en effet les guerres ont été fréquentes, longues et par conséquent meurtrières. Sans parler de la guerre de Hollande qui n'a pas coûté beaucoup d'hommes à la France, on doit citer comme particulièrement cruelles la guerre d'Allemagne, et surtout la guerre de la succession d'Espagne qui « a ruiné le royaume et décimé les habitants » (1).

A côté de ce fléau qui n'exerçait que des ravages passagers, il faut en mentionner un autre plus redoutable encore qui sous Louis XIV et sous Louis XV tend à passer à l'état chronique, c'est la

____

(1) Levasseur. — *La population*, t. i, p. 190 et 211.

rareté des subsistances qui périodiquement dégénère en famine (1). Déjà au temps de Colbert,
malgré sa sollicitude, pour le commerce, l'industrie, et même l'agriculture, l'histoire a constaté
de nombreuses famines (2). Après sa mort elles
deviennent beaucoup plus fréquentes, beaucoup
plus générales et beaucoup plus meurtrières. Mentionnons surtout celle de 1693-1694, pendant
laquelle l'intendant du Limousin écrit « que
70,000 personnes vont être obligées de mendier leur
pain avant le mois de mars » (3), celle de 1709,
qui suivant l'expression de Fénelon dans sa lettre
à Louis XIV a fait de la France entière « *un*
« *vaste hôpital désolé et sans provisions* » (4).
Ces dates de 1694 et de 1709 marquent les points
culminants du fléau, mais dans l'intervalle il ne
cesse pas pour autant d'exercer ses ravages ; de
1689 à 1715 les hommes manquent habituellement
de pain « et meurent par troupeaux » (5). Plus

---

(1) « J'ose dire qu'à côté de la petite vérole qui sur huit
« morts en cause une, on trouve alors une maladie endé-
« mique aussi régnante, aussi meurtrière qui est la faim.»
— Taine : *Ancien Régime*, t. II, p. 217.

(2) Levasseur : *Ibid.*, p. 196.

(3) *Correspondance des contrôleurs généraux* publiée
par M. de Boislile, t. I, p. 294. — Cf. Levasseur, *ibid.* 197.

(4) Levasseur : *Population*, t. 1, p. 211. Cf. p. 211.
Le témoignage de Duval décrivant la misère de la Champagne : il y voit des enfants « dévorant des racines dans
des haies et dans des buissons ». Œuvres, t I p. 58-61.

(5) Taine, *Ancien Régime*, t. II, p 200. Ces faits sont confirmés par Boisguilbert qui montre très nettement
comment la mortalité coïncidait avec une natalité très

tard le dénuement est peut-être un peu moindre, mais les souffrances demeurent très cruelles (1). En 1725, dit Saint-Simon, « on vit en Normandie « de l'herbe des champs… le roi interrogeant l'évê- « que de Chartres sur l'état de ses peuples, celui-ci « a répondu que la famine et la mortalité étaient « telles, que les hommes mangeaient l'herbe comme « des moutons et mouraient comme des mou- « ches » (2). Il en est à peu près de même en Touraine : d'Argenson parlant de cette province en 1739 déclare « qu'il y a déjà plus d'un an que les hommes mangent de l'herbe » (3). Un peu partout le peuple poussé à l'extrême limite de la misère se révolte et pille les magasins. « Si je comptais, « dit Taine, les attroupements, les séditions « d'affamés, je n'en finirais pas : ce sont les sou- « bresauts convulsifs de la créature surmenée ; elle

abondante : « Faut-il attendre la paix pour sauver la vie à « deux ou trois cent mille créatures qui périssent au moins « toutes les années de misère, surtout dans l'enfance, n'y en « ayant pas la moitié qui puissent parvenir à l'âge de gagner « leur vie, parce que les mères manquent de lait faute de « nourriture ou par excès de travail, tandis que dans un âge « plus avancé, n'ayant que du pain et de l'eau, sans lits, « vêtements, ni aucun remède dans leurs maladies, et dé- « pourvues de forces suffisantes pour le travail elles « périssent avant même d'avoir atteint le milieu de leur « carrière ». *Détail de la France* (1697), p. 261.

(1) De 1723 à 1756. M. Levasseur a enregistré onze disettes. Cf., dans Lavisse et Rambaud, *Histoire générale*, t. v, p. 656.

(2) Cité par Taine, *ibid.*, p. 200 et 201.

(3) Journal du marquis d'Argenson, 19 et 24 mai 1739. Cf., Taine, *ibid.*, 201.

« a jeûné tant qu'elle a pu, à la fin l'instinct se
« révolte (1). » A la misère qui décime la population
il faut joindre son cortège habituel de maladies épi-
démiques qui, dans ce milieu d'épuisement et de
souffrances, éclatent comme la foudre et forment
des foyers d'infections indestructibles : telle la peste
de Marseille qui se déclare le 8 juillet 1720, se pro-
longe pendant cinq mois et fait périr 40.000 personnes (2).

Rien d'étonnant après cela, si dans les quinze
ou vingt premières années du xviii° siècle la population a considérablement diminué Les mémoires
des intendants qui ont été rédigés pour le duc de
Bourgogne en vue de le renseigner sur l'état de
la population de la France, et « qui constituent le
« document le plus considérable et le plus complet
« que nous possédions sur l'état économique de
« l'ancienne France » (3), accusent pour l'année
1700 une énorme diminution qui, dans certains
districts, peut être évaluée au sixième ou cinquième, au quart, et même au tiers de l'effectif
total (4). Pour la seule année 1715, Taine estime
que six millions d'êtres humains « sont morts de
« misère et de faim » (5). On comprend que dans

(1) Taine : *Loc. cit.*, p. 208.
(2) Martin, dans Lavisse et Rambaud, *Histoire générale*, t. vii, p. 13.
(3) Levasseur : *Population*, t. i, p. 202.
(4) *Correspondance des contrôleurs généraux* de 1683-
1698. Publiée par M. de Boislile. — Cf. Taine, *loc. cit.*,
p. 200, note 1.
(5) *Ibid.*, p. 200, *loc. cit.*

ces conditions la natalité la plus abondante ait été impuissante à combler les vides produits par la mortalité : à la fin du siècle les mémoires des intendants accusent une population de 19 millions d'habitants (1), et en 1715, d'après le témoignage de Farbonnais, confirmé par les recherches de M. Levasseur, elle était réduite à 16 ou 17 millions (2).

A partir de cette époque, malgré la misère qui continue, la population cesse de diminuer, mais son accroissement est insignifiant et certains la considèrent même comme stationnaire jusqu'au milieu du siècle. Voltaire dans le *Dictionnaire philosophique* en 1753 (article : population), évalue les feux à 3.550.499, plus 700.000 âmes à Paris, ce qui représente une population de 17 à 19 millions, suivant qu'on compte par feu quatre personnes et demie ou cinq (3), et ce chiffre, comme on le voit, se rapproche singulièrement de celui donné par le mémoire des intendants pour la fin du xviie siècle.

L'état stationnaire ou faiblement progressif de la population devait fatalement attirer l'attention

(1) C'est donc à tort que le marquis de Mirabeau affirme que la population était d'après ce dénombrement de 17 millions d'hommes. *Ami des hommes*, p. 60.

(2) *Population*, 213.

(3) Taine. *Loc. cit.*, p. 200, n. 1. M. Levasseur croit que cette appréciation est un peu pessimiste et admet que la population à ce moment s'était légèrement accrue. *Population, loc. cit.*

des économistes (1) ; il le fit d'autant plus sûrement que, dès les origines du système mercantile qui était à ce moment à peine ébranlé par la réaction agraire, le développement de la population avait été considéré comme l'une des conditions les plus essentielles de la prospérité d'un pays. A mesure que le système s'était transformé, que les préoccupations protectionnistes avaient fait place aux préoccupations monétaires, que les ambitions politiques, l'esprit d'antagonisme, le goût des « avantages exclusifs » contre lequel Mirabeau s'élèvera avec tant d'énergie, s'étaient accentués, l'idée de la nécessité d'une population abondante avait acquis une importance plus grande parce qu'on trouvait en elle le moyen de fournir au pays une main-d'œuvre à bon marché et des armées nombreuses.

Aussi voyons-nous la plupart des écrivains mercantilistes et un certain nombre d'autres qui s'en séparent sur quelques points, préconiser dans l'intérêt politique et économique de l'Etat l'augmentation de la population.

(1) Comme à cette époque on avait peu de statistiques, l'imagination s'était donné sur ce point libre carrière. En Angleterre et en France on exagérait beaucoup la diminution de la population. Montesquieu déclarait dans ses *Lettres persanes* : « Dans dix siècles la terre ne sera plus qu'un désert. » Seul David Hume dans son *Essai sur la population des nations de l'antiquité* avait protesté contre ces vues pessimistes. Cf. Baudrillart : La question de la population en France au xviiie siècle. *Journal des économistes*, 1885, p. 161.

Bodin dès 1576, insiste longuement dans la
République sur les avantages de la population (1), qui d'après lui doit être une source
d'abondance. Montesquieu écrit en 1721 dans
les *Lettres persanes* : « Plus il y a d'hommes
« dans un Etat, plus le commerce y fleurit;
« je prouverai aussi facilement que plus le com-
« merce y fleurit, plus le nombre d'hommes s'y
« augmente: ces deux choses s'entr'aident et se favo-
« risent nécessairement (2). » Il souligne le danger
d'ordre politique qu'entraîne un accroissement
trop rapide de la population chez les Etats rivaux,
enfin il proclame dans l'*Esprit des lois* en 1748,
la nécessité de stimuler la population par des
mesures énergiques; non seulement en France,
mais même dans toute l'Europe : « L'Europe, dit-
« il, a besoin de lois favorisant la propagation de
« l'espèce humaine (3). » Cantillon émet des idées
analogues, et les mêmes tendances se manifestent
chez les économistes étrangers (4). Il nous faut
voir maintenant quel rôle a joué le marquis de
Mirabeau dans ce mouvement de doctrines en
faveur de l'augmentation de la population.

(1) *République*, l. V, ch. II.
(2) Lettre, 115. Cf. Jaubert, *Montesquieu économiste*.
Thèse Aix, 1901, p. 120, p. 149.
(3) *Esprit des lois*, l. xxiii, ch. 26. Jaubert, *loc. cit.*
p. 163.
(4) Cf. Sinigaglia : *La Teoria economica della popula
sione in Italia*. Bologne, 1881.

II

Pour Mirabeau, l'utilité de la population est d'une telle évidence qu'il juge presque superflu d'en faire la démonstration (1). « La population est-elle « utile ou non ? dit-il dans son avertissement. Il « semble au premier coup d'œil que cette question « soit l'équivalent de ce lle-ci : le soleil éclaire-t-il « ou non ? » Il s'indigne contre « les épicurines qui tiennent le haut bout du pavé » et qui pensent que l'homme est plus heureux étant « au large » (2), et il exerce contre eux sa verve ironique : « c'est « à vous que je parle, et je dis qu'il est bon d'être « plusieurs ensemble 1° de peur d'être mangés des « loups ; 2° afin que les bons cuisiniers soient moins « rares ; 3° que de belles voix et de jolies filles « naîtront parmi cette colonie que j'annonce (3) » ! Il passe ensuite à d'autres idées et ne fait connaître qu'incidemment, au cours de son exposé, les véritables raisons pour lesquelles il attache

(1) Mirabeau s'illusionnait un peu, semble-t-il, sur l'importance de son rôle et la nouveauté de ses idées sur la popu- « tion : « Presque autant de gens pensent en connaître les « principes moraux, qu'il y en a qui en emploient les ressorts « physiques ; et cependant j'annonce que mes principes « que je crois vrais, sont ainsi que mes conséquences « diamétralement opposés à presque toutes les idées que « j'ai trouvées dans le monde sur ce chapitre ». *Ami des hommes*, LIX.

(2) *Ami des hommes*, LXIX.
(3) *Ami des hommes*, LXX.

tant d'importance à ce qu'il considère « comme le
« plus utile et le plus intéressant de tous les objets
« d'ici-bas pour l'humanité » (1).

C'est bien à tort d'ailleurs qu'il néglige de
développer plus amplement sa pensée sur ce
point, car elle diffère assez notablement de celle
d'un grand nombre de ses prédécesseurs. Lorsque
les Mercantilistes préconisaient l'augmentation de
la population, ils se plaçaient principalement au
point de vue des intérêts politiques de l'Etat,
subsidiairement au point de vue de ses intérêts
économiques en tant qu'ils étaient liés aux
intérêts politiques, très rarement au point de
vue des intérêts du peuple lui-même (2). Ces
mêmes auteurs qui tiennent tant à sa multiplication s'inquiètent fort peu de sa prospérité :
l'accroissement du nombre des hommes, a même
pour principal mérite à leurs yeux de provoquer
la diminution des salaires, qui contraint les ouvriers au travail et permet de vendre les produits à bon marché : le danger d'une amélioration
du sort des classes inférieures leur paraît si grand
qu'ils proposent de ralentir par un impôt de
consommation l'abaissement du prix des subsistances (3).

(1) *Ami des hommes*, LXIX.
(2) On pourrait cependant citer quelques exceptions
parmi lesquelles doit figurer Cantillon.
(3) Ces idées se rencontrent surtout chez les mercantilistes anglais. Petty : *Essays on political arithmetic* Lon-

Ces idées sont complètement étrangères au marquis de Mirabeau: sans doute il ne néglige pas entièrement les intérêts de l'Etat, ce dont d'ailleurs il le faut louer : « Un prince, dit-il, est puissant en proportion du nombre des hommes auxquels il commande » (1) ; mais il se place principalement, et c'est en quoi il est original, au point de vue des droits de l'humanité et du bonhenr des hommes. Les raisons de son goût pour le « peuplement», qui apparaissent le mieux dans son livre sont même d'ordre purement sentimental ; elles semblent être l'élargissement d'un sentiment que les sociologues modernes appellent l'instinct de la conservation de la race, et qu'il qualifie dans son langage pittoresque d'« amour de la case. » Ce sentiment qui l'a inspiré dans ses écrits plus souvent que dans sa conduite, il l'étend, en pensée du moins, à l'humanité tout entière. « Laissez-
« nous spéculer, dit-il aux adversaires de sa
« doctrine, nous qui ne valons pas la peine de nous
« aimer nous-mêmes, mais qui aimons nos frères
« et leurs neveux, qui aimons l'homme comme le
« plus utile, le plus aimable et le plus reconnais-

don, 1691. — John-Hougton : *Collection of letters for the amelioration of Husbandry and Trade.* London, 1863. t. II, p. 174. — Cf. Musco : *Dottrina del salario.* Napoli 1898. Mais Mirabeau les a entendu fréquemment exposer devant lui : « Combien de gens m'ont dit qu'il ne fallait pas que « le peuple connût une aisance qui le rendît insolent ». *Ami des hommes*, LXX.

(1) *Ami des hommes*, 201.

« sant des animaux, et le plus propre à tous genres
« de plaisirs, de travail, d'embellissement et d'uti-
« lité (1). »

C'est dire par conséquent qu'il n'approuverait
pas une augmentation du nombre des hommes qui
fût acquise aux dépens de leur bien-être. On pourrait
peut-être s'y tromper quand on le voit signaler
« l'abaissement du prix des travaux de l'indus-
« trie » (2) comme un des avantages propres à la
population nombreuse. Mais cette idée qui ressemble
dans la forme à celle des mercantilistes anglais,
n'a en réalité rien de commun avec elle. Si Mirabeau ne demande pas la richesse pour le peuple, pas
plus que pour aucune classe de la société, c'est qu'il
ne la croit pas nécessaire pour constituer le bien-
être tel qu'il le comprend et qui réside surtout
pour lui, comme plus tard pour Le Play, dans une
entière harmonie entre les besoins et les moyens
de les satisfaire : « La richesse, dit-il, consiste
dans l'abondance par rapport aux besoins », le
désir d'accumuler la détruit, « car la cupidité n'est
jamais riche de ce qu'elle possède » (3). Or cette
abondance qui est la vraie richesse et qu'il appelle
de ses vœux, doit précisément résulter du développement de la population dont il justifie ainsi
l'utilité par des considérations économiques

(1) *Ami des hommes,* LXXX.
(2) *Ami des hommes,* p. 145.
(3) *Ami des hommes,* p. 7 et p. 10.

après l'avoir justifiée par des considérations sentimentales (1).

Il y a pour lui en effet un lien nécessaire entre l'augmentation du nombre des hommes et la multiplication .des produits de leur travail. Si nombreux que soit un peuple, il peut toujours travailler, pourvu qu'il soit protégé par le gouvernement et qu'il obtienne de lui la paix et la sécurité ; mais s'il travaille, il est sûr de vivre dans l'abondance car l'accroissement des produits est au moins proportionnel au travail : « La terre n'est « marâtre nulle part, elle fournit à proportion du « travail et même davantage » (2) de sorte que « plus l'Etat sera peuplé, mieux on vivra et à meil« leur marché » (3). C'est là l'idée fondamentale de Mirabeau. Toute la suite de son ouvrage ne tend qu'à la démontrer et à établir les moyens de la mettre en pratique.

*
* *

Il ne se dissimule pas qu'il y a beaucoup à faire pour cela. L'état de la population française le hante comme une idée fixe ; il formule même à ce sujet des vues trop pessimistes, sinon sur la misère qu'à cette époque il était difficile d'exagérer, du

(1) *Ami des hommes*, p. 145.
(2) *Ami des hommes*, p. 13.
(3) *Ami des hommes*, p. 13.

moins sur le chiffre de la population, qu'il considère comme décroissant (1), alors qu'il est tout au plus stationnaire (2), ou même en voie de légère augmentation (3). Mais s'il s'égare quelque peu sur la statistique, il ne se trompe pas sur les causes du mal bien réel qu'il signale ni sur les moyens d'y porter remède, et il fait preuve à cet égard de plus de perspicacité que beaucoup de ses prédécesseurs.

Cantillon qu'il a particulièrement étudié sur ce point expliquait par des causes multiples l'état stationnaire de la population ; il signalait entre autres la guerre, les levées de troupes, et surtout le célibat des religieux (4). Montesquieu dont Cantillon s'est peut-être inspiré insistait particulièrement sur cette dernière cause : « Ce métier de « continence, disait-il, a anéanti plus d'hommes « que la peste et les guerres les plus sanglantes « n'ont jamais fait » ; il incriminait également l'abolition du divorce et la colonisation (5).

Mirabeau combat ces opinions. Ce ne sont, dit-il, « ni les moines, ni les guerres, ni le grand nombre de troupes réglées, ni la navigation, ni

(1) « Nous tendons vers la dépopulation ». *Ami des hommes*, **209**.
(2) Taine : *Ancien régime*, II, p. 200-201.
(3) Levasseur : *Population*, II, p. 215-216.
(4) Cantillon : *Essai sur le commerce*, p. 86 et s.
(5) *Lettres persanes*, 116, 117, 121. Cf. Jaubert, 158.

les émigrations » (1) qui ruinent la population,
« mais le défaut de subsistances ». De cette cause
que Montesquieu et Cantillon avaient déjà signalée
d'ailleurs, mais à laquelle il donne une importance
beaucoup plus grande et même exclusive, il fait
le régulateur de la population. « Les hommes,
« dit-il, multiplient comme les rats dans une
« grange s'ils ont les moyens de subsister; » « la
« mesure de la subsistance est celle de la popula-
« tion. » Il est ainsi amené à poser nettement la loi
dont Malthus fera découler plus tard toute sa doctrine, celle de la surabondance des germes. Ils
sont si nombreux même chez les espèces les
moins prolifiques qu'il n'y a pas lieu de s'inquiéter
des causes de destruction passagères ou des obstacles partiels à la multiplication des individus;
la fécondité de la race triomphera de tous ces obstacles jusqu'au moment où elle aura atteint la
limite marquée par les subsistances dont elle
dispose. Comparez, dit-il, les loups et les moutons;
la fécondité des premiers est certainement plus
grande : « les portées des louves sont très nom-
« breuses et aussi fréquentes que celles des brebis
« qui n'en portent qu'un. L'homme condamne au
« célibat des armées de moutons et je n'ai pas ouï
« dire qu'il fît au loup cette espèce d'injustice. Il
« tue beaucoup plus de moutons que de loups ; et

____

(1) *Ami des hommes*, p. 13.

« cependant la terre est couverte de la race des pre-
« miers, tandis que celle des autres est très rare.
« Pourquoi cela? C'est que l'herbe est fort courte
« pour les loups et très étendue pour les mou-
« tons (1). » Passant des animaux aux hommes
il déclare que les civilisés peuvent être com-
parés aux moutons, les sauvages de l'Amérique
aux loups (2), et qu'en conséquence malgré
le célibat, les guerres, l'émigration, les destruc-
tions d'hommes accidentelles et temporaires, la
population, grâce à sa puissance d'expansion
spontanée, finira par se reconstituer dans le plus
bref délai (3).

La véritable cause de la dépopulation, celle qui
« sèche dans sa racine le germe de nouveaux
« citoyens », c'est donc l'insuffisance des subsistances, la décadence des industries qui les fournissent et
une consommation excessive de la part de certains
individus (4). Mirabeau conclut de là que tous les
moyens préconisés de son temps (5) pour encourager artificiellement la population sont inefficaces;
prendre de pareilles mesures, « c'est fumer, c'est

(1) *Ami des hommes*, 13.
(2) *Ami des hommes*, p. 13.
(3) *Ibid*, p. 13.
(4) De là ses doctrines hostiles au luxe que nous appré-
cierons plus loin.
(5) Cf. particulièrement Montesquieu qui propose d'accorder des privilèges aux pères de nombreux enfants, d'in-
fliger des incapacités aux autres. *Institutions idéales*,
n° 1966, p. 395-396. Jaubert, *loc. cit.*, 163.

« arroser son champ sans le semer et en attendre
« la récolte » (1).

Si Mirabeau eût voulu poursuivre jusque dans
ses dernières conséquences, son principe de la
surabondance des germes limités dans leur développement par les seules subsistances, il eût pu
aboutir à la théorie de Malthus. C'est probablement
à cette analogie des points de départ qu'il doit
d'avoir été considéré comme l'un de ses précur-
seurs (2). Mais il est facile de se rendre compte que
l'œuvre de Mirabeau tout entière proteste contre
une pareille interprétation de sa doctrine. Il ne suffit
pas d'affirmer que la population est limitée par les
subsistances pour être un disciple de Malthus ;
cette proposition qui revient à dire que l'homme
ne peut vivre sans manger n'est intéressante
que par les conséquences qu'on en tire ; en elle-
même, elle a tout autant contribué à la formation
de la doctrine de Malthus que la constatation de la
chute des pommes à la découverte de la loi de la
gravitation. C'est bien ainsi d'ailleurs que Malthus
comprenait la portée de sa théorie : « On a sou-
« vent constaté et reconnu les faits qui démontrent
« l'action de cette cause, dit-il, en parlant de l'in-
« fluence des subsistances, mais on n'a pas vu la
« liaison naturelle qui existe entre elles et quelques

(1) *Ami des hommes*, p. 12.
(2) Bloch : *Progrès de la science économique depuis
Adam Smith*, 1897, I, 637.

« effets remarquables (1). » Il est vrai que Mirabeau
ne s'est pas contenté de constater un fait banal,
il a vu aussi la conséquence que Malthus, plus
tard, devait en tirer ; c'est-à-dire l'écrasement de
la population contre la barrière formée par les
subsistances et les souffrances qui en résultent ; il
a même trouvé pour l'exprimer les expressions les
plus énergiques et les plus saisissantes. « Les
« enfants du pauvre, dit-il, dessèchent et ren-
« trent dans la terre (2). » Mais cela ne l'empêche
pas de se séparer de Malthus sur le point essentiel. Alors que celui-ci conclut à la nécessité de
restreindre la population par la prudence dans le
mariage et par la chasteté, Mirabeau considère
toute restriction comme un danger : « Crai-
« gnez, dit-il, que la destructive philosophie des
« voluptueux insensés ne devienne une prudence
« de nécessité pour les autres....... Appuyez les
« médiocres pour qu'ils excitent la fécondité
« domestique (3). »

Mirabeau ne songe pas, comme Malthus, aux
obstacles naturels et invincibles qui peuvent empêcher les subsistances de se développer en même
temps que la population, soit parce qu'il a sous
les yeux trop d'obstacles artificiels et destruc-
tibles, soit parce qu'il est pénétré d'une foi absolue

(1) Malthus. — *Loc. cit.*, p. 112.
(2) *Ami des hommes*, p. 66.
(3) *Ibid.*, 78.

en la productivité illimitée de l'industrie agricole. C'est là une conviction qui, envisagée à un point de vue purement théorique, est .certainement trop optimiste, mais quand on se représente la société de l'époque, on doit reconnaître que les conseils de l' « ami des hommes » étaient opportuns. Si les pauvres n'avaient pas eu pour le mariage et la multiplication des enfants cette « rage » que Mirabeau considère comme l'un des « plus grands bienfaits de la Providence », ils n'eussent été ni moins opprimés, ni moins misérables, les causes de destruction des hommes n'eussent pas été moins actives et les vides laissés par elles dans une population trop clairsemée auraient encore accru sa faiblesse et sa misère. Le temps n'a fait que confirmer la valeur pratique de la doctrine de Mirabeau, il n'a que trop justifié sa crainte de voir se répandre cet esprit de prudence qu'il considérait comme particulièrement dangereux pour la France et que Malthus appellera plus tard de ses vœux.

Mirabeau ayant établi qu'une population nombreuse est la condition de la prospérité sociale, et ne peut se développer qu'en proportion des subsistances, en conclut qu'il faut organiser la société en vue de les multiplier: c'est à la lumière de ce principe qu'il étudie les formes diverses de l'activité économique. Suivons-le dans l'examen qu'il en fait.

CHAPITRE II

L'AGRICULTURE

On peut affirmer que depuis la fin du moyen-
âge où elle n'existait encore qu'à l'état rudimentaire, jusqu'au milieu du xviiie siècle, l'agriculture
a été, par principe, presque constamment subor-
donnée à l'industrie et au commerce, et que le
plus souvent on la leur a sacrifiée. Ce principe
a été l'âme de la doctrine mercantiliste : poursuivant le même but que le marquis de Mirabeau
c'est-à-dire l'augmentation de la population, mais
dans un tout autre esprit, le Mercantilisme
prétendait aussi y arriver par des moyens différents:
multiplier les manufactures qu'on croyait capables
de fournir plus rapidement que l'agriculture un
travail abondant et indéfiniment extensible à une
population croissante, vendre leurs produits sur
les marchés étrangers pour en rapporter des
métaux précieux et des matières premières suscep-

tibles d'alimenter de nouvelles opérations commerciales ; tel a été l'idéal des Mercantilistes.
Quant à l'agriculture, elle n'est, pour eux,
qu'un moyen d'assurer la prospérité du commerce et de l'industrie en leur procurant des
objets de consommation à bon marché qui permettront de réduire le salaire des ouvriers et de
vendre à bas prix aux consommateurs étrangers,
les produits manufacturés. C'est pourquoi les
produits agricoles sont soumis par les lois douanières de l'ancien régime à un traitement spécial.
Alors que les objets manufacturés sont protégés contre la concurrence étrangère par des
tarifs fort élevés, les produits agricoles non seulement pénètrent en franchise, mais ne peuvent
le plus souvent, ni sortir du royaume, ni même
passer sans autorisation d'une province à une
autre. Il est vrai que cette législation est aussi
dans une large mesure motivée par la crainte de
la famine, mais quelles que soient les raisons qui
l'inspirent, le résultat est toujours le même : elle
est devenue pour l'agriculture au temps de Mirabeau un intolérable fardeau.

Sans cesse entravée et gênée, l'agriculture n'est
presque jamais encouragée. A peine peut-on citer
dans toute l'histoire de l'ancien régime deux
hommes d'Etat, Sully et Colbert, qui croient nécessaire de la soutenir. Et encore le premier seul
lui donne-t-il un rôle prépondérant ; le second la

considère comme un accessoire de son système manufacturier, ce qui ne l'empêche pas d'ailleurs de faire preuve à son égard d'une sollicitude qu'on a trop souvent méconnue (1). Mais ce ne sont là que des exceptions ; aux yeux de la plupart des mercantilistes l'agriculture va pour ainsi dire de soi (2), il n'y a pas à s'en occuper : ouvrons Montchrétien dont le *Traicté de l'œconomie politique* peut cependant être considéré comme une expression modérée de la doctrine mercantile, nous y trouverons un magnifique éloge de l'agriculture (3) mais pas un seul chapitre où il expose sa situation et ses besoins, il réserve toute son attention aux

(1) Le bailli de Mirabeau a jugé Colbert très durement en raison de ses préférences pour l'industrie : « Les tarifs de 1664 et de 1667, dit-il à son frère, sont l'œuvre d'un fol : il a détourné les hommes de l'agriculture et comptant sur les denrées étrangères pour les nourrir, nous a rendus dépendants des étrangers. » Lettre inédite, 1754. Plus tard, en 1759, il fait allusion à Colbert en parlant de la main « meurtrière qui a jeté l'Etat dans la langueur où il est « aujourd'hui ». Lettre inédite à M. de Saint-Cézaire, décembre 1759.

(2) Mirabeau a signalé cet état d'esprit. « Mais, dit-on, « l'agriculture va d'elle-même ; c'est un art qui se transmet « par tradition, que la nature enseigne et auquel elle a atta- « ché une sorte de douceur au lieu qu'il n'en est pas de « même des autres professions. » Mirabeau, *Ami des Hommes*, 91.

(3) « Laboureurs, artisans et marchands sont les doigts « d'une même main que l'esprit de la nécessité publique fait « jouer diversement comme avec un seul ressort, les trois « canaux de l'utilité commune qui portent et versent l'eau « dans les grandes places de la cité. » *Traicté de l'œconomie politique*, 1615. Edition Brentano, p. 12.

manufactures, au commerce, à la navigation. Melon dans son *Essai sur le commerce* est tout aussi laconique et ne consacre que quelques pages au blé, tout le reste à la monnaie, aux manufactures, au commerce (1), etc.

Tel est l'état d'esprit général chez les hommes de gouvernement et chez les économistes qui à cette époque ne font que refléter leurs tendances. Aux souffrances qu'il cause à l'agriculture, il faut ajouter celles peut-être plus vives encore qui résultent de la désorganisation sociale dont elle porte tout le poids. A partir de la fin du xviie siècle, cette désorganisation se traduit par des charges fiscales énormes et arbitraires auxquelles ne répond aucune contre-partie en services rendus, par des droits féodaux, survivance d'une époque où le paysan trouvait auprès du seigneur, transformé depuis en parasite, aide et protection, par des levées de troupes, enfin par un régime général d'arbitraire et d'insécurité incompatible avec le travail et l'effort.

Toutes ces causes réunies peuvent seules expliquer cette décadence de l'agriculture que la profondeur de la misère nous a déjà permis de soupçonner et dont il nous faut maintenant mesurer la portée.

C'est en 1750, sept ans avant la publication de

____

(1) Ch. II. Edition Daire. Guillaumin. 1843, p. 712-717.

l'*Ami des hommes*, que le mal est le plus grave, et universellement constaté. Dès 1697, dans le *Détail de la France*, Boisguilbert le signale déjà : « Les terres, dit-il, sont entièrement aban-
« données faute de gens qui les cultivent,... et
« les hommes périssent de faim, manque des biens
« qui croîtraient sur ces terres s'il leur était per-
« mis de les cultiver (1). » Plus loin il ajoute:
« La plupart des terres demeurent en friche par
« le bas prix du blé ; on néglige l'engrais de
« toutes les autres, ce qui fait un tort de plus
« de 500.000 muids de blé (2) par an et 500 mil-
« lions de perte dans le revenu du peuple (3). »
Enfin il se plaint qu'on arrache les vignes tous les jours à cause de l'élévation des impôts payés par ceux qui les cultivent (4).

En 1749 la situation de l'agriculture est encore pire: « On ne saurait imaginer, dit Machault dans
« son mémoire publié plus tard par Dupont de
« Nemours (5), l'état déplorable où est l'agricul-
« ture, à moins de l'avoir vue de ses propres yeux
« en parcourant les campagnes, ou de s'être un

(1) *Détail de la France.* Edition Daire, p. 234.
(2) Le muid vaut 2 hectolitres 68.
(3) *Détail de la France.* Edition Daire, p. 259.
(4) *Loc. cit*, 260. Un peu plus tard, en 1707, Vauban dans la *Dîme royale* disait : « Il y a longtemps qu'on s'est
« aperçu et qu'on se plaint que les biens de la campagne
« rendent le tiers en moins de ce qu'ils rendaient il y a
« 30 ou 40 ans. » Edition Daire, p. 30.
(5) *Analyse historique de la législation des grains.*

« peu appliqué à cette partie négligée. On est sur-
« pris qu'il se trouve encore des laboureurs en
« France et que les disettes de blé ne se fassent
« pas sentir plus vivement et plus fréquemment.
« Lorsque l'on voit d'un autre côté tant de terres
« devenues incultes, la plupart même de celles
« qui sont cultivées ne l'être qu'à demi, tant de
« peuples qui ont disparu des campagnes, tant de
« bourgs et villages détruits ou qui tombent en
« ruines tous les jours, une infinité de gens réduits
« à déserter leurs foyers et à périr de misère pen-
« dant qu'il y aurait moyen de les faire vivre tous
« en les occupant, n'est-il pas concluant qu'il
« faut que *l'agriculture soit prodigieusement*
« *tombée depuis cinquante ans* (1)? » Vers la
même époque, en 1750, Théron de Montaugé prétend que « le quart du sol de la France est en
« friche. Les landes et les bruyères y sont le plus
« souvent rassemblées en grands déserts par cen-
« taines et par milliers d'arpents (2). » Certaines
provinces telles que l'Anjou, le Maine, la Bretagne le Poitou, le Limousin, la Marche, le
Berry, le Nivernais, le Bourbonnais, l'Auvergne,

(1) Cf. Biollay, *Études économiques sur le XVIII⁰ siècle,* Paris, 1885, p. 82. Affanasniev : *Le commerce des
céréales en France au XVIII⁰ siècle*, p. 203. Cité par
E. Gaudemet : *Galiani et la question du commerce des
blés à la fin du règne de Louis XV*. Paris, 99, p. 71.
(2) Théron de Montaugé : *L'Agriculture et les classes
rurales dans le pays toulousain depuis le milieu du XVIII⁰
siècle,* 1869, p. 25-45. Cf. Taine, *Ancien Régime*, t. ii, p. 214.

sont particulièrement négligées. On y trouve, dit Taine, des solitudes de 30.000 arpents. Enfin la Société d'agriculture de Rennes déclare que les deux tiers de la Bretagne sont en friche (1).

De tous ces documents auxquels nous pourrions en ajouter beaucoup d'autres (2), on doit conclure qu'à l'époque du marquis de Mirabeau une bonne partie de la surface du sol sur lequel des milliers de gens meurent de faim faute de subsistances est demeurée sans culture. Quelle est exactement cette surface ? C'est ce qu'il parait impossible d'affirmer. Les auteurs du temps fournissent des renseignements statistiques qui sont basés sur des impressions plutôt que sur des documents précis et certains d'entre eux avancent à la légère des affirmations qu'ils ne prennent même pas la peine de faire concorder entre elles. C'est ainsi que Boisguilbert, dans le *Détail de la France*, évalue d'abord la diminution du revenu national, c'est-à-dire industriel et agricole, à 500 millions (3), et plus loin il soutient que le seul

(1) Taine, *loc. cit.*, p. 214. La décadence par comparaison avec les époques antérieures, est évidente, beaucoup de terres autrefois cultivées sont abandonnées : « La Sologne « jadis florissante, est devenue un marécage et une forêt. « Cent ans plus tôt elle produisait trois fois autant de grains : « les deux tiers de ses moulins ont disparu, il n'y a plus « vestige de ses vignobles. » Taine, *loc. cit.*, p. 215.

(2) Cf. Baudrillart, *Les populations agricoles de la France*, t. 1, p. 94, t. 11, p. 105, 153, 322, 463. Cf. pour l'état de l'agriculture à la fin du XVIIIe siècle. Gaudemet, *loc. cit.*, et les autorités citées.

(3) *Détail de la France*, édition Daire, p. 171.

défaut de culture du blé fait perdre à la France 500 millions (1). Cela nous donne la mesure de la confiance que nous pouvons lui témoigner quand il nous dit que « plus de la moitié du territoire de la France est en friche ou mal cultivé ». Mais ce qui est certain, c'est qu'une très grande étendue de terre est négligée.

Celle qu'on cultive ne peut l'être qu'imparfaitement : les paysans ruinés par l'impôt et les mauvaises récoltes antérieures, déprimés par la misère, n'ont ni les ressources, ni l'initiative suffisantes pour améliorer leurs terres ; il leur arrive même assez souvent d'être trop pauvres pour acheter des semences quand la récolte précédente fait défaut, ou pour remplacer les animaux de trait quand ils les ont perdus. Ils sont si voisins, dit Taine, du dénûment absolu que « toute calamité « pèse sur l'avenir autant que sur le présent » (2). Il ne faut donc pas s'étonner que dans ces conditions, on cultive avec les instruments les plus rudimentaires. Arthur Young qui voyage en France en 1789 à une époque où l'agriculture a fait de très notables progrès (3), et qui malgré des appréciations un peu sévères et des généralisations trop hâtives demeure cependant un bon

(1) *Loc. cit.*, p. 259.
(2) Taine, *loc. cit.*, II, p, 216.
(3) Cf. Levasseur, *Revue d'économie politique*, 1897, p. 1. Et dans Lavisse et Rambaud, VII, 656 et 657.

juge, déclare que l'agriculture en est encore réduite aux procédés du x⁰ siècle (1). « En maint « endroit, dit Taine, on s'en tient encore à la « charrue de Virgile ; l'essieu des charrettes et les « cercles des roues sont en bois, et plus d'une fois « la herse est une échelle de charrette » (2).

Des faits aussi graves, et la misère qui en résultait devaient un jour ou l'autre attirer l'attention des économistes et des hommes d'Etat. Nous voyons en effet au commencement du xviii⁰ siècle s'affirmer avec une netteté grandissante, une réaction très vive contre les doctrines et la pratique antérieures. La première impulsion fut donnée par un économiste français, dont l'influence s'étendit à l'étranger et particulièrement en Italie : ce fut Boisguilbert (3) qui, dans une série d'ouvrages dont le premier, le *Détail de la France*, date de 1697, commença l'attaque contre le Mercantilisme, montra l'importance de l'agriculture, signala son abandon et sa décadence, qui venaient principalement selon lui de la mauvaise organisation financière.

Dix ans après, en 1707, Vauban dans la *Dime*

(1) Arthur Young, *Voyages en France*, ii, 112, 115. Cf. Taine, *loc. cit.*, ii, 216.

(2) Taine, *Ancien régime*, ii, 216.

(3) Cadet : *Boisguilbert précurseur des économistes.* — Von Skargynski : *Boisguilbert und seine Beziehungen sur neueren Volkswirthschaftlehre.* Berlin, 1873. — Collection des principaux économistes. Edition Daire, t. i.

royale, développait les mêmes idées en proposant un nouveau système d'impôts. Enfin Cantillon, dans son *Essai sur la nature du commerce*, en 1755, établit la dépendance des autres industries vis-à-vis de l'agriculture, et démontra « que la multiplication et le décroissement des « peuples dans un Etat dépendent principalement « des propriétaires des terres » (1).

La voie était toute tracée au marquis de Mirabeau. A la suite de Boisguilbert et de Vauban, dont il s'est souvent inspiré, il avait, dès 1750, dans son mémoire sur *l'utilité des Etats provinciaux*, où se trouvent d'ailleurs en substance ses idées essentielles, préconisé comme remède à la décadence de l'agriculture une réforme fiscale réalisée trop tard par la création des Assemblées provinciales. Sept ans après, dans *l'Ami des hommes*, il se livra à une étude approfondie de l'industrie agricole. Nous nous occuperons tout d'abord avec lui de l'agriculture en général et de son histoire, puis de son état en France au milieu du XVIIIe siècle et des raisons de sa déchéance.

I

L'agriculture, dit Mirabeau, est « le premier des arts » (2), celui qu'un gouvernement éclairé

(1) *Essai sur la nature du commerce*, ch. XV.
(2) Le chapitre III est intitulé : agriculture premier des

doit considérer comme la « racine » de tous les
autres (1). Son importance exceptionnelle qui la
met bien au-dessus des autres formes de l'activité
économique, lui vient tout d'abord de la nature
des produits qu'elle nous donne et qui sont les seuls
absolument indispensables à la vie. S'il est vrai
que la population ne peut pas vivre sans subsistances, et que les subsistances sont la mesure de
la population, on peut affirmer que de l'état de
l'agriculture dépend le nombre et le bien-être des
hommes qui vivent dans un pays (2). L'agriculture
leur fournit en effet le travail et la nourriture :
« Un arpent de terres en friche n'occupe personne,
« tout au plus un berger y mènera-t-il son trou-
« peau deux fois dans l'année et ce troupeau n'en
« tirera presque rien ; si cet arpent est en bois, il
« faut le clore, le garder et tous les vingt ans on
« vient le couper, y faire les fagots, l'écorce et le
« charbon ; mais s'il est en prés, on l'étoupe, on

arts. L'enthousiasme de Mirabeau pour elle est tel qu'il y
trouve « la preuve la plus forte dont on puisse accabler »
ceux qui nient l'existence de la « divinité » *Ami des
Hommes*, p. 27.

(1) Dans son mémoire inédit sur le commerce, le bailli
de Mirabeau avait déjà exprimé la même idée : « La plus
« riche nation est sans contredit celle qui possède le plus de
« denrées : Si cela est, dit le bailli, l'agriculture doit être
« considérée comme le pivot du commerce ».

(2) « La population et l'agriculture sont intimement et
« nécessairement liées et forment ensemble l'objet prin-
« cipal d'utilité première d'où naissent tous les autres. »
Ami des Hommes, p. 4.

« le fume, on 'arrose et on le fauche, et tout cela
« emploie du monde, quoiqu'en petite quantité et
« seulement en deux saïsons de l'année. Un champ
« occupe plus de monde, on le laboure à plu-
« sieurs reprises, on le fume, on le sème, on le
« herse, on le sarcle, on le moissonne enfin. Là où
« il y a des champs, il y a des hommes, fussent-ils
« sous la terre. Là où les champs rapportent le
« plus, il y a plus d'hommes. Mettez cet arpent
« en jardins appelés marais à Paris, vous y verrez
« dans toutes les saisons de l'année continuité de
« travail et de récolte, tout est mis en valeur ; à
« peine un sentier d'un pied de large permet-il la
« communication d'une portion à l'autre de ce
« fécond domaine : on élève des murs et des ados
« pour les productions qui rampent moins que les
« autres et le cultivateur se procure un terrain
« perpendiculaire pour étendre son terrain hori-
« zontal, et par conséquent son royaume ; il ac-
« quiert une province à dix pieds de terre qu'au-
« cune puissance n'a le droit de lui disputer (1). »
Nous sommes ainsi amenés au « principe fon-
« damental qui ne peut être nié : plus vous faites
« rapporter à la terre et plus vous la peuplez ».
Il est d'ailleurs universellement confirmé par l'histoire. « Les sauvages d'Amérique qui ne vivent
« que de la chasse sont réduits à la condition et
« presque à la population des loups. » Une peuplade

(1) *Ami des Hommes*, p. 30.

parmi eux occupe « un territoire qui bien cultivé
« fournirait à la subsistance d'un peuple immense ».
« Un ancien Romain toujours prêt à retourner et
« labourer son champ, vivait lui et sa famille du
« produit d'un arpent de terre. Un sauvage qui ne
« sème ni ne laboure consomme seul le gibier
« que cinquante arpents de terre peuvent nourrir...
« Ce sont ici les deux extrémités, un Etat se dé-
« peuple en proportion de ce qu'il s'éloigne de
« l'une et se rapproche de l'autre (1). »

Voilà pourquoi pour un « populateur » l'agriculture est le premier des « arts », et à ce titre
déjà elle mérite d'attirer l'attention de ceux qui
s'intéressent aux industries manufacturières et
qui sont désireux de leur fournir en abondance
et à bon marché un élément essentiel de leur prospérité, c'est-à-dire la main-d'œuvre. Toutefois ce
n'est pas le seul service que l'agriculture rende à
l'industrie et ici Mirabeau s'écartant de la route
que traceront bientôt les économistes classiques,
établit, en véritable précurseur de List, la solidarité qui unit entre elles les différentes formes de
l'activité économique. On peut bien concevoir, dit-
il, une agriculture rudimentaire sans commerce et
sans manufactures, mais on ne peut concevoir
une industrie prospère sans l'agriculture : « l'agri-
« culture est par excellence l'art qui peut se passer
« de tous les autres tandis que les autres ne sau-

____

(1) *Ami des Hommes*, p. 18.

« raient exister sans lui » (1), car c'est lui qui leur
fournit la matière première, à laquelle ils doivent
donner la forme. Et ainsi Mirabeau est amené à
signaler le caractère étroit et aveugle de la politique mercantiliste qui, surtout après Colbert, a
négligé l'agriculture au profit de l'industrie sans
songer que la prospérité de la première est une
condition de la prospérité de la seconde. Mirabeau
voit dans la décadence de l'Espagne le résultat de
cette politique néfaste. « Si cet Etat eût eu des
« voisins, il n'en serait plus parlé ; mais si nous
« considérons la perte de tant de possessions qu'il
« avait en Europe, l'établissement dans son sein
« d'un petit coin de terre en royaume isolé de tout
« autre continent que du sien, sa décadence en
« un mot à la fin du dernier siècle, nous pouvons
« dire : *il mourut*. Les sots et les enfants diront:
« C'est l'expulsion des Maures, c'est l'Inquisition,
« ce sont les moines, et le vrai politique dit : l'or
« du Pérou fut la chaux au pied de l'arbre (2).
« Envahis par l'or qui leur apportait toutes les
« commodités de la vie, les Espagnols abandon-
« nèrent l'agriculture et avec leur or achetèrent
« des produits à l'étranger. C'est ce qui les a per-
« dus ; ils auraient dû fermer leurs ports aux
« produits étrangers : bientôt ces pirates civilisés
« qu'on appelle nations commerçantes les auraient

(1) *Ami des Hommes,* p. 30.
(2) *Ami des Hommes,* p 178.

« abandonnés... Dès lors tous se fussent vus forcés
« à travailler pour vivre, et tout autre objet de
« travail leur manquant, il eût fallu cultiver la terre.
« Le sol et le climat sont admirables... les grains
« et les fruits y sont bons, les soies presque dans
« leurs climats originaires, les laines de la première
« qualité. Bientôt ils fussent venus à bout d'avoir
« eux-mêmes toutes ces choses : le cultivateur,
« le pasteur, l'ouvrier et le débitant, tous auraient
« vécu sur le produit de l'Etat, et malgré l'Inqui-
« sition, moines, poux et guitares, bientôt cette
« fertile contrée aurait contenu autant d'hommes
« qu'elle en pouvait nourrir (1). »

La population étant ainsi développée, « s'il eût
« pris envie au roi d'Espagne de nourrir un plus
« grand nombre d'habitants au dépens de l'étran-
« ger, c'est-à-dire du produit de leurs terres, il
« pouvait ouvrir ses ports à tout vaisseau appor-
« tant des denrées et n'exportant en échange que
« des matières ouvrées dans les manufactures
« d'Espagne » (2). Voilà comment la prospérité
de l'agriculture peut fournir à la prospérité des
autres industries la seule base solide et durable ; à
son défaut l'arbre pourra donner « une récolte
« précoce et brillante et aura étonné par sa sin-
« gulière fécondité, mais épuisé par l'abus de ses
« forces il languit ensuite visiblement » (3).

(1) *Ami des hommes*, p. 179.
(2) *Ibid.*, p. 180.
(3) *Ibid.*, p. 178.

Avantageuse pour l'Etat, et pour la collectivité, l'agriculture ne l'est pas moins pour l'individu qui s'y livre, et ici nous allons voir le marquis de Mirabeau faire les premiers pas dans la voie qui mène à la doctrine physiocratique sur la productivité exclusive de l'agriculture. Ce n'est pas qu'on doive chercher dans *l'Ami des hommes* cette conception matérialiste de la valeur qui a conduit les Physiocrates à nier la productivité de l'industrie commerciale, et manufacturière ; une notion abstraite de la valeur est à ce moment complètement étrangère à Mirabeau qui proclame d'ailleurs nettement et à plusieurs reprises la productivité de « tous les arts ». Mais nous avons déjà remarqué qu'il accorde une supériorité à l'industrie qui fournit la matière sur celle qui lui donne la forme (1), ce qui est presque déjà la formule concrète de la théorie Physiocratique (2). Il la complète en ajoutant que « l'agriculture est l'art le plus profitable « et le plus rapportant,...le genre de travail qui rend « le plus à l'industrie humaine avec usure ce qu'il « en reçoit » (3) et par conséquent celui auquel les

---

(1) « L'art d'ouvrer la matière première n'est que d'une « nécessité d'habitude et seconde. » *Ami des hommes,* p. 80. Cantillon avait déjà dit : « La terre est la source ou la « matière d'où l'on tire la richesse ; le travail de l'homme « est la forme qui la produit » *Essai,* p. 1.

(2) Quand on reprochera plus tard aux Physiocrates ce qualificatif de « stérile » qu'ils appliquent à l'industrie manufacturière et au commerce, ils répondront précisément par la distinction de la matière et de la forme.

(3) *Ami des hommes,* p. 35.

individus devraient se consacrer de préférence. « Je
« mets en fait qu'en supposant qu'un propriétaire
« de terres se donnât la même peine pour faire va-
« loir ses fonds sur son propre sol ou sur celui
« d'autrui par les soins de l'agriculture que s'en
« donne un négociant pour bien conduire son
« commerce... il ferait profiter ses soins et son
« travail au double de ce que peut produire
« aujourd'hui le commerce le plus lucra-
« tif » (1).

La valeur du fonds peut même s'augmenter
spontanément et sans travail, — et ici, Mirabeau
mentionne nettement l'idée de la rente foncière
dont il n'aperçoit ni la portée, ni la cause : « Tel
« homme acheta il y a cent ans une terre cent
« mille livres : si ses enfants la possèdent au-
« jourd'hui, elle vaut presque le double, toutes
« choses étant égales, et le revenu en a monté
« presque dans la même proportion (2). »

Cette merveilleuse productivité de l'agriculture
est universelle ; si l'on veut faire abstraction de

____

(1) *Ami des hommes*, p. 36. Mirabeau signale ici très
finement l'infériorité de beaucoup d'agriculteurs vis-à-
vis des industriels et des commerçants, infériorité qui subsiste encore de nos jours ; mais il exagère évidemment les
avantages de l'agriculture, comme il le reconnaîtra lui-
même en parlant de l'accumulation rapide des grandes
fortunes commerciales. En tout cas, les bénéfices à réaliser dépendent essentiellement des conditions de la production qui de son temps étaient très défavorables pour
l'agriculteur.

(2) *Ami des hommes*, p. 55.

quelques régions déshéritées, on trouve partout le
moyen de tirer de la terre des subsistances abondantes et variées. On peut même les obtenir en
quantité illimitée. Mirabeau pour le démontrer est
amené à indiquer par avance quelques-unes des causes antagonistes de la rente que Carey opposera
plus tard à Ricardo. Il montre d'abord qu'entre les
avantages et les inconvénients de chaque région
une certaine compensation s'établit qui assure entre
elles une égalité approximative : « La terre n'est
« marâtre nulle part, du moins dans nos climats.
« Le sable ici nous présente une surface desséchée,
« mais transporté dans des terres humides, il les
« féconde en tempérant leur âcreté ; ailleurs il se
« couvrira de bois, et l'herbe croîtra sous ces bois.
« La terre n'offre ici que de la mousse, vous trouve-
« rez dans son sein de la marne qui, répandue sur
« sa surface, la féconde, des carrières, des miné-
« raux, plus loin le grès dont l'aspect est la teinte
« de la stérilité, cassé devient le plus utile des maté-
« riaux pour la solidité et la facilité des communica-
« tions. Ces marais stériles qui infectent l'air, peu-
« vent devenir de la tourbe, ou desséchés être chan-
« gés ne possessions les plus abondantes. En un mot
« tout a son utilité, la stérilité ne se montre nulle
« part que par la faute des hommes (1). » La surface

____

(1) *Ami des hommes*, p. 29. — « Ce qui manque à un can-
« ton de ce que l'autre possède, y est remplacé par des pro-

de la terre elle-même bien qu'elle soit limitée n'est
pas un obstacle au développement de la culture,
ce n'est pas l'étendue qui importe, mais la façon
dont on sait en tirer parti : « tant vaut l'homme,
« tant vaut la terre » (1). L'augmentation du travail produit les mêmes effets que l'augmentation de
la surface productive ; doublez le travail « et au
« lieu de deux lieues de terrain, nous en avons qua-
« tre dans le fait, sorte de conquête dont il ne sera
« parlé dans aucun congrès » (2). Mirabeau poussa
l'optimisme plus loin encore ; non seulement il ne
croit pas au rendement non proportionnel du travail, mais il considère comme parfaitement possible le rendement plus que proportionnel : « peut-
« être, dit-il en parlant d'une terre sur laquelle on
« aurait doublé la dépense, la fructification de cette
« bonne terre s'étendrait-elle plus loin encore à pro-
« portion du travail » (3). C'est précisément pourquoi il considère l'agriculture comme plus avantageuse que les autres industries.

Il reconnaît cependant qu'elle offre certains dangers auxquels échappent le commerçant et l'industriel ; la dépendance où elle est vis-à-vis de la
nature expose les produits agricoles aux ravages

« ductions d'un autre genre presque également analogues aux
« nécessités et aux commodités de la vie. » *Ami des hommes*,
p. 35.
  (1) *Ibid.*, p. 10.
  (2) p. 31.
  (3) *Ibid.*

causés par la sécheresse, la grêle, les intempéries, les bestiaux à des maladies qui peuvent, en peu de temps, détruire des troupeaux entiers ; mais ces risques sont complètement compensés par la sécurité que donne la propriété d'un sol indestructible sur lequel on trouve toujours une subsistance assurée et un refuge contre la misère (1).

Tels sont les avantages d'ordre économique que l'agriculture offre à ses adeptes ; il faut y ajouter des avantages d'ordre moral et social ; Mirabeau en parle malheureusement dans ce langage sentimental et vague à la mode au xviiie siècle, dont il se sert quelquefois pour exprimer des idées justes qui seraient dignes d'un meilleur sort. « L'agricul-« ture est de tous les arts le plus sociable. Quelle « noblesse, quelle généreuse hospitalité dans les « mœurs de ceux qui passèrent leur vie à la tête de « leurs moissonneurs et de leurs troupeaux..., etc., etc. (2). »

*
* *

Après avoir établi l'importance de l'agriculture, Mirabeau recherche dans l'histoire si elle a été traitée avec les égards qu'elle mérite et il constate

(1) « Rien n'emporte le fonds en totalité, il offre dans « les temps de calamité, un asile et une subsistance assurés». *Ami des hommes*, p. 55.
(2) *Ami des hommes*, p. 37.

qu'elle est « *encore dans l'enfance* » (1) parce que presque partout elle a été dédaignée et que les gouvernements ne se sont pas occupés de la protéger. « Les premiers hommes de chaque société « l'ont tous honorée, les seconds se sont pour ainsi « dire hâtés de la négliger. La fable du chien qui « laisse le corps pour courir après l'ombre a toujours « dépeint l'humanité en général (2). »

Dès que des industries nouvelles sont venues se greffer sur l'industrie agricole, elles ont exercé un attrait séducteur, on les a jugées à première vue plus avantageuses (3) ou moins pénibles et les hommes se sont portés vers elles ; aussi la plus utile de toutes les industries, celle dont toutes les autres dépendent, est aussi celle que les hommes ont pratiquée avec plus de répugnance : « L'homme « toujours prompt à se redresser ne semble pouvoir « être courbé vers la terre que par nécessité (4). »

(1) *Ami des hommes*, p. 30. « L'agriculture, quoique de « tous les arts le plus anciennement et le plus continuel- « lement exercé, est peut-être de tous celui qui est le plus « offusqué de préjugés et d'ignorances », p. 32. « Les plus « simples détails de cet art sont inconnus aux gens même « les plus intéressés à s'en instruire », p. 31.

(2) *Ami des hommes*, p. 31.

(3) « La prospérité d'un Etat établit dans son sein une « infinité de rameaux d'industrie et de natures de biens qui « nous paraissent au premier coup d'œil plus commodes et « plus disponibles que ne l'est la possession des terres, « appâts trompeurs qui détournent l'humanité en général. » *Ami des hommes*, p. 53.

(4) *Ibid.*, p. 53.

A cette tendance générale et universelle de la nature humaine, sont venues s'ajouter des causes contingentes. Mirabeau les expose en des pages qui rappellent d'une façon surprenante ce chapitre si souvent cité où Adam Smith explique «comment l'agriculture a été découragée en Eu- « rope » (1). Mirabeau remontant encore plus loin que lui dans le passé nous montre l'agriculture très prospère chez les Egyptiens et arrêtée une pre- mière fois dans son développement lorsque la civili- sation passa en Grèce, pays sec où la culture du sol était peu productive et habité d'ailleurs par des gens exclusivement occupés des choses de l'es- prit, qui « passaient leur vie au théâtre et sur les « places publiques à guetter les fautes de leurs rhé- « teurs » (2), pendant que les magistrats étaient chargés du soin de faire venir des vivres par la mer. Les Lacédémoniens, moins affinés et moins cultivés, demeuraient absorbés par les travaux de la guerre et « laissaient aux ilotes qu'ils traitaient en « esclaves ou plutôt comme des bêtes de somme le « soin de les nourrir » (3). Il en fut à peu près de même chez les Romains. Ils se consacrèrent d'abord à l'agriculture, et « ne furent jamais plus vérita- « blement grands que quand ils surent se contenter

(1) C'est le titre même du chapitre. Cf. Richesse des na- tions.
(2) *Ami des hommes*, p. 33.
(3) *Ibid.*, p. 33.

« de leurs propres légumes ». Mais l'esprit de
conquête les entraîna bientôt et « les campagnes
« d'Italie furent livrées à des esclaves dont les écri-
« vains de cette nation ont fait passer les plaintes
« jusqu'à nous » (1).

Ce fut la mort de l'agriculture dont la décadence
aggrava celle de l'empire romain. Les hordes de
barbares, dont le choc devait jeter à terre l'édifice
si fortement ébranlé par la corruption intérieure,
« ne firent attention aux arts que pour en éteindre
« le souvenir, ils établirent un gouvernement mi-
« litaire et par conséquent l'oppression. L'esclavage
« de droit et de fait fut le partage en Europe de la
« plus utile portion de l'humanité (2). »

Les seigneurs féodaux, eux-mêmes, n'échappent
pas ici à la critique de Mirabeau qui se rencontre
avec Smith pour proclamer leur incapacité en matière agricole. Ce n'est pas qu'ils aient eu pour
l'agriculture le même mépris que pour le commerce ; ils sentaient son indispensable nécessité,
mais « tout ce qui n'avait pas trait à l'exercice des
« armes leur paraissait un acte de renonciation à la
« gloire et à toute prééminence » (3). Leur véritable
fonction était de combattre, et non de produire.
Mirabeau touche ici du doigt, sans y attacher peut-
être une importance suffisante, l'une des raisons

(1) *Ami des hommes*, p. 33.
(2) *Ibid.*, p. 34.
(3) *Ibid.*, p. 35.

qui justifient le mieux les préférences exclusives témoignées par le Mercantilisme primitif au commerce et à l'industrie, à une époque où la situation politique et sociale des classes agricoles ne permettait pas au pouvoir central naissant de donner à l'agriculture une impulsion progressive, et « de soigner l'arbre par la racine ». La racine, à cette époque, échappait en effet à ses prises; elle était plongée dans un sol trop dur; elle s'abritait dans l'enceinte du château féodal où le roi ne pouvait pas encore pénétrer pour lui donner ses soins et la dégager de l'étreinte qui la comprimait. Mais au temps de Mirabeau il y était entré depuis longtemps et n'avait su qu'écraser sous des ruines cette « racine » de l'activité économique qu'il devait protéger. De l'homme de guerre, il avait fait un homme de cour et de salon, animé toujours de cet injuste préjugé contre l'industrie agricole « plus « vivace en lui que la trace de ses vertus » (1). Et voilà comment, après plusieurs siècles de civilisation, l'agriculture, dit Mirabeau, n'est encore, qu'un art naissant. L'*Ami des hommes* venait donc à point pour lui donner l'impulsion progressive dont elle avait si grand besoin.

Même aujourd'hui, malgré les changements qui se sont opérés dans le monde, et les

______

(1) *Ami des hommes,* p. 35.

horizons insoupçonnés qui s'ouvrent devant l'art agricole transformé, les enseignements de Mirabeau contiennent pour nous d'utiles leçons. Sans doute les *industries nationales* ne sont plus, vis-à-vis de l'*agriculture nationale*, dans une subordination aussi étroite qu'à une époque comme le xviie et le xviiie siècle, où les voies de communication rudimentaires et mal entretenues rendaient onéreux, souvent même impraticable, le transport des produits agricoles ; sans doute aussi il faut faire une certaine place à l'idéal de spécialisation et de division du travail formulé par les économistes classiques dans le pays et, à leur insu peut-être, pour le pays qui était le plus capable d'en profiter, qui doit d'ailleurs à sa réalisation sa prospérité actuelle ; mais il semble bien qu'on soit allé un peu vite et un peu loin dans cette voie et que les faits nous ramènent à la conception ébauchée par le marquis de Mirabeau, précisée ensuite par List et par Carey. La solidarité économique entre les différentes industries, dont chacune forme l'un des anneaux de cette chaîne toujours plus longue qui unit l'homme à « la terre « nourricière », l'économie des frais de transport qu'on réalise en rapprochant la matière première de l'industrie qui la transforme ou de l'homme qui la consomme, les nécessités mêmes de l'indépendance nationale poussent tous les pays civilisés vers l'état économique complexe, réalisé dans la mesure où le permet la différence des milieux. En admettant même que ces nécessités soient contingentes ou pèsent moins lourdement sur l'avenir que sur le présent, que les conflits internationaux deviennent moins menaçants, les transports plus rapides et plus économiques, ce qui n'est d'ailleurs nullement certain, la société de l'avenir se trouvera aux prises avec une autre difficulté signalée par les économistes classiques eux-mêmes et dont ils avaient exagéré l'importance sans voir que, pour une catégorie d'industries tout au moins, les industries extractives et agricoles, elle devait être incompatible avec leur idéal absolu de division internationale du travail ; cette nécessité, c'est celle de se procurer des subsistances. La surface du sol qui nous les fournit étant limitée et les hommes qui les consomment toujours plus nombreux, on sentira de plus en plus le besoin de l'utiliser tout entière, et de prendre la matière première partout où on la trouvera. C'est pourquoi l'agriculture demeure comme au temps de Mirabeau l'industrie dont dépendent toutes les autres, mais la dépendance est moins étroite : ce qui était vrai au xviii⁰ siècle pour une nation isolée, l'est surtout aujourd'hui pour le monde civilisé.

II

Passons maintenant du domaine des idées générales dans celui des vérités plus contingentes et étudions avec Mirabeau l'état de l'agriculture française au xviiie siècle. Comme tous les contemporains, il constate son infériorité qui ne saurait tenir, dit-il, à des causes purement naturelles, par exemple à la nature du sol national. Aucun peuple n'est plus favorisé que le nôtre « En considé-« rant notre climat, la fécondité de la plupart de « nos terres, ces montagnes qui d'une part nous « servent de frontières et de l'autre, placées au « centre, distribuent les eaux dans toutes les par-« ties de cette heureuse contrée, l'industrie et « l'activité naturelle aux habitants, la fécondité de « leurs femmes, on conçoit aisément que la France « doit être la patrie de la population et de l'abon-« dance... On y peut cultiver toutes les productions « utiles ou agréables des quatre parties du monde... « A la réserve de quelques dunes au bord de la « mer et de quelques roches escarpées en petit « nombre, il n'y a peut-être pas un pouce de ter-« rain qui ne pût être mis en valeur (1). »

Et cependant, la désolation, la stérilité s'étendent sur d'immenses territoires. D'ailleurs, la décadence est manifeste : Mirabeau la constate comme tous les observateurs de son temps et, avec beaucoup de sagacité, il en voit une preuve nouvelle dans un fait qui au premier abord pourrait être considéré comme un signe de prospérité. « Il y a,

____

(1) *Ami des hommes*, p. 39-40.

« dit-il, plus de champs défrichés dans plusieurs
« cantons, j'en conviens, mais moins de maisons (1).
« D'où vient cela ? C'est qu'on gratte les friches et
« coteaux pour en tirer la subsistance de quelques
« années et les laisser ensuite appauvris et pelés
« pour jamais, au lieu qu'ils étaient autrefois cou-
« verts de bois, mais le fonds du territoire est
« moins cultivé, moins fumé et rend infiniment
« moins, généralement parlant (2). »

A défaut de causes naturelles pouvant expliquer cette décadence, il faut chercher des causes
sociales qui sont les suivantes : l'absentéisme
des hommes et des capitaux, l'indifférence de
l'Etat qui ne protège pas l'agriculture et l'accable d'impôts, la réglementation maladroite du
commerce des grains qui prive l'agriculteur de
ses débouchés. Nous ne traiterons ici que des
deux premières causes, réservant pour le chapitre du commerce l'étude de la troisième.

*
* *

L'absentéisme des hommes résulte tout d'abord
du développement des villes dont la résidence

(1) La France, dit-il ailleurs, se transforme en désert : on
trouve « un mauvais village là où il y avait une petite
« ville, un hameau à la place d'un village, une maison
« désignant un hameau, et campos ubi Troja fuit ». *Ami des
hommes*, p. 112.
(2) *Ami des hommes*, p. 50.

a pour toutes les classes de la société un attrait irré-
sistible. « Le *plus ultra* est la devise de l'homme :
« ses désirs se déplacent au physique ainsi qu'au
« moral. Le villageois habiterait un bourg, s'il pou-
« vait perdre son champ de vue ; le bourgeois n'as-
« pire qu'à s'établir à la ville, et l'homme de ville
« envie le sort de l'habitant de la capitale (1). » Ainsi
tous les désirs convergent vers Paris, « cette ville
« prodigieuse..., ce gouffre de la France et des
« Français, dont le territoire réel s'étend à deux
« cents lieues à la ronde, et qui secondé d'une
« armée de colifichets, impose des tributs à tous les
« esprits frivoles du monde entier » (2). La séduction
s'exerce sur tout le monde, mais elle agit surtout
sur les plus fortunés et les plus haut placés dans
la société parce qu'ils peuvent mieux lui obéir (3),
et par conséquent sur ceux dont l'absence est
le plus particulièrement ressentie par la province. « Toute la noblesse de France s'est trans-
« plantée autant qu'elle l'a pu dans la capitale ;
« il n'est demeuré dans l'éloignement que ceux
« qu'un reste d'habitude ou de pauvreté y a rete-
« nus » (4). Que vont-ils donc faire dans la grande

(1) *Ami des hommes*, p. 52.
(2) *Ami des hommes*, p. 114.
(3) Mirabeau ne lui a résisté lui-même que par nécessité.
(4) *Ami des hommes*, p. 117. « Il n'y a pas une seule
« terre un peu considérable dont le propriétaire ne soit à

ville, « ces maitres de tant de champs dévastés
« que j'ai rencontrés sur ma route ? Voyons quels
« plaisirs, quelles délices les obligent à se priver
« de celui de jouir de la propriété des biens que la
« Providence leur a départis : travaillent-ils à leur
« fortune et la décevante ambition les a-t-elle atta-
« chés à son char, ou curieux de cultiver leurs
« talents, cherchent-ils à perfectionner des con-
« naissances auxquelles la société ajoute le poli,
« comme le frottement le donne au caillou des
« rivières ? Rien de tout cela, j'ai suivi ces hommes
« choisis dans leurs plaisirs et dans leurs plus
« importantes affaires : lignes tangentes tirées
« d'une porte à l'autre, et qu'on appelle bienséan-
« ces, spectacles, nouvelles, tracasseries, médi-
« sances, duels de l'intérêt qu'on nomme jeux,
« voilà leurs travaux et leurs plaisirs (1). » La
mode elle-même s'en est mêlée, on se sent ridicule à demeurer en province (2) : « le nom de
« provincial est une injure, et les gens du bon air

« Paris et conséquemment ne néglige ses maisons et ses châ-
« teaux... A Paris au contraire on a fait embellir les envi-
« rons en commençant par ses faubourgs et ses guinguettes,
« où la plupart des propriétaires de ces vastes hôtels, dont
« ils occupent cinq fois par an les entresols, embellissent
« sous le nom de petites maisons des réduits dédiés à l'indé-
« cence et au désordre. » *Ami des hommes*, p 118.
(1) *Ami des hommes*, p. 79.
(2) « Sire, disait M. de Vardes à Louis XIV, quand on
« est loin de Votre Majesté, non seulement on est mal-
« heureux, mais on est ridicule. » Taine, *Ancien régime,* I, 70.

« sont offensés quand on demande de quelle pro-
« vince est leur famille, comme si être Dauphinois
« ou Poitevin n'était pas être Français. Cette sotte et
« misérable supériorité de l'habitant de la capitale
« sur celui des provinces est rendue en monnaie
« en province par le citadin au villageois et au
« campagnard (1). » Molière et ses imitateurs n'ont
fait que refléter l'opinion générale et lui donner
satisfaction ; « en ridiculisant les gentilshommes
« campagnards, les barons de la Crasse, les Sot-
« tenville, etc., ils ont cru n'attaquer que la sotte
« vanité et la plate ignorance des seigneurs châte-
« lains, mais les mots de campagnard et de provin-
« cial sont devenus ridicules. La crainte du ridicule
« ferait passer un Français à travers le feu ; tout le
« monde a voulu devenir homme de cour ou de
« ville et alors adieu les champs (2). »

Toutefois la mode et l'opinion ne sont pas les
seules coupables ; elles ont été faites elles-mêmes
par une autorité qui aurait dû les combattre et qui
les a encouragées, « car il n'est rien de si fou que la
« raison humaine ne puisse considérer comme
« sagesse » (3). Cette autorité c'est celle de la
royauté qui depuis un siècle travaille à détourner
la noblesse de ses fonctions, et à la priver de
son influence en l'amusant dans les salons de

(1) *Ami des hommes*, p. 79.
(2) *Ibid.*, p. 80.
(3) *Ibid*, p. 46.

Versailles, tandis qu'elle lui substitue dans la province des intendants, des subdélégués, des fonctionnaires royaux de toute sorte. Mirabeau éprouve ici quelque embarras à exprimer sa pensée et à jouer le rôle de critique là où les hommes de sa caste jouent celui de courtisans ; il le fait cependant, tout d'abord en des formes voilées, puis bientôt avec une énergie accrue par la contrainte qu'il s'est imposée et il éclate en paroles violentes « contre les gens de plume et d'écritoire qui ont à « force de projets d'ordonnances et de règlements, « changé la constitution subalterne de l'Etat et qui « eux-mêmes enveloppés des faibles débris de leur « édifice ont, aussi promptement que la haute no- « blesse, fait place à tous les potirons que la haute « faveur, l'intrigue, la rapine et l'industrie, élèvent « de toutes parts » (1). Mirabeau signale ici l'effet et ne remonte pas bien nettement à la cause qu'il ne peut montrer plus ouvertement sans se compromettre. Mais quand il s'exprime librement, par exemple dans ses lettres à son frère, il dénonce la politique royale et les faveurs de la cour comme le principal agent de l'absentéisme : « Je regarde « la cour, dit-il, comme l'antre du lion où tout va « se perdre et d'où rien ne revient » (2). Et même

(1) *Ami des hommes*, p. 59.
(2) Lettre inédite, 24 mai 1754.
« Il n'y a plus, dit Taine, de carrière que par cette issue : « pour parvenir on est tenu d'être courtisan. Le roi le veut, « il faut que vous soyez à son salon pour obtenir ses grâces ;

dans *l'Ami des hommes*, ainsi que nous le verrons d'ailleurs, quand nous étudierons les fonctions de l'Etat, il nous révèle nettement sa pensée sur ce point en traçant au souverain une ligne de conduite qui forme avec la pratique gouvernementale du temps le plus hardi contraste.

A la suite de la haute noblesse, poussées à peu près par les mêmes mobiles, recherchant des faveurs ou des fonctions dans les grandes maisons, comme la noblesse en cherche à la cour, demandant à la ville les mêmes jouissances et la même supériorité factices, marchent les classes les plus humbles, qui dédaignent comme leurs supérieurs les travaux de l'agriculture. Pour remplir à la ville une fonction quelconque on a des hommes autant qu'on en veut; on n'obtient plus d'agriculteurs : « Une fois, en voyageant bien loin, je « me trouvai par hasard dans un royaume, où,

« sinon à la première demande, il répondra : qui est-ce ?
« C'est un homme que je ne vois pas. L'absence à ses yeux
« n'a pas d'excuse même quand elle a pour cause une con-
« version, et pour motif la pénitence; on lui a préféré Dieu :
« c'est une désertion. Les ministres écrivent aux intendants
« pour savoir si les gentilshommes de leur province
« aiment à rester chez eux » et s'ils refusent de venir rendre
« leurs devoirs au roi ». Songez à la grandeur d'un pareil
« attrait; gouvernements, commandements, évêchés, béné-
« fices, charges de cour, survivances, pensions, crédit,
« faveurs de toute espèce et de tout degré pour soi et pour les
« siens, tout ce qu'un Etat de vingt et vingt-cinq millions
« d'hommes peut offrir de désirable à l'ambition, à la vanité.
« et à l'intérêt se trouve rassemblé là comme en un réser-
« voir : on accourt et on puise. » Taine, *Ancien régime*, I, 69.

« sans le savoir, on allait à peu près de ce train-là.
« J'y vis un homme considérable qui cherchait en
« même temps un secrétaire pour lui, et un économe
« pour faire aller une terre voisine de la ville où il
« habitait et où il voulait entretenir un gros ménage
« d'agriculture pour en tirer ses provisions. Pour le
« premier emploi, il se présenta une infinité de
« jeunes gens bien mis, bien élevés, ayant fait leurs
« études et avec des connaissances sur l'his-
« toire, etc., la plus belle main du monde, sachant
« faire des lettres sur un mot, enfin tout ce qu'il
« fallait et cela à choisir pour 500 livres. Quant à
« l'économe, il ne lui vint que des crasseux, des
« ignorants et des fripons ; un seul me parut en-
« tendu, homme de bon sens et capable ; mais il
« demandait 1.500 livres d'appointements. Peuple
« de caméléons, leur dis-je, vous prétendez donc
« un jour vivre de l'air (1). »

A la suite des hommes les capitaux désertent
les campagnes : les grands propriétaires passant
leur temps à la ville loin de leurs terres qu'ils ne
peuvent pas surveiller n'y sauraient trouver une
source de revenus avantageuse ; « les terres de-
« mandent des soins et quelque résidence, du moins
« passagère ; on ne veut point de cela : les campa-
« gnards sont si rebutants ;... les parcs de nos pères
« sont si raboteux ; point d'arbres en boules, ni de
« treillages en bois dans les dehors : moins encore

____

(1) *Ami des hommes*, p. 50 et 51.

« d'entresols, d'appartements, de bains et de lieux
« à l'anglaise dans les maisons. Que faire de tout
« cela ? Il s'agit donc de ce qu'une terre rend franc
« et quitte à Paris. L'ancien possesseur mettait tout
« à profit, connaissait son monde, organisait sa
« besogne ; le riche qui lui succède attend qu'on le
« vienne chercher, qu'on ait payé son portier et ses
« valets pour avoir audience de Monseigneur, et
« obtenir la ferme à bon prix. Ce ne sera point un
« honnête laboureur qui se donnera ces mouve-
« ments-là ; la ville l'effraie et l'insolence des sous-
« ordres le rebute : voilà donc un intrigant et sou-
« vent un fripon devenu fermier, et chargé en outre
« de la confiance du maître ; il fait la portion de
« l'intendant, il envoie des pâtés au maître d'hôtel,
« et des fromages au suisse : tout chante ses louan-
« ges dans la maison. De son côté il sait où repren-
« dre ses frais... Comme on se fie à lui, il arrive
« malheurs sur malheurs, cas fortuits, réparations,
« et le maître ne trouve au bout de l'an que du
« papier en recette et dépense. Voilà pour les terres
« éloignées. Celles qui sont à portée, ont l'honneur
« de voir le patron ; il arrive, l'avenue est trop étroite
« et de côté, il faut en marquer une autre, deux con-
« tre-allées : trente toises de largeur et autant que
« la vue peut s'étendre ; le terrain d'une bonne
« métairie devient avenue et le produit, zéro. Le
« parc, les charmilles, le quinconce, le labyrinthe,
« les arbres en boule, autres zéros : trois cents

« arpents en ce genre ne sont pas de trop ; le po-
« tager était trop étroit, il faut des ados, des murs
« de partage, une pompe pour amener des eaux,
« des serres chaudes, une orangerie. Les terrasses
« sablées, les élagueurs, les tondeurs, l'entretien
« de ces potagers dont il arrive quelques primeurs
« à la ville, le soin d'entretenir et ratisser toutes
« les allées du parc, de maintenir les pompes, etc.,
« si tout cela ne coûte que 10.000 livres, ce n'est
« pas trop. Dans la maison, les meubles, les
« vernis, etc., demandent un concierge. Si ce pau-
« vre homme, sa famille et les frais d'entretien ne
« coûtent que cent pistoles, c'est bon marché. La
« terre valait 15.000 livres de rente, elle revient à
« 400.000 livres avec les frais, on y en a dépensé
« 60, pour la rendre digne du maitre ; le terrain
« mis en décoration a diminué la ferme de 4.000 li-
« vres, il en coûte onze d'entretien, reste à rien
« pour Monseigneur. Mais son voisin dans la place
« Vendôme, et lui-même quelquefois compte cette :
« terre, dit-il, me tient lieu de 23.000 livres de rente
« et ne me rend rien, d'où lui et ses semblables
« concluent : « *ce sont de mauvais biens que*
« *les terres* (1). »

Et alors on vend sa terre, on cherche un placement en rentes ou en contrat qui dispense de tout
souci et qui donne un revenu fixe (2); « on sait pour-

____

(1) *Ami des Hommes*, p. 57 et 58.
(2) « La paresse, sœur du luxe, et tous les deux enfants

« tant que les placements les plus solides en France
« deviennent moins sûrs » mais rien n'y fait : « les
« plus belles terres sont dans les affiches... on les
« vend rien ou difficilement et ainsi s'accentue le
« prodigieux gonflement de la capitale (1). »

Ce tableau si pittoresque et si vivant de l'abandon des campagnes n'a rien d'exagéré. Le témoignage de Mirabeau si souvent invoqué par les historiens, par Taine en particulier, est confirmé par
celui de tous les contemporains et par les documents de l'époque, principalement par les registres
de la capitation qui sont très instructifs sur ce point
parce qu'elle était payée au domicile réel. Or, toutes
ces sources sont parfaitement concordantes et permettent d'établir qu'au temps de Mirabeau la petite
noblesse et une partie de la moyenne demeurent
seules en province ; le reste s'est perdu dans le
gouffre de Paris et de Versailles. Les abbés, les
commendataires, les archevêques, les évêques, les
grands vicaires, les chanoines les ont suivis, ne
laissant dans les campagnes que les prieurs et les
curés : « tout l'état-major laïque et ecclésiasti-
« que est absent (2). »

« de l'habitation des villes, la paresse, dis-je, fait que tous
« nos partisans préfèrent un intérêt fixe qu'ils envoient rece-
« voir par un barbet à l'échéance, à tout le soin et manie-
« ment que demandent les terres.» *Ami des hommes*, p, 66.
(1) *Ami des hommes*, p. 57.
(2) Taine *Ancien régime*, ii, p. 50. — Tocqueville,
l'Ancien régime et la Révolution, p. 180.

C'est pourquoi, bien que dans l'histoire des pays
civilisés, on rencontre souvent l'absentéisme, pour
l'économiste qui veut en étudier les conséquences,
la société française de l'ancien régime constitue
le champ d'expérience le plus intéressant. Explo-
rons-le à la suite du marquis de Mirabeau, pour
y saisir les manifestations du mal dont nous venons
de constater l'existence et d'étudier les causes.

*
* *

L'absentéisme, surtout celui des propriétaires
fonciers, a été en général jugé très défavorable-
ment par les économistes. Cependant quelques-uns
d'entre eux se rattachant plus ou moins par leurs
tendances à l'école classique ont essayé de le justifier, ou du moins de présenter comme indifférent
au point de vue de la prospérité économique nationale le choix du lieu où un capitaliste consomme
son revenu (1). Mirabeau envisageant la question
sous un aspect beaucoup plus large, a suivi sur ce
point les traces de Cantillon qui avait déjà traité
de l'influence exercée par les mœurs des propriétaires fonciers sur le développement de l'Etat (2) ;
l' « Ami des hommes » déclare que l'absen-

______

(1) Mac-Culloch : *Principes*, i, 169. Joseph Garnier,
Traité, p. 616. Cf. dans Cauwès, i, p. 683, une critique
de l'absentéisme.
(2) *Essai sur la nature du commerce.*

téisme est l'une des principales causes de la ruine
de l'agriculture, privée en même temps de la protection, de la direction et des capitaux qu'auraient
pu lui fournir les grands propriétaires absents
ainsi que des travailleurs qui s'en sont allés à
leur suite.

L'absence du propriétaire se remarque au premier regard, car sa terre se distingue de toutes les
autres par sa stérilité. « Je me promenais un jour
« sur une terrasse rustique ; deux voyageurs pas-
« saient au bas dans le chemin : « Je parie, dit l'un,
« regardant un enclos qui était en dessous, que ce
« bien appartient au seigneur. — Oui, Monsieur, se
« hâta de dire un paysan, qui peut-être de sa vie
« n'avait trouvé occasion d'enseigner que cela. — Je
« m'en étais bien douté, reprit le voyageur, à le voir
« couvert de ronces et d'épines. » Je fus un peu hon-
« teux, car j'étais ce seigneur-là : mais je me corri-
« geai (1). » Ce fait est d'ailleurs confirmé par tous
les contemporains : « Un grand seigneur eût-il des
« millions, dit Arthur Young, vous êtes sûr de trou-
« ver ses terres en friche. Celles du prince de Sou-
« bise et celles du duc de Bouillon sont les plus
« grandes de France et tous les signes que j'ai aper-
« çus de leur grandeur sont des bruyères, des lan-

(1) *Ami des hommes*, p. 46. C'était sans doute à l'époque où
le marquis de Mirabeau voulant suivre le courant vers Paris y avait acheté un hôtel, et consacrait tous ses soins à le
faire réparer.

« des, des déserts, des fougeraies. Visitez leurs rési-
« dences, quelles qu'elles soient, et vous les verrez
« au milieu des forêts très peuplées de cerfs, de san-
« gliers et de loups (1). »

Cet abandon des terres par les grands propriétaires qui ont des ressources assez abondantes
pour aller vivre à la ville ou dans la capitale, inspire au marquis de Mirabeau une véritable hostilité contre l'extension de leurs domaines qui, à
mesure qu'elle s'opère, diminue la surface des
terres bien cultivées. « Partout où les terres se trou-
« vent réparties en petits héritages, chaque ménage
« tire du sien des ressources qui le font vivre de ce
« qui ne serait pas même fumier dans un grand : les
« fruits réels payent les charges de l'Etat; l'industrie
« et l'économie font vivre le propriétaire cultivateur
« qui croit devoir la subsistance à son champ, et
« qui l'en estime davantage. Mais, au contraire,
« quand les petits héritages sont engloutis pour
« ainsi dire dans les grands, ils perdent cette ferti-
« lité que leur donnaient la présence et l'attention
« continuelle du maître (2). »

(1) T. ii, p. 230 et suiv. Taine, i, 77.
(2) *Ami des hommes*, p. 46 et 47. « Les gros brochets
« dépeuplent les étangs; les grands propriétaires étouffent les
« petits. Qu'une terre dans une province éloignée tombe par
« héritage dans une grosse maison, toute une famille de gens
« de condition y vivait honnêtement, élevait ses enfants, les
« poussait au service, entretenait maisons et jardins, et
« consommait le revenu dans le pays ; au lieu de cela, c'est
« une goutte d'eau dans la rivière : à peine l'agent a-t-il de

C'est pourquoi Mirabeau après avoir critiqué, ainsi que nous l'avons vu, l'humeur batailleuse de l'ancienne noblesse et son indifférence pour tout ce qui n'était pas le métier des armes, la préfère cependant à celle de son temps en raison de ses habitudes de résidence. Il regrette « le genre de vie
« de la noblesse campagnarde d'autrefois, qui buvait
« trop longtemps, dormait sur de vieux fauteuils
« ou grabats, montait à cheval et allait à la chasse
« de grand matin,... faisait peu de musiciens, moins
« de géomètres, de poètes et d'acteurs de parade (1);
« mais produisait plus à l'Etat par sa rési-

« quoi s'entretenir : les chouettes s'emparent du donjon, les
« colimaçons du jardin : on coupe les bois et le nouveau sei-
« gneur n'en n'est pas plus riche. » *Ami des hommes*, p. 46.
Nous verrons plus loin comment cette hostilité du marquis
de Mirabeau contre la grande propriété doit être comprise
et nous aurons à faire des réserves sur l'interprétation qu'on
en a donnée.

(1) « Les nobles d'autrefois, dit-il encore, ne savaient
« rien en comparaison de nous, car nous connaissons les
« règles du théâtre, les différences essentielles de la musi-
« que italienne à la française ; nous jugeons les géomètres,
« nous faisons des cours d'anatomie et de botanique, pour
« faire rire les gens de l'art ; nous nous connaissons en voi-
« tures, en vernis, en tabatières, en porcelaines ; nous
« n'ignorons ni le mensonge. ni l'intrigue, ni l'art de faire
« des affaires, ni celui de demander l'aumône en talons rou-
« ges, ni surtout ce que vaut le bien d'autrui, l'argent et
« les argentiers. Eux, au contraire, faisaient consister toute
« leur science en sept ou huit articles: respecter la religion, ne
« point mentir, tenir sa parole, ne faire rien de bas, ne rien
« souffrir, mettre son cheval sur un bon pied, connaître et
« discerner la voie, ne craindre ni la faim ni la soif, ni le
« chaud ni le froid et se souvenir que si César n'eût pas su
« bien faire le coup de pistolet, il n'eût jamais échappé à
« tant d'entreprises hasardeuses. » *Ami des hommes*, p. 85.

« dence et son fumier sur les terres nourricières que
« nous ne lui en valons aujourd'hui par notre goût,
« nos recherches, nos coliques et nos vapeurs (1). »

Pourquoi Mirabeau tient-il donc tant à la résidence des propriétaires, même quand ils font preuve
dans la direction des entreprises agricoles de la compétence la plus douteuse ? C'est que leur absence
n'atteint pas seulement les terres qu'ils cultivent,
elle nuit encore à toute la région qu'ils abandonnent, et que leur départ transforme en désert.
Lorsqu'ils y demeuraient, un grand nombre de
personnes y vivaient du travail qu'elles exécu-
taient pour eux, et consommaient les produits
de la terre. Maintenant qu'elles ont émigré avec
eux, l'agriculture, dont la principale pour ne pas
dire l'unique ressource est le marché local, se
meurt faute de débouchés. On dit, il est vrai, que
les revenus non consommés dans les campagnes
le sont dans la capitale ou dans les villes. Mais ce
n'est pas une compensation : toute consommation
n'est pas également utile au pays ; il faut tenir
compte du milieu dans lequel elle s'opère et aussi
de sa nature. « Une source qui sort à la tête des
« terres et dans un lieu élevé, arrose et féconde ses
« environs autant que la quantité de ses eaux
« peut s'étendre ; celle au contraire qui naît dans

______

(1) *Ami des hommes*, p 85.

« un bas-fond ne fait qu'un marais jusqu'à ce
« qu'elle se soit frayé une route basse pour s'aller
« perdre dans la première rivière, sans aucune
« utilité pour les champs voisins. »

Tel est le rôle du grand propriétaire, consommant son revenu dans la capitale ou dans les grandes villes déjà encombrées d'hommes et de capitaux et qui n'ont par conséquent nul besoin d'être « vivifiées ». « Placé au centre de la con-
« sommation », le propriétaire devient « la source
« basse et marécageuse, et contribue à noyer un
« terrain de lui-même déjà trop humide » (1).

Ajoutons qu'à la ville son revenu ne reçoit pas la même destination qu'à la campagne. « On dit
« communément qu'un gentilhomme dans sa terre
« vit mieux avec dix mille francs de rente qu'il
« ne ferait à Paris avec quarante mille. Qu'appelle-
« t-on dans ce cas vivre mieux ? Ce n'est pas épar-
« gner plus aisément de quoi changer tous les
« six mois de tabatières émaillées, avoir des voi-
« tures vernies par Martin, etc. C'est donc consom-
« mer davantage, et l'on dit vrai ; mais comme on
« ne saurait dîner deux fois, et qu'à Paris on
« prend au moins autant d'indigestions qu'ailleurs,
« ce surplus de consommation n'est pas pour
« lui. L'on entend donc qu'il fait vivre plus de
« monde ; et en effet, on entretiendra plus aisé-

____

(1) *Ami des hommes*, p. 81.

« ment à la campagne quinze domestiques gros-
« siers, vêtus et payés à la façon du pays, avec
« dix mille livres de rente, qu'on n'en entretien-
« dra dix à la ville avec quarante mille livres.
« C'est donc soixante hommes, indépendamment
« de la famille, qui vivront sur les quarante
« mille livres de rentes, au lieu de dix. »

Voyons maintenant le propriétaire à la ville :
Il occupe « les marchands, les fabricants, les
« tailleurs, brodeurs, selliers, charrons et autres
« ouvriers nécessaires, mais il y a de plus les trai-
« teurs, parfumeurs, musiciens, gens de théâtre,
« filles, etc., qui tous ne laissent pas d'être du
« peuple »; mais un bon nombre de ces gens-là ne
sont que des « *impedimenta* », et en tous cas coûtent
beaucoup plus à entretenir que ceux de la campagne, par conséquent on en nourrit moins (1).

Tel est le secret de l'hostilité de Mirabeau contre
l'absentéisme, il lui reproche de nuire doublement
à l'accroissement de la population, d'abord en entra-
vant les progrès de l'agriculture et ensuite en développant le goût des consommations de luxe dont nous
ferons d'ailleurs plus loin une étude particulière.

Une perturbation économique aussi profonde
que celle que nous venons de constater a nécessairement sa répercussion sur les rapports sociaux. Mirabeau remarque qu'ils se sont modifiés
de la façon la plus inquiétante; les relations entre

(1) *Ami des hommes*, p. 82.

les propriétaires fonciers et les classes inférieures
du peuple qui étaient empreintes autrefois de sympathie et d'affection sont maintenant troublées par
la défiance et trop souvent par la haine; au dévouement mutuel a fait place un esprit d'antagonisme,
dans lequel Mirabeau voit le signe avant-coureur
d'un bouleversement social et dont la cause première
réside pour lui dans l'absentéisme et l'isolement
moral qui en est la conséquence. Si en effet le
peuple ne s'attache plus comme autrefois à la noblesse, c'est tout d'abord et avant tout parce qu'il
à cessé de la connaître. « Quoi qu'on dise de la
« malice des hommes, c'est un axiome reçu et
« démontré par l'expérience que ceux qui nous
« connaissent et ont quelque habitude avec nous,
« nous traitent moins mal que ceux pour qui nous
« sommes entièrement étrangers (1). » Le rappro-
chement entre les hommes et la vie en commun les
détermine plus volontiers à s'estimer et à se rendre
dre des services mutuels. Les seigneurs d'autrefois qui résidaient sur leurs terres « ayant moins
« d'occasions de besoins superflus et plus d'objets
« de commisération devant les yeux, soutenaient,
« protégeaient, encourageaient les habitants de la
« campagne. Les pauvres, les malades, étaient

(1) *Ami des hommes*, p. 63. « Le voisinage à lui seul est
« un lien entre les hommes ; on soulage plus volontiers les
« misères qu'on a sous les yeux. » Taine, *Ancien régime*,
I, 51.

« secourus au château ; les orphelins y trouvaient
« leur subsistance et devenaient domestiques. Il y
« avait, en un mot, un rapport direct du seigneur à
« son sujet et par conséquent plus de liens et moins
« de lésions de part et d'autre (1). » Aujourd'hui,
ajoute Mirabeau, le seigneur ignore les besoins du
paysan ou en tout cas il les oublie ; il ne songe plus
ni à les diriger, ni à les protéger, ni à les secourir et
comme personne « ne connaît plus le seigneur
« dans ses terres, tout le monde le pille et c'est bien
« fait » (2).

Mais si on ne connaît plus le seigneur, on ne
connaît que trop ses représentants, qui font valoir
ses droits plus durement que lui-même, parce
qu'ils ne peuvent pas être généreux pour le
compte d'autrui, et qu'ils tirent souvent de leurs
rigueurs un profit personnel. C'est pourquoi
à l'indifférence et à la défiance qui naît de l'absence s'ajoute la haine que déchaînent ces « vexa-
« tions par procureur » dont le seigneur ne soup-

(1) *Ami des hommes,* p. 62. « Les seigneurs résidents
« ne sont pour le paysan ni durs, ni indifférents; séparés
« par le rang, ils ne le sont point par des distances. »
Taine, I, 51 ; et plus loin : « Je suis persuadé que sauf les
« hobereaux chasseurs et buveurs emportés par le besoin
« d'exercice corporel et confinés par leur rusticité dans la vie
« animale, la plupart des seigneurs résidents ressemblaient
« d'intention ou de fait aux gentilshommes que dans ses con-
« tes moraux Marmontel mettait alors en scène, car la mode
« les poussait de ce côté et en France on suit toujours la
« mode. » I, 56.
(2) *Ami des hommes*, p. 63 et 64.

çonne peut-être ni la gravité, ni même l'existence,
mais qui sont commises en son nom, et dont il
supporte par conséquent la responsabilité morale (1). Cependant « tout bienfait doit être res-
« pectif ici bas et si la balance peut l'emporter, le
« surpoids doit être naturellement du côté du plus
« fort (2). » L'absentéisme fait qu'il pèse du côté du
plus faible auquel on ne demande plus que des
sacrifices sans compensation. Comment s'étonner
dès lors que l'homme dont la pensée ne s'associe
plus dans l'esprit du paysan qu'avec celle des privations et des souffrances qu'il lui inflige, soit
non seulement oublié, mais même détesté? Et voilà
comment, par l'enchaînement des causes et des
effets, un simple changement de résidence peut
engendrer l'indifférence ou la haine et allumer la
guerre sociale (3).

(1) « Le régisseur n'a pas le droit d'être généreux aux
« dépens de son maître... Quant à l'adjudicataire, c'est
« un loup ravissant que l'on lâche sur la terre, qui en tire
« jusqu'aux derniers sous, accable les sujets, les réduit à la
« mendicité, fait déserter les cultivateurs, rend odieux le
« maître qui se trouve forcé de tolérer ses exactions pour le
« faire jouir ». Taine, i, 81.
(2) *Ami des hommes,* p. 63.
(3) A l'appui de sa thèse, Mirabeau montre comment
les seigneurs résidents ont continué à se montrer généreux
pour les paysans, et réussi à conserver leur affection. Il
parle notamment d'un homme de qualité qui donna, pendant la disette de l'année 1747, le pain et le couvert dans
ses granges à mille pauvres durant six mois. *Ami des hommes,* p. 62.

*
* *

Abandonné par le propriétaire de la terre qu'il cultive et dont l'existence ne se manifeste plus à lui que par des charges, le paysan va-t-il au moins trouver auprès de l'Etat ou de ses représentants l'aide et la protection dont il a besoin ? Il devrait, semble-t-il, pouvoir y compter puisque l'Etat a la prétention de remplacer l'ancien seigneur féodal dont il s'est débarrassé en l'attirant à la cour. Mais ses agents ne se souviennent de cette substitution, que pour faire valoir leurs droits ou exercer leur autorité; ils l'oublient volontiers quand il s'agit d'accomplir leurs devoirs de protection. « Depuis près de cent ans, le gouvernement en « France a eu grande attention à établir et encoura- « ger le commerce ; mais il n'a encore rien fait de « direct pour l'agriculture (1). » Et le plus grand mal n'est pas encore là; livré à lui-même, l'agriculteur pourrait encore sinon prospérer du moins vivre ; mais on l'accable sous le poids d'impôts écrasants ou arbitraires qui viennent s'ajouter à la charge des redevances féodales et qui constituent aux yeux de Mirabeau la cause la plus active de la décadence de l'agriculture. Un pareil sujet lui commande évidemment une grande ré-

_____

(1) *Ami des hommes.* p. 35.

serve ; il ne l'aborde qu'avec hésitation (1), et à
certains moments il semble même vouloir y renoncer. « Je n'examinerai pas si la surcharge des terres
« et la façon d'y percevoir les impôts, n'est pas une
« autre cause de leur discrédit. J'ai déjà dit que je
« ne politiquais pas ; et il y a à tout cela tant de
« pour et de contre que je serais fort embar-
« rassé (2) ».

Mais ailleurs il se montre plus hardi et se
met à « politiquer » sous forme d'apologues :
« Je ne sais dans quel conte de fées j'ai lu que
« l'île Gelée était autrefois très florissante : on y
« labourait, on y bâtissait, le commerce et les arts y
« étaient en honneur et ce peuple-là jouait un rôle
« dans le monde. Comme chacun faisait valoir son
« talent, un homme habile prouva par beaux dits
« que le génie et l'activité étaient contribuables,
« comme tous les autres biens d'ici bas : en consé-
« quence on taxa toute industrie, et tant fut pro-
« cédé d'après cette ingénieuse spéculation, que ce
« beau pays devint l'île Gelée (3). »

De l'île Gelée, le voici maintenant qui se trans-
porte dans les régions tropicales : « Je conversais un

(1) Il apprendra plus tard à l'occasion de la *Théorie de
l'impôt* que ses hésitations n'étaient pas sans raison.
(2) *Ami des hommes*, p. 65.
(3) *Ami des hommes*, p. 43.

« jour avec un homme qui disait avoir été con-
« damné en Afrique à chercher une route pour tra-
« verser cet immense continent. Il passa quelque
« temps parmi les peuples barbares de cette con-
« trée, et s'étant sauvé depuis il prétendait avoir
« trouvé des traces qu'il y avait eu autrefois quel-
« ques sortes de notions chez ces peuples qui
« ont à peine aujourd'hui figure d'hommes : il
« assurait qu'ils avaient jadis connu l'agricul-
« ture et le travail, mais que bientôt on les
« leur fit oublier par deux arrangements politi-
« ques dignes de l'entendement actuel de ces peu-
« ples malheureux. L'un était qu'aussitôt qu'un
« propriétaire faisait quelque nouvel établisse-
« ment sur son fonds, qu'il y bâtissait, plantait,
« etc., les receveurs de l'Etat grossissaient la cote
« proportionnelle de cet homme, comme étant
« plus en état de la supporter qu'un autre. Le
« second arrangement était que sous prétexte de
« conserver des denrées dans l'Etat en cas de
« famine, il était défendu non seulement d'en
« faire sortir de chez eux, mais même d'en faire
« passer d'une province à l'autre sans des per-
« missions nécessairement sujettes à toutes sortes
« de monopoles, de façon que quand les grains
« étaient communs, les insectes si voraces en
« Afrique les mangeaient dans les greniers, et
« quand ils étaient rares, le profit était pour les
« monopoleurs, et la disette pour tout le monde.

« Cela découragea le peuple qui redevint Hot-
« tentot. O cerveaux brûlés, m'écriai-je, que nous
« sommes heureux de vivre dans des climats où
« l'on ait le sens commun et où l'on sache s'en
« servir (1) ! »

Enfin des apologues, Mirabeau se décide à passer à un exposé moins voilé de sa pensée pour
nous peindre les malheureux paysans, victimes de
l'oppression universelle : « Si traînés languissants
« aux corvées les plus dures et les plus répétées,
« décimés pour les milices, voyant arracher leurs
« haillons de dessus les buissons par les collec-
« teurs s'ils tardent à payer les impôts ; doublés à
« la taille l'année d'après s'ils paient, pour leur
« apprendre à ne pas endurer la contrainte, utile
« récolte des receveurs ; si toutes les fois qu'ils ont
« manqué, il était question de les punir par la
« bourse ; si le procureur, l'avocat, le juge,
« l'agent du seigneur, les gens du fisc, si tout
« cela, dis-je, les regardant en tout et partout
« comme victimes ne leur laissait la peau sur
« les os, que supposé qu'elle ne fût pas bonne
« à faire un tambour, faudrait-il en ce cas
« s'étonner qu'ils périssent par milliers dans
« l'enfance et si dans l'adolescence ils cherchent
« à se placer partout ailleurs qu'où ils devraient

____

(1) *Ami des hommes*, p. 51.

« être (1). » « L'agriculture telle que l'exercent
« nos paysans, est une véritable galère. Il est
« aussi difficile à un de ces pauvres gens d'être
« bon agriculteur, qu'à un forçat d'être bon
« amiral (2). »

*
* *

Nous avons déjà constaté, en analysant la doctrine de Mirabeau sur les causes de la décadence
de l'agriculture française au xviiie siècle, avec
quelle remarquable concordance ses jugements
ont été reproduits ou confirmés par les historiens
modernes et particulièrement par Taine. A l'opinion des historiens, il faut ajouter celle des économistes : en effet, à l'exception de Mac-Culloch et
de quelques autres qui envisageaient d'ailleurs plutôt le cas du capitaliste que celui du propriétaire
foncier, ils ont accepté en si grand nombre, quoique
inconsciemment, les conclusions de Mirabeau
qu'il serait superflu d'en citer un seul, si nous ne
voyions figurer parmi eux Le Play dont la doctrine,
dans la forme même, s'identifie sur ce point,

(1) *Ami des hommes*, p. 90.
(2) Lettre inédite du marquis de Mirabeau 1754.

de la façon la plus saisissante, avec celle de
l'*Ami des hommes* et marque ainsi l'un des nombreux points de contact que nous aurons l'occasion de faire apparaître entre les deux auteurs. « Le
« propriétaire rural non résidant, dit Le Play, ne
« peut ni élever ses enfants dans le milieu le plus
« favorable à la vie physique, ni les retenir à la
« meilleure école du travail et de la vertu. Il ne con-
« tribue en rien aux progrès de l'agriculture, et il
« reste étranger aux *sentiments et aux intérêts de*
« *ceux qui sont attachés à sa propre fortune.*
« Il laisse la localité dépourvue du foyer de sociabi-
« lité et de patriotisme que seul il pourrait consti-
« tuer et il l'appauvrit en outre matériellement en
« consommant le produit net du sol dans la ville
« ou les lieux de plaisir qu'il habite (1). »

La doctrine de Mirabeau et de Le Play, en tant du
moins qu'elle s'applique à l'absentéisme du propriétaire foncier, est aujourd'hui celle de tout le monde.
Personne n'hésite davantage, ainsi que nous le verrons en étudiant les théories financières de Mirabeau, à reconnaitre que les vices du régime fiscal
du xviiie siècle ont achevé l'œuvre de ruine commencée par l'absentéisme. L'accord sur tous ces
points est même si complet qu'il donnerait aux
idées de Mirabeau, si l'on n'y prenait garde, un
air de banalité qui n'est imputable qu'à la justesse

(1) *Réforme sociale*, ii, p. 21.

de ses opinions et qui constitue pour lui un singulier mérite, si l'on songe qu'il a jugé comme nous le faisons nous-mêmes dans le recul du passé, les événements auxquels il était mêlé.

Malheureusement les idées qu'il a exprimées n'appartiennent pas encore exclusivement à l'histoire. Quelques-unes d'entre elles et particulièrement celles qu'il a développées sur l'absentéisme sont encore vivantes parmi nous. La tendance de la population française et d'ailleurs de tous les peuples civilisés à déserter la campagne pour la ville et la province pour la capitale est aujourd'hui plus marquée que jamais. Nos agglomérations actuelles de plus de cent mille habitants (Paris compris) n'avaient, en 1801, que 1.300.000 habitants. De 1801-1836, elles augmentent de 34 %, de 1836-1866, de 97 %, enfin, de 1866-1896, de 38 %. La population de Paris a augmenté de 370 % depuis 1801 (1).

Le problème qui se posait au temps de Mirabeau se pose donc encore aujourd'hui.

(1) Levasseur : *Population*, t. ii, p. 339.
Meuriot : *Les agglomérations urbaines dans l'Europe contemporaine*. Paris, 1897.

CHAPITRE III

L'INDUSTRIE ET LE COMMERCE

Nous avons vu, dans le précédent chapitre, la contradiction fondamentale qui existe entre le marquis de Mirabeau et l'école mercantiliste. Celle-ci, considérant l'industrie et le commerce comme la principale source de la prospérité d'un Etat, et de l'accroissement de sa population, lui subordonne les autres formes de l'activité économique, principalement l'agriculture ; Mirabeau, au contraire, pose en principe que l'agriculture est « la racine » et qu'elle doit figurer au premier rang dans les préoccupations de l'économiste et de l'homme d'Etat. Mais ce n'est pas qu'il juge improductifs ou stériles le commerce et l'industrie : « on ne saurait « nier qu'après le premier travail et l'unique qui « serve à la production de la matière première, ceux « qui tendent à la mettre en œuvre et ensuite à la « perfectionner ne soient très précieux dans un

« Etat pour les nécessités et commodités du ci-
« toyen, et que la prospérité relative ne soit toujours
« en proportion de ce que les arts tant mécaniques
« que libéraux fleurissent dans une société (1). »
Mais tous ces arts se développeront spontanément si l'agriculture est prospère. « Dès que cette
« racine de l'humanité sera bien entretenue, elle
« fournira des colonies nombreuses et surabondan-
« tes à toutes les autres parties du travail (2). » Il se
peut même qu'en raison de la répulsion innée que
la culture de la terre inspire à l'homme, le commerce
merce et l'industrie se développent trop rapidement. « Il arrive presque toujours qu'un arbre
« planté en trop bon terrain, et dont la sève est
« trop active et vigoureuse, jette dans le temps de la
« reproduction plus de branches qu'il n'en saurait
« nourrir en proportion de ses forces et du terrain
« qui fournit à sa subsistance. Si un jardinier habile
« ne retranche de ces branches gourmandes pour
« contenir la sève et perpétuer la durée de l'arbre,
« bientôt cette prospérité apparente dessèche le
« tronc, épuise les racines et l'arbre languit et
« meurt (3). » Il faut donc veiller à ce que les branches gourmandes, les feuilles trop abondantes n'é-
puisent pas la racine et ne s'épuisent pas elles-mêmes
par contre-coup, mais si on sait les contenir dans

(1) *Ami des hommes*, p. 147.
(2) *Ami des hommes*, p. 451.
(3) *Id.*, p. 177 et 178.

cette juste mesure, elles sont utiles et même indispensables. C'est pourquoi quand un pays a utilisé
tous les produits alimentaires et toutes les matières premières qu'une agriculture prospère lui
fournit, mais à ce moment-là seulement, il peut
encore augmenter le chiffre de sa population et
ajouter quelque chose à son bien-être, en achetant
à l'étranger avec « le superflu » du produit des
industries nationales, des matières premières et
des produits alimentaires qui fourniront des subsistances et du travail à de nouveaux habitants (1).

Mirabeau finit donc par où voulaient commencer les Mercantilistes : l'agriculture d'abord,
le commerce et l'industrie ensuite. A ce dissenti-
ment fondamental sur le but à atteindre vient
s'en joindre un autre non moins complet sur les
moyens à employer qui est en partie la conséquence du premier. Ce qui domine la pratique
économique de l'ancien régime, dans les relations
des habitants d'un même pays, comme dans les
relations internationales, c'est l'esprit de réglementation, de monopole, et de « profit exclusif »,
une défiance excessive vis-à-vis de l'initiative individuelle, le sentiment poussé jusqu'à l'exagération

---

(1) « Portez à l'étranger autant que vous pourrez de l'or et
« des matières ouvrées, rapportez de chez lui des denrées
« comestibles d'abord et à leur défaut des matières brutes
« qui servent de fonds au travail de vos manufactures ; voilà
« tout le secret d'un commerce étranger avantageux. » *Ami
des hommes*, p. 413.

la plus extrême d'un antagonisme absolu aussi
bien entre les intérêts particuliers qu'entre les intérêts nationaux. Sous l'empire de ce sentiment,
l'industrie, le commerce intérieur, le commerce
international sont soumis à une réglementation
étroite, qui répondait peut-être originairement à
des besoins dont les économistes classiques et
même certains historiens modernes de l'économie
politique n'ont pas eu toujours une conscience
assez claire, mais qui par ses excès, comme par
sa fixité dans un milieu économique profondément
transformé, est devenue au temps du marquis de
Mirabeau l'un des principaux obstacles au progrès
économique.

*
* *

Depuis l'époque où elles avaient réussi à se constituer à l'abri de la tyrannie des seigneurs, les
corporations, autonomes d'abord, subordonnées
ensuite à partir du xvi⁰ siècle à l'autorité royale,
subissent l'étreinte d'une législation minutieuse,
qu'animent toujours malgré quelques réformes
l'esprit de monopole et l'esprit de routine (1). A

(1) Cf. Etienne Boileau, *Le Livre des Métiers*. Edition
de Lespinasse et Bonnardot, 1879. — Cauwès, *Traité
d'économie politique*, I, 109. — Le pouvoir royal en détrui-
sant l'autonomie des corporations corrigea quelques abus
des monopoles. « En 1755, deux ans avant la publication
« de l'*Ami des Hommes*, une ordonnance nouvelle déclarait
« que toutes les villes du royaume seraient librement ouver-

côté d'elles s'est constituée la grande industrie qui n'échappe pas longtemps à la réglementation : les ordonnances de Colbert de 1666-1676 édictent une série de prescriptions dont l'observation rigoureuse assura les premiers succès de l'industrie naissante, mais dont le caractère inflexible et immuable l'arrêta ensuite dans son développement.

Ce réseau d'ordonnances et de règlements englobait, en même temps que l'industrie, le commerce intérieur des objets fabriqués par elle. Les prix, les conditions de vente étaient soigneusement déterminés et la circulation des marchandises demeurait en outre assujettie à des douanes intérieures. Depuis 1664, il est vrai, la circulation était libre entre « les provinces des cinq grandes fermes » (1), mais les droits de douane étaient maintenus pour toutes les autres, sans parler des péages sur les chemins ou rivières et des octrois, qui augmentaient en même temps les frais et la durée des transports.

Voilà dans ses traits généraux la législation qui s'appliquait à toutes les marchandises. Mais parmi elles, il en est une, qu'en raison des dis-

---

« tes à tout sujet français qui pourrait justifier de son apprentissage et de son compagnonnage. » — Levasseur, dans Lavisse et Rambaud, *Histoire générale*, vii, 662.

(1) Ile-de-France, Normandie, Picardie, Champagne, Bourgogne, Bresse et Bugey, Bourbonnais, Poitou, Berry, Anjou, Maine, Touraine.

positions spéciales auxquelles elle était soumise et aussi de son importance, il convient de mettre à part : ce sont les céréales. Le blé surtout qui joue un rôle si considérable dans l'alimentation, mérite une attention particulière. De nos jours où il est produit en abondance et transporté facilement d'un point à un autre, grâce aux moyens de communication perfectionnés dont nous disposons, cette attention se porte principalement sur les producteurs gênés par les progrès de la culture intérieure et par la concurrence des pays neufs ; mais, au temps du marquis de Mirabeau, on s'intéressait surtout au consommateur (1). La politique annonaire dont les traces ont subsisté jusqu'à la fin de l'ancien régime remonte aux premiers temps de la royauté (2). Née à une époque où les nations n'étaient pas encore constituées comme unités économiques et se composaient de petites souverainetés juxtaposées sans intérêts communs, elle se justifiait par l'insuffisance des communications et l'absence de commerce régulièrement organisé. Le réapprovisionnement d'une région qui eût commis

(1) Sur ce déplacement du point de vue sous lequel on envisage la question des blés, cf. Gaudemet, *Galiani et la question du commerce des blés à la fin du règne de Louis XV*, p. 65 et suiv.

(2) Elle a d'ailleurs été universellement pratiquée et défendue par des théoriciens de tous pays. Cf. Cossa, *Histoire des doctrines économiques*, p. 207-209.

l'imprudence de se laisser enlever ses grains pouvait subir de ce chef les plus longs retards, ou même se trouver entièrement entravé. Ces obstacles de fait à la libre circulation des grains s'étaient progressivement atténués, mais les obstacles de droit leur avaient survécu. La politique de l'ancien régime, à en juger par les documents législatifs qu'elle nous a laissés, porte les traces d'une perpétuelle incertitude, et même d'un véritable affolement : elle oscille constamment entre le régime de la liberté de circulation des grains et celui de l'autorisation administrative. De 1710 à 1754, sans qu'il soit possible d'en apercevoir bien nettement la raison, on passe deux fois de l'un à l'autre (1).

La loi ne se borne pas à gêner la circulation des céréales à travers les provinces. La vente du blé sur le marché local, par le propriétaire qui l'a récolté, son achat par le boulanger sont subordonnés à des restrictions et des formalités multiples, inspirées toutes plus ou moins par la crainte de l'accapareur et de la famine : il faut une autorisation pour faire le commerce du blé (2).

(1) Gaudemet : *Loco citat.*, p. 97 et suiv. — Affanassiev : *Le commerce des céréales en France au* xviiie *siècle*, p. 99 à 105. — Biollay : *Etudes économiques sur le* xviiie siècle. — Friedricowicz : *Die Getreide handelspolitik der Ancien Regime.*

(2) Ordonnance du 31 août 1699. — Affanassiev : *Loc. cit.*, p. 87-89.

L'agriculteur qui vend le sien doit le conduire en personne sur le marché, sans recourir à aucun intermédiaire, il ne peut pas l'exposer plus de trois fois de suite sans être obligé à la troisième de le vendre au cours du jour (1). Et si la crainte de se soumettre à toutes ces obligations l'empêche de paraître sur le marché, on ira le chercher chez lui, on lui fera subir des visites domiciliaires, car il n'a pas le droit de conserver son blé plus de deux ans ; dans certains cas il peut être contraint de le vendre immédiatement après la récolte (2).

*
* *

Voilà pour le commerce intérieur. Quant au commerce extérieur sa réglementation est un article essentiel du programme mercantiliste : sans doute la doctrine a évolué, les motifs dont elle s'est inspirée se sont modifiés, mais le principe est demeuré immuable et ses applications ont peu varié. C'étaient des préoccupations monétaires qui dominaient l'esprit des premiers Mercantilistes : la prospérité des pays comme l'Espagne, l'Italie, la Hollande qui détenaient des métaux précieux en abondance, soit parce qu'ils avaient su les

(1) Ordonnance du 21 nov. 1577, maintenue en vigueur, Gaudemet, p. 94.
(2) Affanassiev, *loc. cit.*, p. 7-9, et Gaudemet, p. 93. Ordonnance du 21 nov. 1577.

attirer, soit parce qu'ils étaient propriétaires de
mines, le besoin de monnaie qu'éveillait chez
les particuliers la multiplication des échanges, chez
les gouvernements les inconvénients de l'impôt en
nature et l'accroissement de leurs charges, poussait tous les Etats à l'accumulation de la monnaie.
On avait d'abord interdit sa sortie (1), puis on
l'avait permise dans le cas où elle devait par des
échanges avantageux en déterminer un retour
plus considérable, et, dans le dernier état de la
doctrine, on pensait obtenir cet excédent de
monnaie par une balance du commerce favorable, c'est-à-dire une prédominance d'exportations sur les importations, dont la différence
serait payée avec de la monnaie (2). Pour cela on
arrêtait par des droits de douane les matières premières à la sortie et, à l'entrée, les produits des
pays qui n'offraient pas à l'industrie nationale un
assez vaste débouché ou qui refusaient de lui
ouvrir leur marché ; on laissait entrer librement au
contraire les matières premières et les produits alimentaires dont l'abondance favorisait l'exportation (3).

(1) Ortiz, *Memorial al Rey para prohibir la salida de
l'oro*, 1588. — Cossa, *loc. cit.*, p. 212.
(2) Barthélemy Laffemas : Comment on doit permettre la liberté du transport de l'or et de l'argent, hors
du royaume, et par tel moyen conserver le nôtre et attirer
celui des étrangers. Paris, 1602.
(3) Thomas Mun, *Discourse of trade from England
into the East Indies*. London, 1621. — Cossa, p. 219.

Toutefois dès la dernière moitié du xviie siècle les préoccupations monétaires des Mercantilistes, avaient été peu à peu supplantées dans leur esprit et surtout dans l'esprit des hommes d'Etat qui ont représenté la doctrine par des préoccupations protectionnistes et des ambitions de conquête sur le marché international. Il s'agissait de procurer à l'industrie nationale non plus seulement de la monnaie en abondance, mais encore des débouchés sur le marché national et sur le marché étranger. Bodin dans la *République* en 1577, Montchrétien dans son *Traicté de l'économie politique* en 1615, avaient déjà affirmé nettement ces principes. Ils furent supérieurement appliqués par Colbert (1). Mais, bien qu'inspiré par ces préoccupations nouvelles, le régime douanier ne fut pas complètement modifié : pour que l'industrie nationale pût conserver, avec ses moyens de travail, le marché qui en absorberait le produit, les marchandises étrangères continuèrent à être frappées d'un droit d'entrée et les matières premières d'un droit de sortie, tandis que les produits alimentaires et particulièrement les blés bénéficièrent comme par le passé d'une liberté inspirée par le désir d'assurer la main-d'œuvre à bon marché et d'éviter la famine. L'accumula-

(1) Cf. Pigeonneau, *Histoire du commerce*, ii, 314. — Cauwès, *Loc. cit.*, ii, 519, — Clément, *Histoire de Colbert*, t. i, p. 364.

tion de la monnaie, devait être, pensait-on, la conséquence de ces mesures, mais ce n'était déjà plus pour quelques-uns qu'un avantage accessoire.

Les premiers propagateurs de ces idées protectionnistes avaient fait preuve d'une certaine modération. Colbert avait établi des tarifs qui au début étaient relativement libéraux ; il considérait d'ailleurs la protection comme des « béquilles » dont l'industrie devait se débarrasser une fois arrivée à maturité. Toutefois, de son temps déjà, le commerce était devenu un instrument de satisfaction des ambitions politiques. A l'idéal de l'autonomie économique de la nation créée par l'éducation de ses forces productives (1), s'était substitué celui de « l'isolement industriel systématique et permanent » (2), et même celui de la domination économique (3).

C'est ainsi que la théorie, et plus encore la législation étaient envahies par l'idée de l'antagonisme irréductible (4) et absolu des intérêts d'où découlait logiquement la nécessité d'une régle-

(1) Idéal qui sera plus tard celui de List et de Carey.
(2) Cauwès. — *Loc. cit.*, ii, 521.
(3) Cunnigham. —Adam Smith und die mercantilisten in *Zeitschr. fur die ges. Staatswiss*, p. 41-64.
(4) Déjà au temps de Colbert la lutte était engagée ; son tarif de 1667, qui excitait l'indignation du bailli de Mirabeau, n'était qu'une mesure de représailles contre la Hollande.

mentation sauvegardant les droits de la société contre l'individu et ceux de la nation contre les autres nations.

Contre ces tendances un certain nombre d'esprits indépendants et clairvoyants avaient commencé à réagir. Sans parler de Bodin qui fut dès le xvi⁰ siècle un protectionniste éclairé et le premier en France signala les excès des corporations, il faut citer au premier rang parmi les auteurs qui ont exercé une influence directe sur le marquis de Mirabeau, Boisguilbert qui dans le *Factum de la France* émet dès 1707 avec une modération remarquable la doctrine de la solidarité des intérêts (1), demande la suppression des douanes intérieures et des droits à l'exportation, considère le régime des blés et des droits de douane comme une des causes de la misère publique (2); signalons encore Montesquieu qui dans l'*Esprit des Lois* en 1748 condamne les excès de la politique douanière (3) et l'importance exagérée attachée à l'or et à l'argent qu'il envisage comme une « richesse de fiction ou de signe » (4); Hume enfin dont les *Essais* (5) sont tout imprégnés des doctrines

(1) *Factum de la France*. Edition Daire 1853. ch. V, p. 281.

(2) *Ibid.*, ch. X, voir aussi le *Traité des Grains*.

(3) « Ce que veut Montesquieu, c'est la liberté dans la « mesure où elle peut se concilier avec l'état économique du « pays. » — Jaubert. *Montesquieu économiste*, p. 80. Cf. *Esprit des Lois*, l. xx, ch. XII.

(4) *Esprit des Lois*, l. xxi, ch. XXII.

(5) A mentionner encore : Herbert, *Essai sur la police*

libérales qui exerceront sur Adam Smith une si grande influence (1).

Mirabeau à la suite de tous ces auteurs et en contradiction avec Cantillon (2), qu'on ne l'accusera pas du moins d'avoir plagié sur ce point, sonne la charge avec une énergie parfois excessive contre l'esprit réglementaire. Il ne s'attarde pas à passer en revue les différentes formes de l'industrie et du commerce, dont jusque-là on ne s'est que trop occupé à son gré ; il se contente de critiquer en passant les règlements des corporations trop nombreux ou trop compliqués, les monopoles qui sont « le couvre-feu » de l'industrie (3) et il concentre

générale des bleds, 1753. — Mémoire de Machault, contrôleur général en 1749.

(1) Il considère les théories de la balance du commerce, comme de grossières erreurs. Traduction française de 1767, p. 189.

(2) Cantillon est partisan de la balance du commerce et de l'accumulation du numéraire. *Essai*, p. 159 et suiv.

(3) « Combien d'abus de régime compliqué et de police « recherchée n'aurais-je pas pu attaquer, et j'ose dire dé- « montrer ridicules par le fait encore plus que par le rai- « sonnement ; les privilèges et maîtrises de corps de métier, « par exemple, tyrannie de détail et couvre-feu de l'indus- « trie, et tant d'autres qui se sont glissés dans la police, et « y ont établi les plus criants abus du monopole sous le « prétexte de déraciner ceux de la liberté. » *Ami des* « *Hommes*, 491. — Le bailli de Mirabeau développe les mêmes idées dans son *mémoire inédit sur le commerce* et demande qu'on sacrifie « les privilèges exclusifs qui enri- « chissent un seul citoyen paresseux à une émulation loua- « ble qui en nourrit des milliers et provigne l'industrie ».

ensuite son attaque sur les entraves à la liberté du commerce, les seules qui atteignent directement l'industrie à laquelle il réserve toutes ses faveurs, c'est-à-dire l'industrie agricole. Il en profite d'ailleurs pour juger le commerce en général, et pour soumettre à sa critique d'économiste moraliste et humanitaire les idées essentielles qui dominent la politique économique de son temps. Elles se ramènent pour lui à deux : l'importance excessive attribuée aux métaux précieux, l'esprit de prohibition, de profit exclusif et de réglementation.

I

On a souvent accusé les économistes classiques d'avoir fait au Mercantilisme un véritable procès de tendances, en lui reprochant une confusion qu'il n'a jamais commise, de la monnaie avec la richesse.

L'accusation n'est pas sans fondement : les Classiques ont vu plus souvent, dans le Mercantilisme, un système néfaste à combattre qu'une conception scientifique à comprendre. Néanmoins s'ils se sont livrés sur ce point à de graves exagérations, ils n'en sont pas les seuls responsables ; le marquis de Mirabeau les a précédés dans cette voie, ce qui prouve que peut-être les Mercantilistes avaient dans une certaine mesure prêté le flanc à la critique, car Mirabeau

semble juger ici une opinion habituellement
admise. « En ces derniers temps, dit-il, on a plus
« que jamais donné dans l'erreur de prendre l'ar-
« gent pour la richesse, alors qu'il n'en est que le
« représentatif (1). » La confusion s'explique, selon
lui, par le rôle de la monnaie et les services qu'elle
rend : « Sans doute l'argent n'est rien du tout de
« sa nature. Il est seulement devenu le signe de
« convention, représentatif des biens de la vie. »
Mais la « commodité du signe » l'a fait préférer
à la chose signifiée : « les biens naturels de l'agri-
« culture et du commerce, à savoir les denrées et
« les marchandises, sont pénibles à acquérir, sujets
« au dépérissement, difficiles et embarrassants à
« garder, n'ont de prix que pour celui qui en a
« besoin. Votre signe au contraire se trouve dans
« les mines, il ne dépérit point, un coffre-fort
« suffit pour rassembler la plus grosse fortune :
« le débit en est assuré à l'instant et il prend au
« gré du possesseur toutes sortes de formes » (2).

---

(1) *Ami des hommes*, p. 358.
(2) *Ami des hommes*, 9, et aussi 168-169. L'idée que la
monnaie trouve en elle-même et non dans une convention les causes objectives de sa valeur échappe à Mirabeau qui suit sur ce point Montesquieu. « L'or et l'argent sont une richesse de fiction ou de signe. » *Esprit
des lois*, l. XXI, ch. XXII. Jaubert. *Loc. cit.*, p. 106. Le
bailli de Mirabeau qui se rattache au Mercantilisme sur
certains points, considère cependant avec son frère et avec
Montesquieu que « l'argent n'est qu'un représentatif... »
Mémoire inédit sur le commerce.

Toutefois,la confusion pour être expliquée n'en est pas moins regrettable ainsi que les mesures douanières, qui en ont été la conséquence. Ce n'est pas que Mirabeau méconnaisse l'importance de la monnaie dans les échanges (1), mais il ne croit pas que la loi puisse exercer une action quelconque sur son accumulation, car elle se déplace au gré des besoins et des variations de sa valeur. « Les « barrières faibles et idéales en ce genre, qu'on « appelle frontières, ne sont rien pour elle... Puis- « siez-vous attirer tout l'argent de l'univers chez « vous, à moins que ce ne fût pour l'enfouir et le « resserrer pour des temps de calamité, chose que ne « savent point faire les gouvernements d'Europe, « et que je n'aviserai pas de leur apprendre, il n'y « restera qu'autant de temps qu'il lui en faudrait « pour passer à travers un sac percé, et ira se « répandre partout où seront les choses qu'il doit « par nature représenter, au lieu qu'il n'eût été « sur votre terre avare qu'un monceau lourd et inu- « tile (2). »

Le vrai moyen d'attirer l'or n'est donc pas d'essayer de l'arrêter par des barrières, mais d'avoir

(1) *Ami des hommes*, 359 Il connaissait les inconvénients de l'insuffisance de la monnaie dans les colonies dont lui parlait souvent le bailli : « il n'y a point d'argent ici et « tout se paie en denrées qu'il faut faire vendre, cela « donne mille affaires. » Lettre inédite du bailli datée de la Guadeloupe, 10 janvier 1754.

(2) Cf. *Ami des hommes*, p. 381 et 358

dans un pays ce qui l'y retient toujours, c'est-à-
dire des hommes et des richesses : « Dès que les
« métaux sont sortis de la terre, inutile fardeau au
« désert, ils courent se répandre aux lieux où se
« trouvent les richesses réelles dont ils doivent être
« le signe et par conséquent aux lieux vivifiés par
« la population. Ainsi donc, les communications
« étant ouvertes, partout où il y aura de l'agricul-
« ture, il y aura des hommes ; partout où seront
« les hommes en nombre, sera l'industrie ; partout
« où seront ces trois choses, vous verrez circuler
« les métaux avec facilité (1). »

On aura de cette façon toute la monnaie nécessaire pour les échanges ; mais si la production des
métaux précieux était telle qu'en tous pays leur
quantité vînt à s'accroître dans de trop grandes
proportions, on finirait par souffrir de leur abondance. Il peut y avoir un excès de monnaie ; les Mer-

(1) *Ami des hommes*, p. 417. « Les Hollandais montrèrent
« les premiers à l'Europe encore barbare que le vrai moyen
« de trouver l'or était d'acquérir et approprier à nos
« besoins les productions de la terre et de la mer, s'éveiller
« matin, s'endormir tard, travailler jour et nuit et s'ouvrir
« les routes de l'échange ». *Ibid.*, p. 408. « Supposons, dit le
« Bailli dans son *mémoire inédit sur le commerce*, deux
« nations dont l'une posséderait tout l'or et l'autre toutes les
« denrées ; celle qui aurait les denrées en donnerait la moitié
« à l'autre qui lui donnerait en paiement la moitié des mé-
« taux. Si elles avaient une égale industrie, elles reste-
« raient dans cet état d'équilibre, mais cet équilibre serait
« dérangé si l'industrie passait chez l'une des deux. »

cantilistes n'y ont pas assez songé et Mirabeau le leur reproche en montrant que la monnaie a des inconvénients d'ordre économique et aussi d'ordre moral et social.

D'ordre économique d'abord ; car l'or n'est « richesse que de proportion » (1), « il est un point « jusqu'auquel l'argent est richesse et par delà « lequel il est pauvreté » (2)... Si on l'accumule en trop grande quantité dans un pays, on n'en est pas plus riche mais seulement plus encombré ; il faut en donner davantage pour chaque échange ; les prix s'élèvent et avec une plus grande quantité d'or on n'obtient pas une quantité plus grande de ces commodités de la vie qui constituent les vraies richesses (3). « On se plaint que le prix de toutes « sortes d'ouvrages augmente journellement à Paris « de façon qu'il est presque impossible d'attein- « dre à cette espèce de nécessaire usuel et abusif « qu'on accroît cependant chaque jour. Il est certain « qu'une des causes de cette augmentation est le « regorgement des métaux qui arrivent sans cesse « en Europe des mines du Pérou et du Potose, de « sorte que si le commerce dévorant des Indes, « d'une part, et, de l'autre, l'abondance de

(1) *Ami des hommes,* p. 36.
(2) *Ibid.,* p. 16.
(3) Bodin, et d'autres avant lui, avaient discuté la question dans sa *réponse aux paradoxes de M. de Malestroit.* Mais c'est probablement à Cantillon que Mirabeau a fait cet emprunt. Cf. *Essai,* p. 212.

« meubles et bijoux de ces sortes de métaux qui
« se répandent et se multiplient à l'infini dans la
« société, n'en absorbaient une partie, l'or et
« l'argent deviendraient si communs, qu'il fau-
« drait rechercher une autre sorte de représentatif
« du troc dans le commerce (1). »

Ce n'est là encore qu'une « incommodité » (2),
à laquelle Mirabeau, qui n'avait guère songé à
l'effet perturbateur des variations de valeur de la
monnaie, n'attachait pas une bien grande importance, mais voici un autre grief à ses yeux beaucoup plus grave ; c'est que l'or qui « semblable
« au vif argent » finit toujours par s'échapper
des mains qui le possèdent « entraîne avec
« lui tout ce qui a pu l'arrêter au passage » (3).
L'Espagne a voulu accumuler l'or ; elle y a réussi
temporairement, mais ce fut au détriment de son
agriculture et même de son industrie nationale ; le
commerce avec l'étranger a tout tué, procurant
d'abord une factice abondance et ne laissant après
lui dans le pays que le vide et la misère (4) avec
des habitudes « de folle paresse qui l'anéantit au-

(1) *Ami des hommes*, p. 158.
(2) *Ami des Hommes*, p. 10.
(3) *Ibid.*, p. 36.
(4) *Ami des Hommes*, p 178. — Ces idées sont développées également par le Bailli dans son *Mémoire sur le commerce* : « L'Espagne est maîtresse des sources de l'or,
« mais elle n'en est que dépositaire. » Il montre ensuite
beaucoup mieux que le marquis, comment l'élévation des
prix sur le marché espagnol a attiré les producteurs étrangers et ruiné l'industrie nationale.

jourd'hui » (1). Le danger auquel ont succombé
les Espagnols, nous menace également en France :
nous sommes, il est vrai, très actifs et très industrieux, tandis que « les Espagnols ne le sont point
« du tout, à moins que ce ne soit en grand. Ils dé-
« daignent le district de la bagatelle qui est un Pérou
« pour nous ; mais nous ne sommes ni constants ni
« tenaces » (2), peu propres par conséquent à réussir dans le commerce extérieur, vers lequel porte
l'abondance de l'or. Nous avons au contraire
pour la « vivification intérieure » c'est-à-dire pour
l'utilisation de nos propres ressources, des qualités éminentes, qu'il faut à tout prix ne pas
perdre, et que l'abondance de l'or ne peut
qu'amoindrir.

Mirabeau, critique du Mercantilisme, nous apparaît jusqu'ici comme un disciple de Boisguilbert et
de Hume et comme un précurseur des classiques ;
nous allons le voir maintenant, poussé par son
goût pour l'observation des mœurs, se livrer à une
analyse des conséquences morales et sociales de

(1) *Ami des Hommes*, p. 131 : « L'Espagnol naturelle-
« ment fou de sens froid, glorieux et superbe. n'était
« point propre à faire de l'or le seul usage qui puisse le
« rendre passagèrement utile, il le perdit et se perdit
« lui-même en projets idéaux et vains. Rentré nul
« dans son espèce de continent, le type romanesque de la
« suprématie imaginaire lui demeure encore, il s'endort à
« l'ombre de son prétendu trophée et jouit d'un empire im-
« mense puisqu'il n'a de bornes que celles de son igno-
« rance... »
(2) *Ibid.*, p. 132.

la multiplication de la monnaie qui, bien qu'un peu confuse, mérite cependant, par l'originalité et la nouveauté du point de vue, d'attirer notre attention. Il a eu, en effet, le mérite singulièrement rare à son époque d'apercevoir la portée sociale de la substitution de l'échange en monnaie à l'échange en nature. Il voit nettement que seule elle a rendu possible l'absentéisme, l'antagonisme des classes, en un mot la ruine des mœurs sur lesquelles était basé le système féodal, cette hiérarchie savante d'individus étroitement subordonnés et fortement pressés les uns contre les autres, par les nécessités de la défense et des échanges en nature. A ces liens de dépendance mutuelle, la monnaie a substitué entre les individus des relations nouvelles, à longue portée, beaucoup plus impersonnelles, où l'homme avec les sympathies qu'il inspire, les égards ou les ménagements qu'impose sa personnalité trop proche, tend à disparaître pour faire place à une notion de valeur abstraite, froide et brutale. C'est qu'« au lieu de la subvention personnelle ou en « denrées périssables et d'un transport presque « impossible, l'or en présente une d'un petit volume « propre à tous les usages et surtout presque aussi « facile à tirer de loin que de près. Par là le riche « est devenu indépendant du travail du pauvre, « seul palliatif du mal véritable de l'inégalité des « fortunes (1) ».

(1) *Ami des Hommes*, p. 10.

Cette inégalité ainsi que « tous les autres vices d'un Etat » est sans doute dans une certaine mesure la suite de « la prospérité et de la puis- « sance », mais elle n'apparaît avec ses véritables inconvénients que dans une société où la monnaie prédomine (1), parce que c'est là seulement que sont rompus « les liens de la sociabilité entre les « individus, que s'établit la dureté, l'intérêt et la « bassesse »(2) ; que se développe enfin l'esprit de spéculation, l'âpreté au gain, la volonté de s'en- richir, dominant tous les autres sentiments (3).

L'abondance des métaux précieux n'a pas seulement pour effet d'exagérer les inconvénients de l'inégalité : elle accroit l'inégalité elle-même, en favorisant les grandes entreprises dans lesquelles on réalise de gros bénéfices, en même temps que l'accumulation de la richesse sous une forme commode et lucrative qui permet le placement à inté- rêts et l'enrichissement rapide et continu.

L'excès d'inégalité joint à l'indépendance qu'as- sure la fortune accumulée sous forme de monnaie peut même devenir un danger public en permet- tant à certains individus de se mettre au-dessus des lois, de constituer cette féodalité financière, qui devra jouer un jour dans le monde et plus encore dans l'imagination populaire, un rôle si

(1) *Ami des hommes*, p. 206.
(2) *Ami des hommes*, p.10.
(3) *Ami des hommes*, p. 145.

important. Mirabeau qui a assisté à sa naissance et à ses premiers exploits au moment de la chute de Law, l'attaque avec la clairvoyance d'un représentant de l'ancienne féodalité territoriale qui sent en elle une héritière et une ennemie. « Ce n'est « pas ici, dit-il, le lieu de démontrer tous les « inconvénients tant moraux que physiques de « cette nature de biens, combien elle échappe au « régime des lois ; dans quelle impossibilité elle met « le prince, les lois, la police et enfin tous les « moyens humains d'empêcher le monopole et la « vénalité de la loi même et de la conscience ; quel- « les secousses elle peut donner à l'Etat en sauvant « les grands coupables » (1). Mais si la fortune accumulée sous forme de monnaie permet à quelques individus de se soustraire à toute autorité, elle met le comble à la servitude des autres en les plaçant plus étroitement sous la dépendance du pouvoir. Le fisc percevant l'impôt en monnaie, parvient par ce moyen à « étendre ses rameaux » sur tout le territoire. La même communication à distance qui peut s'établir par l'intermédiaire du métal précieux entre les individus les relie aussi à l'Etat : « Le prince paie en argent ceux qu'il entretient « pour le service de ses peuples : le peuple fournit « en argent le service qu'il doit à l'Etat ; il ne doit « donc plus être question que d'argent. Il faut

____

(1) *Ami des hommes*, p. 10.

« avouer même que ce truchement universel frappé
« d'une marque commune, dont le transport, aisé
« de soi-même, est devenu de la plus grande facilité
« par le commerce des lettres de change, a plus
« servi que tout le reste à *lier et mettre en cor-*
« *respondance un grand nombre de sociétés*
« *d'hommes, et par conséquent à former de*
« *grands Etats* (1). »

On peut juger maintenant de la nature des griefs
de Mirabeau contre la monnaie : par la révolution
économique qu'elle a rendue possible, elle a tué le
régime féodal, elle a créé des mœurs nouvelles
qui ont étouffé l'esprit de sociabilité au profit de
l'esprit de spéculation. Il ne faudrait donc pas
voir dans les imprécations contre l'or qui parsèment
l'*Ami des hommes*, une phraséologie de moraliste
sentimental et superficiel. Si Mirabeau fulmine si
fréquemment contre « l'or corrupteur », c'est qu'il
trouve en lui « l'ennemi de la liberté » (2), l'agent
désorganisateur de la société « qui accélère la pente
« naturelle de toutes les choses humaines vers leur
« décadence » (3).

La portée de ces aperçus ne nous apparaîtra plei-

----

(1) *Ami des hommes*, p. 183 et 184.
(2) *Ami des hommes*, p. 184.
(3) *Ibid.*, p. 225. Il est encore plus explicite dans ses
lettres à son frère : « La découverte des mines a tout perdu
« et perdra irréparablement si les Indes ne nous délivrent
« un jour de cet engorgement de métaux corrupteurs et
« dépopulateurs. » Lettre inédite, 7 avril 1755.

nement qu'au moment où nous étudierons l'idéal social de Mirabeau. Mais il fallait relever ici cette critique du Mercantilisme dans ses conséquences morales et sociales à laquelle on ne trouve rien d'analogue, ni chez les économistes du xviii° siècle, ni chez les classiques. Il est même curieux de constater que ces derniers, en se plaçant à un point de vue trop étroitement économique, ont prononcé contre le Mercantilisme une condamnation absolue sans voir qu'il avait contribué par *l'établissement du régime de l'économie monétaire, à créer le milieu* dans lequel devaient fonctionner les lois économiques de l'école classique.

C'est précisément, d'ailleurs, ce que lui reproche le marquis de Mirabeau et par là commence à se manifester plus nettement l'affinité que nous avons signalée entre son système et celui de Le Play. Comme Mirabeau, Le Play affirme ses sympathies et son admiration pour l'organisation sociale du moyen âge, parce qu'il y voit entre les seigneurs et les paysans une solidarité étroite qui n'a été troublée « que par l'absentéisme de la noblesse de cour » (1) et qui a fait place aujourd'hui à « l'antagonisme des individus ». Cet antagonisme est pour lui, comme pour Mirabeau, la conséquence d'une modification dans l'organisation sociale qui a eu pour effet de développer chez les individus le goût du lucre, la

(1) *Réforme sociale*, i, p. 56.

endance à « subordonner leurs entreprises et leurs
« rapports sociaux à une incessante préoccupation
« pour le gain et l'épargne, enfin l'intérêt personnel
« plutôt que l'amour du prochain et le dévouement
« à la patrie » (1).

Cette condamnation de l'esprit de spéculation
résume parfaitement l'opinion de **Mirabeau** qui a
vu surtout, dans le régime de l'économie monétaire, la source de ces mœurs nouvelles qu'il désapprouve. Nous pourrions ajouter qu'elle résume
aussi l'une des tendances dominantes d'une importante école moderne, si heureusement exprimée
dans cette formule de Tolstoï, qu'un économiste
contemporain a choisie comme épigraphe de son
livre (2) : « Tout le mal vient de ce que l'on croit
« qu'il y a certaines relations entre les hommes où
« l'on peut agir sans amour, or de telles relations
« n'existent pas (3). »

II

Venons maintenant avec **Mirabeau** au Mercantilisme envisagé sous sa dernière forme, c'est-à-dire
au protectionnisme. Nous constaterons que sous
les apparences d'un libéral convaincu, qui prêche

(1) *Réforme sociale*, II, p. 135.
(2) M. Charles Gide. — *Principes d'économie politique*,
7ᵉ édition.
(3) *Résurrection*, ch. X.

la fraternité des peuples et qui semble vouloir faire
du monde entier une vaste association commerciale, se dissimule un agrarien intransigeant et un
protectionniste qui s'ignore lui-même.

*
* *

C'est le libéral qui apparaît tout d'abord et qui
occupe au premier plan une place si large dans les
ouvrages de l'*Ami des hommes* que beaucoup n'y
ont vu que lui(1). Il se signale par des attaques répétées et violentes contre « l'esprit de monopole, de
profit exclusif » et aussi contre l'idée de l'antagonisme
des intérêts. « Une grande erreur en politique qui
« tourne en venin toutes nos lumières et connais-
« sances en ce genre et qui détruira à la fin l'huma-
« nité, c'est d'être infatués comme nous le sommes
« du malheureux principe renfermé dans ce pro-
« verbe : *nul ne perd que l'autre ne gagne* » (2),
principe qui conduit naturellement à multiplier les
règlements, les droits de douane et même les prohibitions. A ces mesures restrictives Mirabeau oppose
d'abord un raisonnement abstrait qui suppose précisément démontré ce qui est en question et qu'on
retrouvera plus tard chez les Physiocrates ; il déclare contraire à la justice toute atteinte à la liberté.

(1) Léonce de Lavergne le considère en effet comme un
partisan de la liberté absolue du commerce extérieur. Cf.,
Les économistes du XVIIIe siècle, p. 132. M. Ripert partage cette opinion, *loc. cit.*, p. 68.
(2) *Ami des hommes*, p. 431.

de l'individu : « Je dois, dit-il, pouvoir me pro-
« curer tous les avantages que mon esprit peut aper-
« cevoir, que mon activité peut atteindre, que mon
« industrie peut faire valoir, sous la seule réserve
« du principe : *ne fais pas à autrui ce que tu ne*
« *voudrais pas qui te fût fait* (1). » On prétend,
il est vrai, ajoute-t-il, que la politique n'a pas à
s'inquiéter de la justice. Mais il n'y a rien de plus
faux que cette affirmation trop souvent répétée.
Si l'équité ne préside pas aux rapports internationaux, « c'est que les gens attentifs aux petits
« intérêts ont presque toujours prédominé dans le
« monde. Le bien est fort au-dessus de nous, le
« mal rampe à nos pieds ; en conséquence la vie de
« l'homme qui tend au bien est spéculative, celle
« de son contraire est active. Par une suite de la
« faiblesse humaine, l'homme actif arrive commu-
« nément à son but. De là vient que de cent per-
« sonnes qui arrivent sur le grand théâtre des di-
« gnités,... à peine y en a-t-il dix qui aient les
« grandes vues, c'est-à-dire un génie vaste, éclairé
« et droit en même temps. Or, les petits hommes
« dans les grandes places, et devenus conséquem-
« ment maîtres des grands ressorts, sont ceux qui
« ont établi comme une vérité le mensonge le plus
« physique, à savoir que les maximes d'Etat ne s'ac-
« cordent pas avec l'exacte probité (2). » Si ces petits

(1) *Ami des hommes*, p. 484.
(2) *Ami des hommes*, p. 410.

grands hommes avaient devant eux des adversaires
à vues plus hautes, ils souffriraient bientôt de leurs
conceptions mesquines, « le fripon et ses ruses mon-
« treraient la corde » ; mais habituellement ils trouvent « leurs semblables dans leurs antagonistes » ;
or « quand deux arlequins se rencontrent, c'est à
« qui surpassera son compétiteur en grimaces, et
« voilà la politique des prétendus hommes d'Etat
« qui ont voulu bannir de leur science l'équité » (1).
Ils n'ont pas vu qu'il est avantageux pour tous de
respecter la justice parce que les intérêts individuels ou nationaux loin d'être en opposition les
uns avec les autres sont en harmonie parfaite.
Loin d'affirmer que l'un gagne ce que l'autre perd,
il faut dire au contraire que « nul ne perd qu'un
« autre ne perde (2)... L'humanité ne peut prospé-
« rer que par l'union générale (3)... L'esprit des
« bonnes lois n'est autre chose que l'utilité générale
« et l'utilité particulière combinées et réunies... Je
« défie qu'on m'en montre une seule qui, en faisant
« le bonheur de la société, sacrifie à l'intérêt géné-
« ral l'avantage personnel de quelque particu-
« lier (4). »

(1) *Ami des hommes*, 411.
(2) *Ami des hommes*, 432.
(3) *Ibid.*, 363. M. Ripert prétend à tort que cette idée
ne se trouve pas dans Mirabeau, il y revient au contraire à chaque instant. Cf. *Loc. cit.*, p. 141. Cf. *Ami des
hommes*, p. 113. « Chaque individu s'intéresse même
sans le savoir au bien public. »
(4) *Ami des hommes*, 483. « Qu'on se souvienne à jamais

Ces principes s'appliquent dans le commerce
international ; une nation est intéressée à la prós-
périté des autres, car elle y trouve, soit de bons
exemples à suivre, soit des débouchés pour ses produits, soit les produits dont elle a elle-même besoin.
« Entre tant et tant de paradoxes dont on pourra
« m'accuser dans le cours de cet ouvrage, paradoxes
« que j'ai avancés de bonne foi et sur lesquels je
« serais bien aise d'être contredit, celui-ci sans doute
« paraîtra des plus insoutenables ; car il suit de
« mon principe que nous avons intérêt à ce que
« nos voisins éclairés sur tous les ressorts de la
« saine politique portent chez eux l'agriculture, l'in-
« dustrie et les bonnes lois au plus haut point où
« elles peuvent aller, et retirent de ce régime pros-
« père tous les avantages qui en sont la suite (1). »
Ce que la civilisation a gagné à la prospérité des
Hollandais est incalculable. C'est à leur exemple
que l'Europe doit ses progrès : « Si les Anglais
« ont un commerce, si nous eûmes une marine, nous
« la devons aux Hollandais. Ajoutez à ces objets
« généraux tant d'autres services de détail, la pèr-

« qu'ainsi qu'une famille ne peut prospérer seule sans le con-
« cours des autres familles dont elle est environnée, de même
« une bourgade, une ville, un Etat, perdront toujours à vou-
« loir réaliser la chimère de la prospérité exclusive. Cela est
« l'effet d'une loi dictée par l'Etre souverain qui leur enjoint
« de vivre tous comme frères et qui proscrit en conséquence la
« politique de l'intérêt particulier ». *L. cit.* p. 409. Voilà
bien ici l'harmonie providentielle des Physiocrates.

(1) *Ami des hommes,* p. 402.

« fection des manufactures, l'art des canaux, de la
« construction marchande, etc., il se trouvera que
« l'industrie hollandaise a plus instruit et accom-
« modé le monde moderne, que la philosophie, la
« législation et les arts de la Grèce n'éclairèrent le
« monde ancien. Si pourtant on peut citer un exem-
« ple d'un peuple qui ait poussé ses avantages au plus
« haut point où ils pouvaient aller, c'est assurément
« celui-là. Le monde entier y a gagné et ceux mêmes
« à qui leur puissance a fait le plus d'obstacles (1). »

L'humanité serait beaucoup plus avancée encore
sans doute si certains peuples barbares qui vivent
dans un engourdissement léthargique pouvaient
enfin en sortir. Ce sont leurs voisins et ceux qui ont le
plus souvent des relations avec eux qui en profiteraient davantage : « La Chine eût beaucoup gagné
« si elle eût employé à civiliser les Tartares les frais,
« les soins et le travail que lui coûta sa célèbre
« muraille (2). » L'Angleterre ne retire des côtes de
l'Afrique que des blés. C'est que les « Barbaresques
« féroces, livrés au gouvernement du sabre, c'est-
« à-dire à une anarchie presque absolue, s'entre-
« détruisent au dedans et n'ont au dehors d'autre
« profession que celle d'infester les mers de leurs
« pirateries. Ils obligent par là les Anglais ainsi que
« les autres nations commerçantes, à entretenir des
« flottes qui les contiennent dans un état de paix.

(1) *Ami des hommes*, p. 408.
(2) *Ibid.*, p. 409.

« Si au lieu de cela, l'Afrique, peuplée comme elle
« l'était autrefois et mieux policée encore, avait
« sur ses côtes nombre de villes florissantes, son
« profit centuplerait à l'infini, à l'avantage général
« de l'humanité ; ses besoins multiplieraient de
« même, et les nations les plus industrieuses, har-
« dies et économes dans le commerce, en profite-
« raient néanmoins concurremment avec toutes
« les autres, chacune en proportion de ses avan-
« tages naturels (1) ». De même encore si l'Espagne
voulait sortir de sa torpeur, nous serions intéressés
à lui venir en aide. « Elle ouvre ses chemins, elle fa-
« brique ; elle met en œuvre les matières premières
« de son produit : loin alors de me livrer aux cla-
« meurs et à l'avidité de nos commerçants, de faire
« ces honteuses démarches auxquelles trop de mi-
« nistères se sont prêtés, pour solliciter chez des
« voisins faibles ou ignorants la suffocation de l'in-
« dustrie, je fais tout le contraire », et cela dans
l'intérêt de la France car « je soutiens que les nations
« chez lesquelles on fabrique, consomment plus,
« proportion gardée, du produit de nos manufactu-
« res que celles qui n'en ont aucune chez elles (2). »
Nous voilà, semble-t-il, en présence de la pure
doctrine physiocratique, exprimée avant les Physiocrates par leur futur disciple, avec une netteté
que personne n'avait égalée ; on trouve bien dans

(1) *Ami des hommes*, p. 404.
(2) *Ibid*, p. 432 et 433.

Boisguilbert et même dans Montesquieu des vues sur la communauté de certains intérêts économiques internationaux, mais rien de semblable à ce principe de l'harmonie absolue des intérêts (1) d'où découlera plus tard toute la politique économique des Physiocrates. Voyons maintenant les conclusions qu'en tire Mirabeau. Puisqu'il n'y a pas d'opposition entre les intérêts, puisqu'ils se soutiennent comme les pierres d'une voûte pressées les unes contre les autres, toute mesure tendant à faire prédominer une nation au détriment de ses voisines est répréhensible. « L'intérêt exclusif qui « parait d'abord une passion combinée n'est au fond « qu'un esclave de quelques appétits brutaux (2). » L'Angleterre prétend se réserver le commerce du monde : c'est une chimère irréalisable. « Quand « le chevalier Guillaume Petty avance froidement « que les Anglais doivent avoir cet objet, je suis tenté « de lui répondre : *les Français peuvent boire* « *toute l'eau qui est dans la Manche et aller vous* « *combattre de pied ferme* (3). » De même cet

---

(1) Nous verrons plus loin comment ce principe doit être compris, et nous nous rendrons compte que la pensée de Mirabeau diffère cependant sur certains points de celle des Physiocrates.

(2) *Ami des Hommes*, p. 515.

(3) *Ibid.*, p. 184. — « La terre qui porte ces braves insulaires « ajoute Mirabeau, semble ne pouvoir nourrir que des hommes « excessifs. Quand on oublierait les anciens temps et qu'on « les supposerait invincibles jusqu'ici chez eux, ils pourraient « bien cesser de l'être en proportion de ce qu'ils deviendraient « les marchands universels. » *Ibid.*, p. 363.

esprit d'antagonisme, qui fait que de tout temps
« les hommes ne se sont presque jamais rejoints
« que les armes à la main » (1), ces barrières de
douanes et ces prohibitions, derrière lesquelles on
veut abriter les industries nationales (2), cette ambition de suprématie qui pousse les hommes à vouloir faire la loi hors de chez eux sont « les pires
folies de l'humanité ». Il faut en finir avec « cette
« politique barbare et imaginaire qui n'a d'objet que
« d'envahir, de détruire, de partager le bien d'au-
« trui, de disposer des peuples comme un troupeau
« de bœufs, sous le prétexte du bien général et d'un
« être de raison appelé équilibre, chimère qui n'a
« de réel qu'un masque qu'elle prête à l'ambi-
« tion (3).... Ne dirait-on pas que nous sommes au
« temps des brigands et de la barbarie, où l'on ne
« connaissait d'autre droit que la force, et d'autre
« loi que la nécessité, avec la différence que les
« petits brochets ont servi de pâture aux grands
« qui s'étant partagé l'étang, dominent chacun
« dans leur canton, et n'y veulent laisser engraisser
« que ceux qui vivent sous leur protection et qu'ils

(1) *Ami des Hommes*, p. 515. — « L'intérêt exclusif sem-
« blable à ces fruits trompeurs qui sous une belle apparence
« cachent un venin corrosif n'est autre chose qu'un poison
« lent qui ronge et détruit également celui qui le prépare et
« celui qu'il attaque. » *Ibid.*, p. 508.
(2) « Absurde et scélérate science qui bientôt a serpé
« dans tout l'univers au détriment de tous les peuples ». *Ibid.*,
492.
(3) *Ibid*, p. 444.

« sont sûrs de dévorer plus tôt ou plus tard, selon
« leur appétit ou leurs besoins (1). »

Cette vigoureuse exécution des ambitions insa-
tiables, qui ont si souvent inspiré la politique économique dans tous les temps, une fois faite, Mirabeau leur oppose son idéal de fraternité humaine
et de liberté absolue qui n'est que la conséquence
de son principe de l'harmonie des intérêts : « Tous
« les hommes gagneraient, tant étrangers que ci-
« toyens, à se traiter en frères (2).... Mon système
« est de regarder l'humanité entière comme une
« même famille divisée en plusieurs branches (3). »
Entre les membres de cette grande famille le
commerce doit être absolument libre. « L'entière
« liberté est l'âme du commerce et de la produc-
« tion...Loin de vouloir fermer l'entrée de votre pays
« à vos voisins, cherchez à la leur ouvrir de toutes
« parts ; ouvrez les gorges et défilés, assurez les
« chemins, abattez les rochers ; ne souffrez pas
« qu'on mette en usage dans vos villes frontières,
« ces précautions minutieuses, utiles contre de mé-
« prisables espions, offensantes ou du moins fati-
« gantes pour un honnête citoyen, indignes enfin
« d'une nation également puissante, généreuse et
« civilisée ; que votre pays, en un mot, soit ouvert
« aux étrangers, comme votre capitale l'est aux ha-

(1) *Ami des hommes.* p. 492.
(2) *Ibid.,* p. 401.
(3) *Ibid.,* p. 204.

« bitants de vos provinces (1). » Ces mesures auront
« une tendance naturelle à se généraliser ; la confiance appellera la confiance et on verra ainsi se
réaliser ce grand projet « de fraternité entre les
« peuples commerçants qui loin d'être idéal et ima-
« ginaire est le seul qui puisse remettre la cupi-
« dité à sa place » (2).

Telles sont pour Mirabeau les conséquences
générales du principe de l'harmonie des intérêts
en matière commerciale. On voit que, comme le
principe lui-même, elles font partie intégrante de
la doctrine physiocratique et que celui qui les
a formulées méritait d'en être non seulement le
propagateur mais encore l'inspirateur. Pour ache-
ver d'en pénétrer la portée, étudions l'application
que **Mirabeau** en a faite au seul commerce dont
il se soit occupé spécialement, c'est-à-dire au commerce des grains.

Il prononce une condamnation rigoureuse contre
les obstacles à la libre circulation des grains aussi
bien à l'intérieur qu'à l'extérieur des frontières,
aussi bien à l'entrée qu'à la sortie. « Je ne demande
« autre code pour la police générale et particulière
« des grains qu'un édit qui *déclare cette denrée*
« *marchandise libre dans toute l'étendue du*
« *royaume, qui l'affranchisse de tous droits d'en-*
« *trée et de sortie, de quelque nation que puissent*

(1) *Ami des hommes*, p. 417 et 443.
(2) *Ibid*, p. 498.

« *être les bâtiments qui la viendront chercher ou*
« *qui l'apporteront* (1); *permettant à tous parti-*
« *culiers de quelque qualité et condition qu'ils*
« *puissent être, d'en faire tels approvisionne-*
« *ments et magasins et en tel lieu qu'ils voudront;*
« *défendant en outre à tous officiers, magistrats*
« *et entrepreneurs d'en faire des achats, autre-*
« *ment que de gré à gré...* A ces conditions, je me
« charge de tous événements et promets que toujours
« le public et les particuliers en trouveront sous
« leur main (2). »

Les obstacles à l'exportation ont toujours été
inspirés par la crainte des famines ou des monopoleurs, mais ces craintes sont chimériques ; les
mesures qu'elles ont inspirées ont même souvent
provoqué le mal qu'on voulait éviter. La famine
vient principalement de l'insuffisance des récoltes :
or cette insuffisance s'explique, sans doute, par
beaucoup de causes précédemment étudiées,
mais au nombre desquelles il faut placer la réglementation qui détermine l'abaissement du prix du
blé dans les années d'abondance et décourage
les producteurs. Ce découragement se traduit sous

(1) Ceci est une allusion à l'acte de navigation anglaise
contre lequel Mirabeau et le bailli se sont élevés avec une
grande énergie.

(2) *Ami des hommes*, p. 428. Il invoque l'autorité de
« M. Colbert, qui a passé et passera toujours pour avoir
« su gouverner l'intérieur du royaume et qui n'a jamais gêné
« les grains un seul instant » dans leur circulation pendant
la durée de son ministère. *Ibid*, p. 424.

une forme particulièrement dangereuse : la diminution des surfaces cultivées en blé, qui dans beaucoup de pays cède la place à la vigne. C'est ainsi que les côtes de l'océan se trouvant fermées, on a vu les populations de ces régions « mourir « de faim au milieu de leurs vignobles » (1). On a bien défendu d'y planter de nouvelles vignes ou même ordonné d'arracher les anciennes, mais c'est « abattre l'arbre par les feuilles » (2). On a acheté des permissions, fait des exposés faux et la vigne continue à s'étendre. C'est que dans l'intérieur des provinces « éloignées du commerce, celui qui a « une abondante récolte n'en sait que faire et la « donne en nature à des volailles qu'il est obligé de « consommer, faute de débit ». Et comme le malheureux est « sergenté à l'échéance » s'il ne paie pas l'impôt, il préfère fabriquer du vin qui « descend « par les rivières aux lieux d'exportation » ou qu'on transforme en eau-de-vie. « S'il pouvait le réduire « en esprit de vin et mettre toute la récolte en une « bouteille de pinte, pourvu qu'elle lui rapporte de « l'argent... son affaire est faite, et il vit (3). »

A côté des agriculteurs qui souffrent de l'abondance, il y en a d'autres qui souffrent de la disette. Il serait bien simple, semble-t-il, de s'adresser au voisin qui a trop de blé et c'est ce qu'on ferait

(1) *Ami des hommes*, p. 418.
(2) *Ibid.*
(3) *Ibid*, p. 419.

immédiatement sous un régime de liberté, mais dès que le prix du blé s'élève dans une province, chacun dans les provinces voisines « le boucle « chez soi » (1). « Je suppose que l'Auvergne, le « Limousin et les pays voisins, manquent tout à « coup de subsistances, si le bruit de la cherté se « répandant, la Bourgogne, le Poitou, le haut « Languedoc, pays abondants, resserrent leurs « grains ; il faut que les bloqués reçoivent les· « vivres par les oiseaux ou désertent leur pays(2). » Voilà comment les provinces qui ont du blé en excès « le voient manger par les charançons, tandis « que la famine est à leur porte, et ceux qui ont « permission d'en faire sortir, ne profitent pas du « surhaussement, attendu que les permissions « coûtent cher et que quand même le chef est « intègre, ses sous-ordres font leur main (3). » Pendant ce temps-là les intendants envoient au loin chercher du blé, mais le secours arrive quand « le fort de l'orage est passé », quelquefois après une bonne récolte et juste à temps pour entraîner une baisse excessive dans les prix. Heureux encore quand ces blés importés, avariés par un long voyage, ne portent pas « des maladies dans un « pays déjà dévasté par la disette précédente » (4).

On dira peut-être que ces inconvénients résultent

(1) *Ami des hommes.*). 420.
(2) *Ibid*, p. 421.
(3) *Ibid*, p. 420.
(4) *Ibid*, p. 420.

de l'application maladroite d'une mesure excellente en soi. Faut-il qu'une province s'expose à mourir de faim pour secourir ses voisines? Ne vaut-il pas mieux que dans chacune d'elles l'administration conserve le nécessaire et ne laisse sortir que le superflu ? Oui, si on le pouvait ; mais on ne le peut pas. L'administration d'une province ne sait pas ce qu'on y consomme : « Si je deman-
« dais tout à l'heure à chacun de ces thermomètres
« ambulants ce qu'il leur faut de grain, année com-
« mune, pour nourrir leur département, les plus
« sages me diraient qu'ils n'en savent rien... et les
« autres me produiraient une somme idéale, comme
« le sont du plus au moins tous les dénombre-
« ments... Ils ne sont pas davantage instruits de
« ce qu'ils ont réellement de grains chez eux, de la
« disposition et fantaisie des possesseurs, soit pour
« débiter, soit pour attendre. Et c'est pourtant sur
« des suppositions de cette nature qu'on leur attri-
« bue la superintendance des entrailles des sujets
« du roi (1). »

Il n'y a qu'un moyen bien simple d'échapper à ces difficultés insurmontables, et si on l'employait, « je mets ma tête, qui vaut bien la leur, qu'il n'y aurait jamais plus de famine ni même de disette dans aucun canton du royaume » (2). Ce moyen ce serait d'établir la liberté absolue du com-

(1) *Ami des hommes,* p. 421.
(2) *Ibid.*

merce du blé, on le verrait bientôt se répartir
partout suivant les besoins. « Le judicieux David
« Hume a dit que l'argent est comme l'eau qui prend
« nécessairement son niveau. Ce trait de génie
« est relatif au blé tout de même… Sitôt qu'on ap-
« prendra qu'un marché en manque, les voisins
« s'empresseront d'y en apporter et ce marché
« deviendra tout de suite plus abondant. Si l'appât
« du gain a obligé les susdits voisins, qui n'avaient
« que leur provision nécessaire, à se dégarnir
« avant le temps, l'annonce du feu se montrera
« bientôt chez eux et dès lors les pompes d'ac-
« courir. Ainsi, de proche en proche, les grains
« reflueront d'eux-mêmes et sans aucun soin de
« police des extrémités au centre (1). » Il est vrai
qu'ils pourront refluer du centre aux extrémités
et passer la frontière. Mais cela n'a pas d'importance, « laissez-les courir », ils reviendront
comme ils sont partis. Quand la liberté règne, les
frontières ne sont que des « limites idéales » qui ne
peuvent exercer aucune influence sur la circulation des marchandises. Nous sommes d'ailleurs
entourés de pays où règne l'abondance : « A droite,
« l'Italie, la Sicile, l'Afrique ; à gauche, l'Angle-
« terre, l'Irlande, le Nord. Dans cette position,
« pouvons-nous jamais craindre de manquer de
« blé (2) ? »

(1) *Ami des hommes,* p. 422.
(2) *Ibid.*

Tout ce qu'on doit concéder aux plus timorés, c'est qu'une « famine universelle », sous un régime de liberté absolue, exposerait peut-être un pays à quelques risques. A la rigueur, on les écartera en imitant les Anglais qui, en 1709, ont empêché la sortie de leurs grains. Mais de pareils embarras ne pourraient se produire que si « d'un pôle « à l'autre les fruits de la terre avaient été séchés « jusque dans leurs racines » (1), ce qui est bien invraisemblable. D'ailleurs, même dans ce cas, l'exportation ne serait pas toujours à redouter car si le prix du blé s'élevait également partout, on le consommerait sur place.

Cependant il y a encore un point noir à l'horizon : ce sont les monopoleurs. Qu'on se rassure, dit Mirabeau, « je me charge de les faire crever dans leur « peau en les prenant sous ma protection » (2). En quelque lieu qu'un accapareur s'établisse, il faut le laisser libre. Il s'installera toujours là où les grains sont rares et « eût-il bâti sur le Mont-Dore « en Auvergne la tour de Babel, la pompe aspirante « sera précisément le moyen qui, de proche en pro- « che, attirera en France les grains de la Livonie « d'une part et ceux de l'Egypte de l'autre » (3).

Quand on triomphe aussi aisément de toutes les difficultés, une seule conclusion s'impose, et Mira-

(1) *Ami des hommes,* p. 425.
(2) *Ibid.,* p. 424.
(3) *Ibid.,* p. 424.

beau la formule nettement en ces termes : « Pour
« maintenir l'abondance des grains dans le
« royaume, que faut-il faire ? Rien. »

La solution a tout au moins le mérite d'être
simple et celui plus grand encore d'être partiellement bonne. Les entraves à la *circulation
intérieure* établies à une époque où les communications étaient presque impossibles n'avaient
plus aucune raison d'être au temps du marquis
de Mirabeau : la succession des dispositions
législatives contradictoires, des permissions tantôt
accordées et tantôt refusées, pouvait être à juste
titre considérée comme une des causes de
l'abaissement du prix du blé dans certaines régions
et de la disette dans les autres ; elle empêchait,
en effet, l'organisation d'un commerce régulier
qui seul donne aux prix un niveau égal et relativement stable. Les prohibitions d'exportations
n'échappaient pas elles-mêmes à la critique. Mais
on peut se demander si l'établissement immédiat et
sans transition de la liberté absolue de sortie
n'était pas à cette époque une mesure imprudente.
C'était l'opinion de l'un des contemporains de Mirabeau, Galiani, qui a jugé la question avec une modération et une connaissance du milieu économique, bien rares chez les écrivains de son temps (1).
Ce n'est pas qu'il désapprouve le principe de

(1) Galiani : *Dialogues sur le commerce des blés.* —
Cf. Gaudemet, *loc. cit.* p. 136.

l'édit de 1764 qui inaugurait pour les blés la liberté
d'exportation ; il en est lui-même partisan, mais,
dit-il : « l'édit est trop beau, trop de liberté et
« trop rapidement donnée, trop de générosité dans
« le don et trop de choses faites à la fois (1). » Il
n'est pas douteux, en effet, que l'exportation pré-
sentait à cette époque des dangers qui n'existent
plus aujourd'hui, mais qui n'étaient pas négligeables au temps de Mirabeau bien qu'il ne les eût
pas soupçonnés. Il s'en fallait de beaucoup que le
blé pût « prendre son niveau comme l'eau ». C'est
ainsi que malgré l'arrêt du conseil du 17 septembre 1754 qui posait en principe la libre circulation intérieure, bien des obstacles s'y opposaient
encore, et particulièrement les péages ; le blé débarrassé des prohibitions eût pu facilement sortir
des provinces frontières, mais la rentrée ou tout
au moins son déplacement d'une province à une
autre eût été moins facile. On s'en est bien
aperçu en 1764, quand à la suite d'une famine
qui se produisit en Italie, on exporta des blés du
Languedoc en vertu d'une autorisation qui datait
de 1754 ; la province eut à souffrir d'une disette
malgré une excellente récolte (2).

Ce danger d'une exportation excessive était
d'autant plus à craindre que les communications

(1) *Dialogues*, p. 166. — Gaudemet, *loc. cit.*, p. 193.
(2) Floquet : *Histoire du parlement de Normandie*, I,
VI, p. 421. Cité par Gaudemet, p. 88.

étaient fort difficiles entre les différents pays,
qu'en raison même des réglementations arbitraires
et changeantes, le commerce international du
blé n'était pas régulièrement organisé, et qu'enfin il fallait compter souvent avec la mauvaise
volonté des gouvernements étrangers qui crai-
gnaient de perdre leurs approvisionnements (1).
Il n'y avait guère à cette époque que deux contrées exportatrices : la Russie qui nous envoyait
son blé en passant par Constantinople et Marseille,
la Pologne qui expédiait le sien par Dantzig ou
Königsberg (2). — Encore devait-on songer à
le leur demander ; or personne ne voulait s'en
charger parce qu'on ne connaissait pas les cours
ni les conditions de transport. Il ne faut pas

(1) C'est précisément ce qui eut lieu en 1770. Galiani
écrivait à Mme d'Epinay : « C'est bien à présent qu'on sen-
« tira l'imbécillité de ceux qui comptaient opposer l'importa-
« tion à l'exportation et les balancer. La première chose que
« la maison d'Autriche ait faite après les tendresses *de l'heu-*
« *reux mariage* (celui de Marie-Antoinette) a été de défen-
« dre aux Flamands de donner du blé à ses chers amis et
« parents les Français ; et personne ne trouve cela extraordi-
« naire. Nous serons les premiers et peut-être les seuls amis
« de la France qui lui donnerons du blé cette année : encore
« cela n'est pas fait. » Edition Perey et Maugras, t. i, p. 242.
Friedrichowicz : *Die Getreidehandelspolitik des ancien
regime*, p. 226, 228. — Gaudemet. *Loc. cit.*, p. 89. En 1778,
Necker obtient difficilement l'autorisation de faire des
achats de blé dans les pays bas-autrichiens au nom de la
France. Gaudemet, p. 85.
(2) Gaudemet, p. 86. Afanassiev, *loc. cit.* En 1693, on
obtient à grand'peine de quelques négociants de Rouen
qu'ils achètent du blé en Pologne. Ils ne connaissent pas
les cours. Afanassiev, p. 463.

s'étonner après cela si en 1769, en pleine période
de disette, aucun commerçant en France n'a eu
l'idée d'importer des blés de Pologne qui coûtent
rendus à Paris 25 livres le setier, tandis que les
nôtres en valent 34 (1). Il ne faut pas s'étonner
davantage si les partisans de la liberté eux-mêmes
se sont un peu inquiétés de voir supprimer dès 1764
tous les obstacles à l'exportation dans un pays où
le commerce du blé était si mal organisé : plusieurs
d'entre eux ont d'ailleurs attribué à ce nouveau
régime la grande famine de 1770 (2). Une opinion
aussi absolue est, d'ailleurs téméraire, les mauvaises récoltes qui ont précédé cette famine ayant
certainement contribué à la produire, mais il est
très probable que l'exportation y a joué son rôle.

On peut donc dire que sur ce point l'esprit d'observation du marquis de Mirabeau est pris en
défaut : il a eu le mérite de condamner les excès
de la réglementation, de réclamer un régime libéral
auquel il fallait nécessairement arriver, mais il
n'a pas vu que pour être appliqué intégralement
ce régime suppose la réalisation de certaines conditions, dont quelques-unes, de son temps, n'exis-
taient pas encore.

Nous allons le trouver, en apparence au moins,
aussi peu renseigné sur les conséquences de l'im-

(1) Afanassiev, p. 545.
(2) Necker. *Législation et commerce des grains*, dans collection Guillaumin, p. 232. — Galiani: lettre à Mme d'Epinay
21 juillet 1770. — Friedricowicz, p. 214. — Gaudemet, p. 124.

portation : il ne paraît même pas soupçonner
qu'elle puisse causer à l'agriculture, ou à une
industrie nationale quelconque, le moindre préju-
dice. Ce n'est pas qu'il compte pour développer les
industries qu'elle pourrait menacer sur l'influence
stimulante de la concurrence, mais, bien au contraire, il ne semble pas croire à son existence : l'importation à ses yeux n'a d'autre effet que de fournir
au consommateur un *supplément d'approvision-
nement après qu'il a épuisé* tous ceux que lui offre
le marché national. « Une fois les communications
« libres et faciles partout ouvertes et établies dans
« l'intérieur, il *n'est pas possible d'imaginer* que
« jamais on en vienne à consommer des grains
« étrangers, que *ceux du pays n'aient eu aupara-
« vant le débit le plus sûr et le plus facile* (1)... »
« *La première balle de soie étrangère nous
« donne la certitude physique que toutes celles
« du pays sont destinées.* J'en dis autant des laines,
« des chanvres, des lins, des cotons, des bois et de
« tout enfin ce qui est matière à fabriques (2). »
Quel peut être le fondement de cette certitude
qui ne laisse pas de nous surprendre aujourd'hui ?
Il est assez difficile de le dire, car Mirabeau omet
de nous renseigner sur ce point. Mais il est très vrai-
semblable de supposer qu'il raisonne sur l'hypo-
thèse d'une égalité absolue des frais de production

(1) *Ami des hommes*, p. 427.
(2) *Ami des hommes,* p. 430.

dans les différents pays et qu'il compte sur les frais de transport pour protéger l'industrie nationale. Ses conclusions ne peuvent pas s'expliquer, semble-t-il, par un autre point de départ, et il est inutile de montrer aujourd'hui tout ce qu'elles ont de chimérique.

Toutefois quelles que soient la nature et l'étendue de ses illusions sur l'égalité des frais de production, elles impliquent évidemment que l'industrie nationale n'est pas demeurée inférieure à l'industrie étrangère. Ce postulat nécessaire de sa doctrine, Mirabeau l'admet parfaitement et c'est ici que nous allons voir apparaitre auprès du libéral qui chante si haut les louanges de la liberté le protectionniste inconscient qui se dissimule derrière lui.

Remarquons, en effet, tout d'abord le caractère des arguments qu'il invoque en faveur de la liberté. Les libre-échangistes modernes et les économistes classiques la demandent dans l'intérêt du consommateur qui paiera des prix moins élevés et, en conséquence, s'occupent principalement de l'importation. Mirabeau se place surtout au point de vue du producteur et veut lui assurer, par une extension de ses débouchés, un prix rémunérateur. Quant à l'importation, elle n'est pour lui qu'un supplément à la production nationale destiné à la compléter et nullement à lui disputer le marché. Mais s'il lui était démontré que dans certains cas

les produits étrangers peuvent être préférés par
les consommateurs aux produits nationaux, le
populateur, qui veille toujours en lui, se dresserait
immédiatement contre les envahisseurs qui, au
lieu d'apporter aux pays un supplément de subsistances pour de nouvelles générations d'hommes,
viendraient lui enlever le travail, c'est-à-dire la
subsistance des générations actuelles. Aussi a-
t-il bien soin de n'ouvrir les barrières aux producteurs étrangers qu'après s'être assuré que les
nôtres pourront lutter avantageusement avec eux.
Il suppose en effet que son plan ayant été mis à
exécution, le développement de la population, la
raréfaction de la monnaie, la concurrence intérieure ont fait baisser tous les prix et porté toutes
les industries à leur plus haut point de perfection.
C'est à ce moment que « *certain d'avoir poussé*
« *chez lui l'industrie au point que celle de*
« *l'étranger ne lui damera jamais le pion dès*
« *qu'elle aura le désavantage des frais de trans-*
« *port, il lèvera toutes les défenses et prohibi-*
« *tions de manufactures étrangères pour obte-*
« *nir les mêmes avantages chez les autres* » (1).

Cette supériorité étant bien établie, il lui importe
assez peu que l'effort de chaque nation pour imposer à l'étranger ses produits manufacturés et pour
en obtenir des matières premières et des moyens

____

(1) *Ami des hommes*, p. 494.

de subsistance aboutisse maintenant à un conflit
d'intérêts (1) capable de troubler la belle harmonie qu'il rêvait tout à l'heure. Ce conflit en effet
se terminera au profit du plus fort, c'est-à-dire au
profit de la France : « chacun vaudra ce qu'il peut
« valoir en raison de son produit et de son indus-
« trie et ce marché-là ne saurait nous ôter la su-
« prématie » (2). Si cependant elle était menacée,
Mirabeau changerait immédiatement de langage.
C'est ainsi, qu'étudiant l'état économique de l'Espagne paralysée par la surabondance de l'or et l'envahissement des produits étrangers, il n'hésite pas
à déclarer qu'elle eût dû *fermer tous ses ports* pour
contraindre les habitants à vivre sur leurs fonds et
à tirer parti de leurs ressources (3). Ce libéralisme
opportuniste ressemble de tout point à celui de
l'Angleterre au commencement du xixᵉ siècle (4)
et nous éloigne déjà singulièrement des grands
principes du libéralisme doctrinal qui servent de
façade à la pensée de Mirabeau. Mais nous allons
nous en éloigner bien davantage encore en étu-

(1) *Ami des hommes.* p. 414.
(2) *Ibid.,* p. 416.
(3) *Ibid,* p. 179.
(4) Cf. Discours de Robert Peel alléguant en faveur du
libre échange la supériorité de l'Angleterre sur tous ses rivaux : « Les libres institutions sous lesquelles nous vivons,
« se réunissent à nos avantages naturels et physiques pour
« nous placer à la tête de ces nations qui s'enrichissent par
« le libre échange de leurs produits. » Cauwès, ii, p. 633.

diant avec lui les moyens qu'il propose pour réaliser, dans l'intérêt de la France, la liberté universelle.

Les explications qu'il nous donne sur ce point commencent sur le ton d'une idylle sentimentale ; il nous montre « le roi pasteur, environné d'un « peuple immense qui bénit la douceur et la vigi- « lance de son gouvernement, ouvrant ses che- « mins, ses villes et ses ports aux étrangers qui « jouiraient chez lui des mêmes avantages que ses « régnicoles (1) ». Il semble bien entendu qu'on respectera la liberté d'autrui ; on pourrait même croire un instant que Mirabeau est partisan du libre échange unilatéral préconisé plus tard par Bastiat. Mais ne prenons pas trop au sérieux quelques formules arrachées au fougueux marquis par l'emportement de sa verve, ou l'attendrissement que lui inspire le spectacle évoqué par son imagination. Les moyens qu'il préconise pour établir la liberté sont en réalité fort autoritaires ; à mesure qu'il les expose, son attendrissement se transforme en indignation contre ceux qui ne le partagent pas, et l'idylle sentimentale du début tourne progressivement au tragique.

Après avoir proclamé que « l'humanité entière « est une même famille divisée en plusieurs bran- « ches», il ajoute que « la branche aînée en Europe

____

(1) *Ami des hommes*, p. 504.

« doit être la France » et que son droit d'aînesse
lui impose l'obligation d'être « l'arbitre du monde
« pour en faire le bonheur » (1). Voilà un principe
déjà fort inquiétant par lui-même, qui va servir
de point de départ à un raisonnement plus redoutable encore par ses conséquences. Pour faire le
bonheur de l'humanité (et en même temps celui de
la France), il faut « que chacun vaille ce qu'il peut
« valoir relativement à son produit, à son travail et
« à son industrie » (2) ce qui n'arrivera que sous un
régime de liberté commerciale. La liberté du commerce se trouve ainsi érigée en « règle de droit des
« gens et d'équité naturelle (3) » qu'on ne peut vio-
ler sans commettre un « acte d'oppression ». Or il
est évident que le « roi pasteur, arbitre du monde »
doit mettre un frein à l'oppression, que « l'univers
le veuille ou *qu'il en frémisse* » (4) et par conséquent établir la liberté. Toutefois comme il est
magnanime et « ami des hommes », il usera d'abord
des moyens doux et de la persuasion. Il montrera
les avantages de l'échange international libre, et il
les fera facilement comprendre aux nations comme
« la Hollande, Hambourg, Gênes et autres répu-
bliques qui ont quelques vues du commerce » (5).

---

(1) *Ami des hommes,* p. 204.
(2) *Ibid*, p. 431.
(3) *Ibid*, p. 431.
(4) *Ibid.*
(5) *Ibid.*

L'Angleterre, malgré « son ambitieuse cupidité » (1),
pourrait peut-être se joindre à elles, car « nulle part
« plus que chez ce peuple altier, il ne naît à la fois
« autant d'hommes supérieurs et clairvoyants en
« grand » (2). Ils feraient sans doute entendre au
gouvernement anglais plus vite qu'on ne le croit
peut-être, « que ses peuples aujourd'hui mieux
« établis que tous autres sur la mer auraient un
« avantage réel et prompt à l'établissement de la
« liberté universelle » (3). Il faut cependant compter
avec certaines résistances possibles. Les Anglais,
par exemple, pourraient refuser d'admettre que
« l'acte de navigation », cette « injure faite au
genre humain », n'a été « qu'une folie » (4), à
laquelle ils eussent « honteusement renoncé si
« les autres nations leur avaient opposé des mesures
« combinées » (5). Mais de quelque pays que vînt
l'opposition ou la prétention à la prospérité exclusive, « le roi pasteur saurait

> Lui montrer en moins d'un instant,
> Qu'un rat n'est pas un éléphant,

(1) *Ami des hommes,* p. 499.
(2) *Ibid.,* p. 500.
(3) *Ibid.,* p. 501. C'est, comme on le sait, l'Angleterre qui
s'est chargée de le faire entendre aux autres nations.
(4) *Ibid.,* p. 500.
(5) On ne l'a pas fait parce que chaque puissance a re-
gardé cet affront comme « étranger à son fait et menaçant
«les seuls Hollandais » ; p. 501. Mirabeau a raison de montrer que l'acte de navigation menaçait tout le monde, mais il
veut oublier qu'il a atteint son but, de l'aveu même de
Smith.

« et que de la façon dont sont constitués les diffé-
« rents Etats de l'Europe, le véritable éléphant,
« c'est la France (1). »

Pour cela il suffirait de prohiber toute relation
commerciale avec les nations qui se montreraient
réfractaires aux vues humanitaires exposées ci-
dessus : « *Je défendrais à tous les sujets de l'Etat
comme crime de haute trahison et au pre--
mier chef, tout commerce direct ou indirect*
avec la nation qui m'aurait renié pour son frère.
Cette loi, proclamée avec les plus grandes solennités,
serait encore redoutable par les peines qui suivraient
son infraction. *La tête du fraudeur serait mise
à prix, sa maison rasée, sa postérité déclarée
infâme jusqu'à la dernière génération* (2). »

Mirabeau conseille donc tout à la fois aux
Etats faibles comme l'Espagne, aux Etats forts
comme la France de se servir des prohibitions, aux
uns pour défendre leur industrie contre l'envahissement des produits fabriqués, aux autres pour
se faire ouvrir les marchés étrangers. Il aboutit
ainsi d'instinct, avec la candeur la plus parfaite et
sans voir la contradiction entre ses principes et ses
conclusions, aux deux idées qui, l'une ou l'autre,
ont inspiré les mesures prohibitives ou les systèmes
protecteurs de tous les pays et de tous les temps.

Il est vrai que la prohibition, dans sa pensée, ne

(1) *Ami des hommes*, p. 415.
(2) *Ibid.*, p. 502.

doit être que temporaire, mais le procédé par lequel il prétend revenir définitivement à la liberté est plus redoutable encore que les premières atteintes qu'il lui porte pour l'établir. Ce n'est rien moins qu' « une guerre ouverte entre les nations rivales « et déjà aigries par l'interdiction de l'eau et du « feu » (1). Dans ces conditions « le prince ami des « des hommes », une fois contraint à employer le « glaive pour soutenir la cause commune de l'hu- « manité », aurait le droit d'imposer la liberté par la force et n'accepterait d'autre traité que « celui « dont la base serait l'accession à la confraternité « universelle dans le commerce » (2).

Voilà donc à quoi se ramène pratiquement le libéralisme économique du marquis de Mirabeau : assurer à l'industrie nationale, par tous les moyens, *y compris la protection*, la supériorité sur ses concurrents étrangers, puis, quand cette supériorité est acquise, offrir aux autres nations le choix entre la prohibition de leurs produits, et la liberté économique, en profitant d'ailleurs de la première occasion pour se faire ouvrir leur marché par la force quand elles ne l'auront pas ouvert de plein gré. Une pareille doctrine ne se distingue plus du Mercantilisme que par sa violence ; il y a contradiction évidente entre les principes posés par Mirabeau et les applications qu'il en fait. Mais la

(1) *Ami des hommes*, p. 504.
(2) *Ibid.*, p. 505.

déviation même du principe nous instruit sur la portée qu'il convient de lui attribuer. Il en ressort clairement que Mirabeau est avant tout et un agrarien et un protectionniste, ce qui, à certains égards, le rapproche encore des Physiocrates. Cependant son protectionnisme est plus éclairé que celui de beaucoup de ses contemporains ; il voit qu'il y a entre les nations rivales certains intérêts communs, dont la perception très nette l'amène à formuler, bien avant J.-B. Say, la loi des débouchés. Il exprime cette idée en méridional fougueux, impuissant à se tenir en garde contre l'exagération. Il se laisse aller à des affirmations générales et absolues sur l'harmonie de tous les intérêts humains et il y croit pendant qu'il les écrit, mais il y renonce sans le moindre scrupule lorsque l'intérêt national lui semble l'exiger.

CHAPITRE IV

LA COLONISATION

Dans le système de Mirabeau, la colonisation répond au dernier stade du développement économique d'un pays. Quand une nation a su porter l'agriculture à son plus haut point de perfection et utiliser toutes les qualités de son sol, quand elle a emprunté à ses voisins toutes les ressources en matières premières et produits alimentaires qu'ils peuvent lui céder, il ne lui reste plus qu'à transporter l'excédent de la population sur des terres inoccupées pour en faire un prolongement du territoire national. Or il est bien clair qu'en 1757 le moment n'était pas venu de mettre ce plan à exécution. La population presque stationnaire, et que Mirabeau croyait décroissante, était loin de tirer du sol national toutes les ressources qu'il pouvait fournir, et si c'était à ses yeux « mettre la charrue devant les bœufs » que développer le commerce avant l'agriculture, à plus forte raison l'expansion coloniale devait-elle lui sembler prématurée.

Toutefois, bien que cette conclusion soit dans la logique de son système, elle n'a nulle part été formulée par lui. C'est qu'il écrivait l'*Ami des hommes* à une époque, critique entre toutes, où la France de l'ancien régime, arrivée à l'apogée de sa puissance coloniale, commençait à sentir fléchir sur ses bases l'immense empire de dix millions de kilomètres carrés que, depuis François Ier, elle avait constitué pièce à pièce (1). A partir de 1688 l'Angleterre soutient contre elle une lutte presque sans trève dans le but bien établi de ruiner sa marine et de lui enlever ses colonies. Notre marine est atteinte, en 1692, par la défaite de la Hougue ; la guerre de la succession d'Espagne qui nous dépouille, en 1713, de l'Acadie et des territoires de la baie d'Hudson commence le désastre colonial et l'*Ami des hommes* est précisément écrit au moment où se poursuit, entre les Canadiens français et les Anglais, cette lutte épique qui se terminera, malgré nos victoires, par la perte du Canada. Quelle que soit l'opinion que l'on professe sur la colonisation et son opportunité, on ne peut ouvertement,

____

(1) Alfred Rambaud : *la France coloniale*, 6ᵉ édition, 1893. p. 1-40. — Léon Deschamps : *Histoire de la question coloniale en France*, 1891. — Girault : *Principes de colonisation et de législation coloniale*. Paris 1895.

au nom d'un système économique quelconqne, déclarer inutiles ou prématurées, en face de l'adversaire qui les guette et qui les a déjà diminuées, des conquêtes si héroïquement défendues.

Ajoutons que Mirabeau est, en quelque sorte, personnellement intéressé au succès de la cause coloniale par le rôle que joue, dans l'administration des colonies, cet autre lui-même, le bailli de Mirabeau, qui remplit alors les fonctions de gouverneur de la Martinique. A ce moment s'échange entre les deux frères une correspondance très active dans laquelle le bailli, avec la compétence particulière que lui donne sa situation d'acteur et de témoin, renseigne minutieusement le marquis sur le gouvernement des colonies et expose à cette occasion des idées que l'auteur de l'*Ami des hommes* se contentera de reproduire en raccourci dans son livre (1).

Telles sont les circonstances qui ont amené le marquis de Mirabeau à étudier le système colonial de l'ancien régime.

*
* *

Ce système peut se résumer d'un mot : l'assu-

______

(1) C'est pourquoi nous ferons sur ce point de fréquents emprunts aux lettres et aux mémoires inédits du bailli.

Léonce de Lavergne, dans son étude sur Mirabeau, avait soupçonné l'influence exercée par le bailli sur son frère. Cf., *loc. cit.*, p. 133 et 134. Les documents inédits dont nous avons pu disposer nous permettront de la démontrer.

jettissement. La colonie n'est pas considérée ainsi que de nos jours comme un prolongement du territoire de la métropole, c'est une entreprise commerciale qu'on exploite commercialement dans l'intérêt exclusif de l'entrepreneur. Celui-ci est, le plus souvent, une compagnie de colonisation derrière laquelle l'Etat s'efface plus ou moins, quand il ne se désintéresse pas complètement de son œuvre. En France, il faut remonter jusqu'à François Ier pour voir la colonisation prendre un caractère officiel et national (1) et au temps d'Henri IV on cite encore des hommes comme Sully qui condamnent les encouragements donnés par l'Etat aux entreprises coloniales (2). Cependant à l'époque de Mirabeau l'Etat a compris dès longtemps le parti qu'il peut tirer des compagnies de colonisation et en a fondé un grand nombre (3). Chaque compagnie agissant pour son propre compte et avec ses ressources occupe au nom de l'Etat des territoires sur lesquels il lui confère

(1) Girault, p. 95.
(2) « Je mets au nombre des choses qui furent faites con-
« tre mon opinion la colonie qui fut envoyée cette année au
« Canada. Il n'y a aucune sorte de richesse à espérer de
« tous les pays du Nouveau-Monde qui sont au-delà du 40^e
« degré de latitude. *Mémoires*, l. xvi. Cf. Girault, 97. »
(3) Cf. Leroy-Baulieu : *Colonisation chez les peuples modernes*, 4e édition, l^{re} partie, l. i, ch. V. — Pauliat : *Louis XIV et la compagnie des Indes orientales*, Paris, 1886. — *La politique coloniale de l'ancien régime*, 1887.— Cauwès, t. ii, p. 101.

des droits de souveraineté en lui accordant en même temps le privilège exclusif d'y faire le commerce.

Telle fut la principale pour ne pas dire l'unique méthode de colonisation sous l'ancien régime. Richelieu (1), Colbert et Law furent les initiateurs du mouvement. Les compagnies fondées par Richelieu n'eurent que peu de succès. Celles de Colbert, la compagnie des Indes occidentales et la compagnie des Indes orientales créées toutes deux en 1664, furent un peu plus heureuses, mais malgré les sacrifices faits par l'Etat (2) ne jouirent jamais d'une grande prospérité financière et durent abandonner leurs territoires à la couronne. Il en fut de même pour beaucoup d'autres moins importantes et aussi pour la compagnie des Indes fondée par Law en 1719. Cependant elle subsistait encore au temps de Mirabeau (3).

Ainsi les compagnies de colonisation n'avaient été aux mains de l'Etat que des intermédiaires. Mais quand les colonies lui échurent, il ne changea rien à la méthode d'exploitation. Les privilèges autrefois accordés aux commerçants membres des compagnies furent seulement transférés à l'ensemble des commerçants français. De là une série

(1) Girault, p. 135 et suiv.
(2) Cf. Girault, p. 137.
(3) Son privilège fut suspendu par un arrêt d'août 1769. Girault, p. 139.

de dispositions législatives liant étroitement les colonies à la métropole et conçues dans l'intérêt exclusif de celle-ci. Les colonies ne peuvent vendre leurs produits qu'à des commerçants français, elles ne peuvent s'approvisionner qu'en France, les navires français ont seuls le droit de faire le commerce entre la France et ses colonies (1). A toutes ces obligations restrictives celles-ci ne trouvent qu'une compensation : elles ont sur le marché français le monopole de la vente des produits coloniaux (2). C'est là ce qu'on appelle par euphémisme le pacte colonial, et ce qui n'est en réalité que l'assujettissement. De même que la métropole domine et exploite la colonie, de même le colon domine et exploite les races primitives indigènes ou importées dans les colonies pour les cultiver. L'esclavage y est universellement admis, officiellement reconnu, et réglementé par le Code noir, œuvre de Colbert dont les premières dispositions datent de 1685 (3).

Le pacte colonial qui, au commencement du xix\ siècle, a été l'objet de tant de critiques peut-être exagérées (4), n'a eu jusqu'au milieu du xviii\ siècle que des admirateurs, au moins parmi

(1) Cauwès, *loc. cit.* — Girault, p. 131.
(2) Règlement du 10 juin 1670. Édit d'avril 1727.
(3) Deschamps : *Histoire de la question coloniale en France*, p 318, 333. — Girault, p. 171.
(4) Cf. Pauliat. — *La politique coloniale de l'ancien régime.*

les partisans de la colonisation. Melon dans son *Essai sur le commerce*, Montesquieu dans l'*Esprit des lois* font l'éloge des compagnies de colonisation et du régime commercial exclusif (1). Il est vrai que Montesquieu au nom de la justice flétrit l'esclavage (2), mais ce n'est à tout prendre qu'un accessoire nullement indispensable de la politique d'assujettissement et universellement condamné d'ailleurs par les philosophes qui proclament l'égalité absolue des hommes (3). Toutefois il a lui-même encore des défenseurs convaincus, non seulement chez ceux qui sont intéressés à le maintenir (4), mais chez des économistes comme Melon qui en fait une longue apolo-

(1) Dans les *Lettres persanes*, Montesquieu admettait que les colonies sont une source d'affaiblissement pour les « pays d'où on les tire » et ne préconisait que les comptoirs (Lettre CXXI). Mais dans *l'Esprit des lois* il les considère comme fort avantageuses, grâce aux compagnies de colonisation, et aux privilèges commerciaux réservés à la métropole. (Jaubert, *loc. cit.*, p. 91.)

(2) Cf. La *Défense ironique de l'esclavage* par Montesquieu : « Ceux dont il s'agit sont noirs depuis les pieds « jusqu'à la tête et ils ont le nez si écrasé qu'il est pres- « que impossible de les plaindre. On ne peut se mettre dans « l'esprit que Dieu qui est un être très sage ait mis une « âme, surtout une âme bonne, dans un corps tout noir. » *Esprit des lois*, XV, 5.

(3) « La nature dit Rousseau, n'a fait ni esclave ni « ni maître. » Cf. sur les opinions des philosophes, Taine, *Ancien régime* II, p. 46.

(4) Sous la Constituante l'assemblée coloniale de Saint-Domingue fait emprisonner une personne coupable d'avoir dit que l'esclavage était contraire au droit naturel. Girault. p. 183.

gie. Il lui découvre même tant d'avantages qu'il propose de « l'étendre partout » (1) et Voltaire qui critique minutieusement son style ne songe pas à s'étonner de cette proposition (2). Enfin Montesquieu lui-même après avoir condamné l'esclavage en théorie finit par y voir l'effet d'une nécessité pratique inéluctable qui n'est pas loin d'équivaloir pour lui à une véritable justification (3).

Mirabeau et son frère sont au nombre de ceux qui les premiers ont condamné ce système de colonisation, dont on commençait à peine à soupçonner les vices : « Il me semble, dit le Bailli, que « je vais être comme Copernic quand il commença « à dire que le soleil se tenait tranquille et que

(1) Cf. chapitre sur l'esclavage : l'esclavage est légitime, dit Melon, tout d'abord parce qu'il existe : « L'usage des « esclaves autorisés dans nos colonies nous apprend que « l'esclavage n'est contraire ni à la religion ni à la morale. » — Alors même qu'il causerait quelque dommage aux esclaves, la compensation qui en résulte pour la prospérité de l'Etat est si grande que le législateur qui n'a pas à s'occuper « *des intérêts de détail* » ne doit pas en tenir compte. Tout au plus peut-on défendre l'esclave contre les abus, ainsi que l'a fait le Code noir qui sur ce point ne laisse rien à désirer. Ainsi protégé l'esclave est beaucoup plus heureux que le domestique libre : il est à l'abri du dénuement de la vieillesse, son maître est intéressé à faire l'éducation de ses enfants, enfin (et ceci paraît bien difficile à concilier avec ce qui précède), il est stimulé au travail par le désir d'acheter sa liberté. *Loc.cit.*, p. 724-727.

(2) Politique et législation : Lettre à M. T. sur l'ouvrage de M. Melon et sur celui de Dutot. 1738. *Notice historique sur Melon*, édition Guillaumin, p.703.

(3) *Esprit des lois* : L. xv, ch. VIII. Jaubert p. 99.

« c'était la terre qui tournait » (1). Suivons-les
dans leur critique en étudiant successivement les
rapports de la colonie avec la métropole, et ceux
des colons avec les esclaves.

I

Pour apprécier sainement notre système colonial, dit le marquis de Mirabeau, il faut recourir
à l'histoire : « Puisque les conseils des rois n'ont
« pas le temps d'étudier la nature de l'esprit humain,
« ils doivent du moins ne jamais perdre de vue
« l'histoire et les registres de l'expérience qui doi-
« vent composer leur métaphysique (2). » Or si nous
étudions la colonisation chez les peuples anciens,
nous verrons que les groupements d'individus
constitués, en dehors de la nation, par nécessité
de se procurer des subsistances, ou par ambition, jouissaient d'une indépendance que les peuples européens refusent aujourd'hui à leurs colonies. Chez les peuples primitifs qui mènent la vie
pastorale, lorsque des individus se détachent du
groupe familial pour former de nouvelles souches,
ils gardent « la plénitude de leur liberté et ne
conservent aucune sorte de dépendance de la
mère branche » (3). A peine reste-t-il quelques

(1) Lettre inédite du 11 juin 1755.
(2) *Ami des hommes*, p. 534.
(3) *Ibid.*, p. 521.

liens de fraternité avec la famille d'origine et ils
se transforment bientôt en une implacable hostilité. Quand les peuples pasteurs deviennent agriculteurs, le même phénomène se produit : la nécessité de vivre oblige les jeunes membres de la
famille à chercher de nouveaux territoires de
culture ; ils s'en vont bien loin et ne sont arrêtés
« que par les barrières de l'élément qui fait aujour-
« aujourd'hui la jonction des différentes parties de
« l'univers et qui en faisait alors les bornes » (1).
Aussi ces premières colonies, non seulement « ne
« reçoivent pas de lois » de leur mère patrie, mais
« n'en conservent même pas le souvenir » (2). Lorsque la civilisation est plus avancée et que des
mécontents ou des ambitieux se détachent des
villes prospères pour aller tenter la fortune dans
d'autres pays, tels par exemple les Carthaginois
qui fondèrent Tyr, ou les Phocéens qui fondèrent
Marseille, ils « emportent plus de choses de la
« mère-ruche que n'avaient fait les premiers,...
« les arts nécessaires pour se vêtir, se loger,
« etc.., les règlements inventés pour établir et
« ordonner la société » (4), mais ils emportent
aussi leur liberté. Ce n'est guère que chez les
peuples vaincus qu'on rencontre des colonies

(1) *Ami des hommes,* p. 522.
(2) *Ibid,* p. 523.
(3) *Ibid,* p. 524-525.

dépendantes fondées par des « vétérans et autres
gens de main » (1) et destinées à asseoir définitivement la domination du peuple victorieux.
« Ces sortes d'établissements appartiennent plutôt
« aux forteresses qu'aux colonies (2). »

Ce sont eux cependant que les peuples modernes,
négligeant les enseignements de l'histoire, ont jugé
à propos d'imiter, dominés qu'ils ont été « par ce
« malheureux intérêt exclusif qui n'est au fond
« qu'un esclave de quelques appétits brutaux » (3).
C'est par l'effet de son influence pernicieuse que
« l'art des colonies est encore dans la plus imbé-
cile enfance » (4). Guidés par l'esprit de domination, les Etats d'Europe ont adopté un système
colonial qui en lui-même est essentiellement vicieux ;
et l'application qu'ils en ont faite, faussée par le
même esprit, en a exagéré encore les résultats
défectueux (5).

*
* *

Le système est vicieux car il tend précisément
au « contraire de son objet » (6). Les colonies

(1) *Ami des hommes*, p. 517.
(2) *Ibid*, p. 515.
(3) *Ibid*, p. 414.
(4) *Ibid*, p. 154.
(5)« Je crois que l'on a toujours négligé les bons moyens,
« même selon le système que l'on s'est formé. Je crois en-
« core que le fond du système est mauvais. » Bailli : Lettre
inédite du 11 juin 1855.
(6) *Ami des hommes,* p. 534.

modernes, en effet, comme les colonies anciennes
qui n'étaient pas constituées dans un but militaire,
sont destinées à fournir une issue à la population.
Mais, à la différence des anciennes, elles ne doivent pas rester absolument isolées de la mère-pa-
trie. Les progrès de la civilisation, de l'industrie
et du commerce, doivent les pousser à établir avec
elle des relations fondées sur leur intérêt commun.
La colonie, à mesure qu'elle progresse, offre à la
métropole un débouché plus large à son industrie
et en plus grande abondance les matières premières
ainsi que les produits tropicaux. Mais pour qu'il
en soit ainsi, il faut nécessairement que les colonies exploitent leur sol et, par conséquent, entretiennent une population nombreuse et prospère.
Or, l'esprit de domination qui sévit dans la métropole les en a toujours empêchées. C'est lui qui a
poussé à la conquête de « ces immenses contrées,
« qu'il ne saurait peupler, qu'à peine il peut par-
« courir, et dont les différentes parties ne sauraient
« avoir de correspondance entre elles (1) ». Ceux
qui les ont envahies les premiers n'étaient point, à
proprement parler, des colonisateurs, mais plutôt des aventuriers ou même des brigands. « Les premiers peuples de l'Europe qui passèrent en Amérique ne furent pas des colons, mais au contraire
des conquérants, c'est-à-dire des dévastateurs, et

(1) *Ami des hommes.* p. 540.

les pires de tous. La soif de l'or, toujours excitée
par ce qui devait la satisfaire, fut le premier et l'unique objet de nos aventuriers. Elle a retardé longtemps leur succès, a fait de tout temps et fait encore
de nos jours, de ces vastes contrées, un théâtre
d'horreurs qui déshonorent l'humanité. « L'Espa-
« gnol toujours immuable dans ses préjugés, qui
« de tous les peuples est celui qui a le plus retenu
« des vices et des vertus des siècles d'ignorance,
« obéit et commande avec hauteur, fait consister sa
« dignité dans la paresse, ne connait de richesses que
« l'or, d'autre usage de l'or que le faste et l'osten-
« tation. Il dédaigne de se courber vers la terre
« nourricière et force des esclaves à s'enterrer
« dans ses entrailles pour en arracher l'objet de
« sa cupidité ; vrai Mogol de l'Amérique, il a fait
« par le fer ce qu'il eût fait également par la forme
« de son gouvernement. Il a dévasté des pays
« immenses, il règne sur des contrées désertes
« qui ne lui donnent d'autres soins que celui d'en
« défendre l'entrée aux étrangers (1). »

Le Portugais se contente de « fouiller les mines
et les carrières de diamant pour le compte de l'Angleterre (2). » L'Anglais, « le plus éclairé des peu-
« ples d'Europe en sa conduite dans le nouveau
« monde y est cependant, comme chez lui, un com-
« posé de deux principes si opposés de leur nature

____

(1) *Ami des hommes.* p, 527.
(2) *Ibid.*

« qu'il sera toujours impossible de les réunir en un
« point... Le premier a le bien pour objet, il retrace
« sans cesse à l'homme les droits de l'égalité, de la
« justice, de l'humanité enfin. Le second, au con-
« traire, toujours aveugle, est une rage insatiable,
« soit qu'elle couve ou qu'elle laisse éclater ses fu-
« reurs ; rien ne lui coûte, rien ne l'effraie ; elle n'a
« d'objet que le succès, *rem quocumque modo*
« *rem...* Rend-elle service ? elle prête à usure.
« Donne-t-elle des secours ? elle les fait acheter.
« Elle ne sait même se défendre, se venger, être
« cruelle enfin, qu'à profit. Dans ses mains le com-
« merce n'est que fraude et violence, la politique
« qu'espionnage, subtilité, noirceur et trahison(1). »
Après l'Anglais, le Français a son tour, et n'est
guère plus épargné : « Le Français enfin est ainsi
« que les autres, dans ses colonies, marqué au coin
« de son gouvernement, et malheureusement aussi
« au coin de son génie.., gaieté, libertinage, légèreté,
« vanité, farce, fripons très remuants, d'honnêtes
« gens souvent mécontents et presque toujours inu-
« tiles ; au milieu de tout cela, des héros nés pour
« faire honneur à l'humanité, et d'assez mauvais
« sujets capables dans l'occasion de traits d'hé-
« roïsme ; le vol des cœurs, pour ainsi dire, et le
« talent de se concilier l'amitié des naturels du
« pays.... Tels que les voilà faits ils se sont

(1) *Ami des hommes*, p. 528.

avisés aussi d'être intéressés et terriblement (1). »
Arrivés en Amérique, ils trouvèrent une terre
« excellente dans ses productions, la mer la plus
« poissonneuse qui soit au monde, le commerce des
« pelleteries tout neuf et si abondant qu'on n'en
« savait que faire. Ils se déterminèrent en braves
« Français : ils prirent tout et tout de suite furent
« plus loin pour voir s'il n'y aurait pas encore
« quelque chose de meilleur ;… jargonnèrent avec
« les sauvages qu'ils n'avaient vu depuis longtemps
« et leur demandèrent des nouvelles, les filoutèrent
« de leur mieux, furent à la chasse aux hommes
« avec les premiers qui les en prièrent, sans leur
« demander pourquoi et seulement pour se désen-
« nuyer ; fichèrent quatre bâtons en terre qu'ils
« appelèrent *forts*, partout où il leur parut que s'as-
« semblait la bonne compagnie, et surtout plantè-
« rent force poteaux où ils eurent soin d'écrire avec
« du charbon : *De par le roi*. Tels sont les titres
« que nous avons sur l'immense pays appelé la
« Nouvelle France ; et je demande au fond aux
« autres peuples qui pourra en produire de
« meilleurs de ses possessions dans le nouveau
« monde (2). » Cependant, à peine établis, nous
nous battîmes avec « de coquins de commerçants
« en titre qui furètent partout et se trouvèrent arri-
« vés par le plus court chez les vendeurs de castors. »

(1) *Ami des hommes*, p. 530.
(2) *Ibid.*, p. 531.

Il est vrai qu'en l'état où était notre commerce,
« nous ne pouvions pas plus enlever toutes les
« fourrures... que manger toutes les morues. » Mais
« ce n'est pas à dire, parce que le grand seigneur
« ne saurait user de toutes ses femmes, qu'il soit
« juste qu'un autre vienne les lui enlever, point du
« tout... Nous voulûmes empêcher cela, nous nous
« battîmes ; et puis on se battit en Europe et sans
« nos séminaires et nos couvents, personne ne
« serait resté à la maison tant nous aimons à nous
« battre (1). »

Mais, au milieu de toutes ces batailles et de ces
ambitions déchaînées, nous perdions de vue le
véritable but de la colonisation qui est la population (2). Au début on la négligea complètement

(1) *Ami des hommes*, p. 531 et 532.

(2) Mirabeau est sur ce point en contradiction avec
beaucoup d'auteurs modernes qui prétendent que le système colonial de l'ancien régime a été très favorable au
peuplement de nos colonies. M. Girault mentionne par
exemple la méthode des engagements qui consistait à réunir sur le même territoire colonial des colons venus de la
même région française. Unis par la communauté d'origine et d'habitudes ils formaient des groupements très
cohérents et triomphaient plus facilement des difficultés du
début. Il faut ajouter que les compagnies de colonisation
étaient intéressées à multiplier les colons sur leurs territoires,
qu'elles prenaient d'ailleurs des engagements à cet égard
au moment de la concession de leurs privilèges. (Cf Girault.
Loc. cit., p. 147). Mais il s'agit de savoir comment ces
idées ingénieuses étaient mises en application, or le bailli
de Mirabeau se plaint fréquemment dans ses lettres à son
frère des abus commis par certaines sociétés : elles transpor-
taient les colons à prix réduits et leur faisaient subir des
privations qui les décimaient pendant les traversées.

pour ne songer qu'à des privilèges : « quand les
« premiers dont j'ai parlé ci-dessus se furent arrê-
« tés au Canada, on en conta d'abord merveille en
« France », mais « la plupart aimèrent mieux les
« croire que d'y aller voir ; quelques-uns furent plus
« curieux, et tous en partant eurent soin de se mu-
« nir de bons privilèges exclusifs ; il fut un temps
« où on en expédiait aussi aisément à la Cour de
« France que des dispenses à la Daterie de Rome.
« Le dernier privilège absorbait toujours les précé-
« dents. Le devancier dépouillé revenait en France
« parler le dernier, avait raison et retournait ensuite
« combattre son rival avec des armes toutes sem-
« blables (1). » Les rares Français qui avaient précédé les privilégiés ou qui s'étaient décidés à les
accompagner furent perdus au milieu des populations indigènes dans les régions où elles n'avaient
pas été massacrées ; « au lieu de *franciser* les sau-
« vages, ceux-ci ont *sauvagisé* les Français et ac-
« coutumé notre jeunesse au métier de coureurs
« de bois (2). »

Un peu plus tard, on comprit que, pour tirer
parti des privilèges commerciaux, il fallait trouver
quelqu'un avec qui on pût faire du commerce, mais
pour augmenter la population des colonies on n'ima-
gina rien de mieux que de « vider les hôpitaux,
« les maisons de force et toutes les sentines du genre

(1) *Ami des hommes*, p. 533.
(2) *Ibid.*, p. 535.

« humain. Le *Mississipi*, mot devenu plus effrayant
« que la roue, reçut pour colons et fondateurs l'or-
« dure et les vomissements d'une ville impure pour
« qu'à jamais tout honnête homme eût honte de
« tourner les yeux de ce côté (1) ».

Mais ce n'est pas seulement la présence de cette
population suspecte ou tarée qui a empêché les
colons de se multiplier, ce sont surtout les obstacles qu'on a opposés à leur prospérité et qui viennent tous de la même source : l'esprit mercantile,
l'attrait du bénéfice immédiat et exclusif. Nous ne
différons pas sensiblement, dit Mirabeau, des premiers aventuriers qui ont fondé les colonies, « la
« soif de l'or, quoique moins brutale en apparence,
« nous inspire toujours ; l'intérêt le plus sordide,
« le plus mal entendu dans ses moyens, continue à
« animer les colonisateurs....L'esprit de commerce,

----

(1) *Ami des hommes*, p. 536. — Mirabeau fait cette remarque au sujet du Canada. Son frère en dit autant pour
la Guadeloupe : « On a le tort, dit le Bailli, d'amener ici
« tous les malfaiteurs du royaume.» Lettre inédite de la Guadeloupe, 24 janvier 1754. Mirabeau et son frère prononcent
ici contre la colonisation pénale une condamnation trop absolue : il ne suffit pas, pour contester son utilité, d'en montrer
les inconvénients que personne ne conteste, mais il faut
encore se demander par quoi on pourrait la remplacer : or,
dans certains cas, on ne peut la remplacer par rien, les colons
de bonne volonté faisant absolument défaut, Toutefois, il
est incontestable que la colonisation pénale n'est, en principe, que l'avant-garde de la colonisation libre et doit, à un
moment donné, lui céder la place sous peine de l'entraver.
Ce sont précisément les difficultés qu'on éprouve à substituer l'une à l'autre qui ont attiré l'attention de Mirabeau.

« dont le ressort au fond est de vouloir tout pour
« soi et rien pour les autres, regarde les colonies
« comme les fermes du commerce, veut les nourrir,
« les vêtir, les meubler, les parer à son prix et à sa
« fantaisie, avoir leurs denrées aux mêmes condi-
« tions, leur permettre et leur prohiber selon son
« intérêt ; il traiterait enfin volontiers les colons,
« comme l'on dit que les chats-huants traitent les
« souris dont ils font provision pour l'hiver, leur
« apportant du grain mais leur cassant les jambes
« pour les empêcher d'en aller chercher où bon leur
« semble (1). »

Ce système commercial est inique, il lèse gra-
vement les intérêts de la colonie qui paie les produits de la métropole à un prix exorbitant alors
qu'elle pourrait les acheter à bon marché dans les
pays voisins, ou même les récolter chez elle si on
le lui permettait. Il est vrai qu'elle trouve une
compensation dans le débouché qui lui est réservé
sur le marché de la métropole ; mais comme elle
ne vend sur ce marché que des produits de
luxe, et n'y achète que des objets de première
nécessité, les situations ne sont pas égales (2). C'est
la métropole qui fait la loi.

D'ailleurs elle ne voit pas que son propre intérêt exige avant tout la prospérité de ses co-

(1) *Ami des hommes* p. 526 et 539.
(2) Le Bailli de Mirabeau. : Mémoire inédit sur l'administration de la marine.

lonies. « Il en est à leur égard comme d'un
« champ qu'il faut défricher, labourer, fumer, et
« semer avant que de rien recueillir (1). » « Je
« pense volontiers, écrit le Bailli à son frère,
« que les colonies sont faites pour le royaume, et
« non le royaume pour les colonies, mais c'est
« comme ton château de Mirabeau est fait pour toi
« et non toi pour ton château ; si sur ce beau prin-
« cipe tu n'y faisais aucune réparation, que tu en
« voulusses toujours tirer et n'y rien mettre, le châ-
« teau en pâtirait le premier, mais le contre-coup
« porterait sur toi, si je ne me trompe. Je voudrais
« qu'ils fissent un peu là haut ce raisonne-
« ment-là (2). » C'est pourquoi il serait avantageux
pour la France d'accorder à ses colonies une
entière liberté commerciale (3). Sans doute les
nations voisines en profiteraient, mais au bout de
peu de temps, la prospérité de nos colonies deviendrait telle que le débouché partiel, laissé à la France
sur leur marché, serait plus étendu que le débouché total qu'elle peut s'être réservé aujourd'hui.

On s'illusionne d'ailleurs complètement sur la
portée des avantages qu'on en croit retirer actuellement. En réalité le commerce est organisé de

(1) *Ami des hommes*, p. 542.
(2) Lettre inédite du 11 juin 1755.
« Les colonies doivent être les fermes du commerce, mais
« elles ne doivent pas être les fermes des commerçants. »
Mémoire sur la marine.
(3) Lettre de la Guadeloupe, 10 janvier 1754.

telle sorte qu'il ne profite ni à la métropole ni à la colonie. Le consommateur français paie à un prix fort élevé les produits exotiques que le producteur colonial a vendus à bon marché et le consommateur colonial ne paie pas moins cher le blé ou les objets d'alimentation que le producteur français a vendus au rabais. Tout le bénéfice va à des intermédiaires munis de privilèges (1), ou même à d'autres, car la fraude se fait « avec la « complicité de tous » et les fraudeurs font payer leurs risques à tout le monde (2). Aussi, dit le [...] les colonies ne sont même plus « les ferm[...]

(1) Lettre du Bailli, 11 juin 1755. Mirabeau et son f[...] ont le tort de ne pas signaler ici les incontestabl[es] vices que les compagnies privilégiées ont rendu à [...] sans en avoir toujours été récompensées par de gros b[éné-] fices. (Cf. Girault, p. 135-142. — Cauwès, II, p. 101.) Mais il est bien vrai qu'à l'époque où écrivait Mirabeau et depuis longtemps déjà, elles n'étaient plus capables de faire face à leurs obligations et commettaient les pires abus. Tous les historiens de la colonisation sont d'accord avec lui sur ce point. En 1769, date de la suspension du privilège de la Compagnie des Indes, on constata qu'elle était impuissante faute de capitaux et de navires à approvisionner nos colonies en marchandises françaises. (Bonassieu, *Les grandes compagnies de commerce*, p. 313). La compagnie Hollandaise des Indes orientales, s'est rendue célèbre par « des excès de toute sorte », incendiant des plantations ou jetant des cargaisons à la mer pour relever le prix des épices. Cauwès, II, p. 101.

(2) « Les Hollandais et les Anglais font ici un commerce « interlope très considérable avec la complicité de tous. » Bailli de Mirabeau, lettre datée de la Guadeloupe, 10 janvier 1754, confirmé par une lettre du 12 juillet 1754.

commerce, elles sont devenues les fermes des commerçants » (1).

La métropole a donc été victime de sa propre ambition. Pour vouloir la satisfaire trop tôt et trop largement, elle a posé des principes de gouvernement qui ont porté, aux intérêts de ses colonies, une si grave atteinte que les siens propres, par choc en retour, en ont été lésés.

*
* *

Le même esprit d'exclusivisme étroit qui lui a inspiré ces principes l'a également dirigée dans leur application, ce qui n'a pas peu contribué à en aggraver les effets néfastes. On a refusé systématiquement aux colonies jusqu'à la moindre parcelle d'autonomie ; il semble qu'on ait eu peur de les voir exercer une influence quelconque sur la direction de leurs propres affaires : « La cour, dit le « bailli, qui depuis assez longtemps a paru toujours « craindre les sujets, n'a voulu souffrir ici aucun « établissement municipal (2). » Tout se fait par des

____

(1) Bailli de Mirabeau. : Mémoire inédit sur la marine et son administration... Cette idée est d'ailleurs empruntée à Montesquieu.

(2) Guadeloupe, 24 juillet 1754. Peu après l'*Ami des hommes*, on a tenté de s'engager dans une voie nouvelle. En 1759, on a accordé aux colonies des Antilles des chambres d'agriculture et de commerce qui avaient, à Paris, un représentant chargé de défendre leurs intérêts. Cette création s'explique peut-être par l'influence du bailli.

fonctionnaires royaux dont l'action est d'ailleurs constamment paralysée par l'autorité centrale (1) ; les pouvoirs sont répartis entre un gouverneur et un intendant, et ils le sont si mal que l'accord est impossible entre eux (2) ; « ils se croient tous deux « maîtres (3) » ; en réalité ils ne le sont ni l'un ni l'autre car toutes les décisions sont prises par le ministre (4). « Ils n'ont rien à entreprendre sans « une permission d'Europe, rien à décider sans une « consultation et des ordres précis demandés à des « ministres déjà trop chargés (5) et obligés d'aban- « donner comme détail à des sous-ordres ces objets « éloignés tout importants qu'ils sont (6). » Ce n'est pas un bon moyen de conserver l'autorité sur les colonies ; la seule garantie réside dans le choix des personnes : « Si vous payez bien ces chefs et « les mettez à même de tenir un grand état sans per-

(1) Cf., Girault, p. 163. — Guadeloupe, 24 janvier 1754 : Lettre inédite du bailli.

(2) Sur la façon dont les pouvoirs sont répartis : Girault, p. 161.

(3) *Ami des hommes*, p. 530.

(4) De 1626 à 1669, il y avait eu une charge de grand maître, chef, surintendant général de la navigation et du commerce de France; mais, à partir de 1669, les affaires coloniales sont rattachées au département de la marine. Girault, p. 159.

(5) « Versailles ! Versailles ! voilà d'où nous vient tout le « mal. » Lettre inédite du Bailli datée de la Guadeloupe, 25 janvier 1754. — Nous avons commis les mêmes fautes à l'égard de l'Algérie et il semble que depuis peu nous revenions à la politique préconisée par Mirabeau et son frère.

(6) *Ami des hommes*, p. 542.

« cevoir aucun droit onéreux sur le commerce, et
« moins encore sur la débauche et les folies des co-
« lons ; si vous les y laissez longtemps avec une au-
« torité entière ; si fermant l'oreille aux plaintes et
« cabales des vauriens toujours soutenus dans les
« cours, vous déshonorez, quand ces chefs revien-
« dront, ceux qui se seront enrichis dans leurs
« places et récompensez ceux qui reparaîtront avec
« la pannetière et la houlette, dormez alors sur les
« détails et ne veillez qu'aux secours principaux et
« au choix des dépositaires de votre autorité (1). »
On a fait malheureusement tout le contraire, on
n'a pas su toujours choisir les hommes offrant
au point de vue du caractère et de la compétence
toutes les garanties désirables et on s'est efforcé de
leur lier les mains (2).

(1) *Ami des hommes*, p.542 et 543. — Tous ces principes se
retrouvent dans les lettres et mémoires du Bailli.
   « On ne saurait être trop attentif à choisir pour gouver-
« neur général un homme juste et éclairé ; mais on ne
« peut être trop persuadé que, quelles que soient les entra-
« ves qu'on mettra à son autorité, il lui en restera toujours
« assez pour faire du mal ; on ne l'empêchera de faire que
« du bien. » — Bailli de Mirabeau, *Mémoire inédit sur
la marine et son administration.* Il disait déjà auparavant
dans une lettre à son frère : « A deux mille lieues, il ne faut
« envoyer que des gens irréprochables, fermes, probes, qui
« loin d'aimer l'autorité en sentent le poids, qui persuadés
« que toute autorité qui excède les lois est tyrannie, se fas-
« sent un plan fixe de ne s'en écarter jamais ; mais quand
« même ils auraient tous les vices imaginables, ils mè-
« neraient encore mieux ceci y étant que le meilleur mi-
« nistre ne le peut de deux mille lieues. » — Lettre inédite
« de la Guadeloupe, 24 janvier 1754.
   (2) « La France est une nation où l'on observe de mettre

C'est ainsi que dans son ensemble comme dans ses plus petits détails, le système colonial a été vicié par l'esprit de domination.

II

Il nous reste à étudier une dernière manifestation de cet esprit dominateur dans les rapports des colons avec les travailleurs qui cultivent leurs terres, et dont ils ont fait des esclaves (1). Mirabeau et son frère voient dans l'esclavage la source d'abus odieux et inévitables, en même temps que l'une des principales causes de la déchéance de nos colonies. Les abus ne tiennent pas seulement à la situation dépendante de l'esclave, ils tiennent surtout à sa couleur et à sa race. « L'on n'a pas « encore pensé que l'esclavage des nègres est plus « fort que celui des blancs ; ... le nègre est non « seulement esclave de fait, mais sa peau y ajoute « une espèce de droit (2). » C'est l'une des raisons pour lesquelles les lois qui protègent l'es-

« régulièrement à la tête de chaque partie quelqu'un qui par
« état n'en a jamais rien su et où tout homme qui sait grif-
« fonner du papier est en état d'être à la tête de tout... Ils
« feront quand on voudra la réflexion que pour tout faire
« aller avec du papier, il en faut furieusement employer. »
Lettre inédite du bailli, 1754.

(1) Sur ce point nous aurons principalement recours aux lettres du bailli que l'*Ami des hommes* se contente de résumer brièvement dans son livre.

(2) Lettre inédite du bailli, 12 juillet 1854.

clave (1) sont impuissantes à le défendre contre les mauvais traitements et même la mort infligée arbitrairement. « On n'imagine pas ce que c'est « que l'esclavage : figure-toi qu'un collège de « roués croit que, parce que ces hommes sont es- « claves, ils peuvent les tuer sur la moindre chose ; « jusqu'à moi dans cette ile on n'avait pas imaginé « que l'on pût être puni pour avoir tué un nègre sur « le plus léger prétexte, et j'ai le renom de la plus « haute sévérité pour avoir retenu en prison un « coquin à qui cela est arrivé (2). »

Un être humain ainsi traité ne peut être que vicieux : la misère le conduit fatalement à la dégradation et à la débauche. Trop souvent le maitre lui-même se joint à elle : « si une négresse « est jolie, le maitre la met hors de chez lui le « matin avec obligation de rapporter le soir une « certaine somme : tu juges bien quelle est la plus « prompte façon de gagner cet argent... (3). » Et le bailli ajoute que la débauche des négresses con- tribue beaucoup à la dépopulation des colonies (4).

(1) Le Code noir, art. 42 et 43 : le maître peut faire en- chaîner ou battre de verges son esclave, mais il ne doit ni le torturer ni le tuer.

(2) Guadeloupe, 12 juillet 1754. (Lettre inédite du bailli.) Il revient souvent sur cette idée : « Je ne me fais pas à savoir qu'on tue ici un nègre sans aucune cérémonie. » Lettre de 1755.

(3) Guadeloupe, 11 juin 1755.

(4) « C'est à notre mauvaise police, et à l'horrible mais « trop facile débauche des négresses, que nous devons la « dépopulation. » La Guadeloupe, lettre du 11 juin 1755.

D'ailleurs la démoralisation de l'esclave finit par rejaillir sur les maîtres. L'autorité absolue dont ils sont investis, les abus qu'ilsen font, les cruautés qu'ils commettent déterminent chez eux devéritables aberrations d'esprit ; on ne peut se faire une idée de « la vanité de quelqu'un qui dès l'en-« fance est élevé parmi les esclaves qui n'osent « le contredire, qui par là s'accoutume à être vain, « qui est accoutumé à voir déchirer des mal-« heureux à coups de fouet par caprice ou par « jalousie relative aux négresses ». (1) Ainsi l'oppression subie par les uns, exercée par les autres produit chez les noirs et chez les blancs les mêmes effets corrupteurs .

Aux inconvénients d'ordre moral viennent s'ajouter des inconvénients d'ordre économique qui en sont la conséquence directe : l'esclave ne travaille pas ou travaille mal, d'abord parce qu'il est dégradé et ensuite parce qu'il est esclave (2): la liberté qu'il n'a jamais goûtée est un bien dont il n'apprécie pas la valeur, elle lui apparaît d'ailleurs dans un avenir si éloigné qu'il ne tente en général aucun effort pour la conquérir par le travail ; il vit dans le moment présent avec la seule préoc-

(1) Lettre inédite, 1755.
(2) « Trente-cinq mille bras destinés au travail de la terre « ne font pas ce que deux mille feraient ailleurs. L'escla-« vage me paraît par cela un mal en ne le considérant que du « côté de la cupidité dont il tire son origine. » Lettre iné-« dite du bailli, 14 septembre 1754.

cupation de joindre le maximum de jouissances actuelles, au minimum de peine. Mais cela n'empêche pas le prix de la main-d'œuvre des noirs d'être fort élevé ; de même que beaucoup de maîtres « vivent de la débauche des négresses », d'autres non moins nombreux vivent du travail des nègres, dont le salaire s'accroît en proportion de leurs exigences. Ce travail si défectueux et si coûteux est cependant la seule ressource du colon ; la population blanche est peu nombreuse, elle tend à diminuer sous l'influence de la débauche des esclaves et surtout elle refuse de travailler dans la crainte d'être assimilée à la noire ; le travail est devenu avilissant, parce qu'il est considéré comme la marque de l'esclavage ; « l'amour-propre « qui souvent rappelle au travail ailleurs l'inter- « dit ici ; nul blanc ne veut ressembler au nègre qui « y est condamné par sa couleur, nul ne veut s'ex- « poser aux railleries des autres... on élude les « lois ; on n'élude pas les usages » (2).

Il vaudrait donc beaucoup mieux que l'esclavage n'existât pas. Mais est-ce une raison pour le supprimer. Sur ce point le marquis de Mirabeau et son frère n'hésitent pas à se prononcer contre une suppression immédiate « car c'est le pire des abus « de vouloir d'un seul coup les déraciner tous ». Ce

(1) La Guadeloupe, Lettre du 14 septembre 1754.
(2) Lettres inédites du bailli 12 juillet 1754, 24 janvier 1754, 10 janvier 1755.

n'est pas que le nègre soit affligé d'une infériorité
essentielle et indélébile qui le rende inapte à jouir
de la liberté : « un nègre est un homme, et un phi-
« losophe qui considérerait l'humanité de sens froid
« dans ce pays-ci donnerait peut-être une préférence
« au nègre(1)…Ce peuple est peut-être moins vicieux
« que nous originairement » (2).Néanmoins l'esclavage a développé ses vices ; les abus qu'il pourrait
faire de la liberté constituent un obstacle à son réta-
blissement et les habitudes prises par les blancs
viennent encore le renforcer.Il faut des travailleurs:
les nègres assurément travaillent mal, mais en leur
absence il est probable qu'on ne travaillerait pas
du tout ; c'est pourquoi les négriers passent aux
yeux du bailli « pour la plus grande force de nos
« colonies »(3). L'esclavage qui est un mal et qu'on
n'aurait pas dû établir, tend à s'imposer comme
une nécessité.

Comment sortir de cette contradiction ? Le
bailli qui a du moins le mérite de la signaler,
n'indique pas les moyens de lui échapper.
Quant au marquis il préconise suivant son habitude des moyens doux, mais malheureusement
inefficaces ; il eût suffi, pense-t-il, pour faire disparaître l'esclavage sans contrainte, d'encourager
la culture des terres par la liberté d'importation

(1) Lettre du bailli, 10 janvier 1755.
(2) *Ibid.*, mai 1755.
(3) *Ibid.*, mai 1754. Quelques fragments de ces lettres
ont été déjà utilisés par Loménie pour l'histoire ou bailli.

et d'exportation ; le besoin de main-d'œuvre eût
attiré d'Europe des artisans nombreux dont la
supériorité se fût affirmée assez nettement pour
éliminer les esclaves (1). C'est là une singulière
illusion que les lettres du bailli auraient dû
dissiper en signalant les obstacles opposés par
l'esclavage au développement et au travail de la
population blanche. L'esclavage, comme l'expérience l'a bien montré (2), est une institution qui
ne cède qu'à la force : sa suppression est pour les
maîtres une source de perte, pour le pays une
cause de perturbation économique inévitable,
que la loi peut seulement atténuer par des mesures transitoires, mais qu'on n'accepte pas sans y
être contraint.

III

Mirabeau et son frère ne se font pas l'illusion de
croire que les conseils qu'ils donnent seront écou-
tés. Ils sont bien persuadés au contraire que le
gouvernement ne changera rien à sa conduite ni
à ses principes, et que d'ailleurs s'y décidât-il, la

(1) *Ami des hommes*, p. 553.
(2) Les palliatifs législatifs eux-mêmes ont été impuissants. L'esclavage aboli par la Convention le 16 pluviôse
an II avait été rétabli par l'Empire, il ne fut supprimé
qu'en 1848 (?7 avril). Cependant dès 1815 la traite était
interdite ; les lois du 15 avril 1818, du 25 avril 1827 et du
8 mars 1831 avaient édicté contre elle des peines très sévères, mais n'avaient réussi qu'à la rendre plus cruelle.

réforme viendrait trop tard pour être faite utilement. La perte de nos colonies leur paraît dès ce
moment certaine et inévitable. « Il n'y aura bien-
« tôt plus pour nos colonies demeurées faibles
« que l'alternative d'arborer le pavillon d'Angle-
« terre ou d'avoir été (1). » Il est vrai que l'Angleterre pratique à cette époque un système colonial analogue au nôtre, mais le marquis de Mirabeau
et son frère surtout, dont les témoignages méritent
d'être pris en grande considération, affirment contrairement à l'opinion de plusieurs historiens modernes que les abus sont beaucoup moindres dans
les colonies anglaises que dans les nôtres. Elles
jouissent vis-à-vis de nous d'une véritable supériorité qui doit assurer le triomphe de nos adversaires (2). « J'ose affirmer, écrira plus tard le
« bailli (3), que nous ne devons la perte de nos
« colonies qu'aux prohibitions. Si au commence-
« ment de la guerre on eût ouvert les ports de
« nos colonies à tout ce qui y aurait voulu porter
« des denrées de toute espèce, les Anglais y au-

(1) *Ami des hommes*, p. 563. « Les colonies, dit le
« bailli en 1754 dans une lettre datée de La Guadeloupe,
« se perdront infailliblement bientôt. »
(2) Certaines dispositions de la loi coloniale étaient
peut-être plus rigoureuses en Angleterre qu'en France,
mais si l'on en juge par les lettres du Bailli, les colonies
anglaises jouissaient d'une liberté de fait très considérable : « Elles sont bien éloignées, dit-il, de suivre à la let-
« tre les règles que les commerçants anglais auraient
« voulu leur faire prescrire. »
(3) Mémoire inédit, 1767.

« raient échoué, ou même n'auraient rien osé ten-
« ter. Mais nos commerçants français ne pouvant
« les secourir prétendaient encore empêcher les
« autres de le faire. Nos ministres trompés à ce
« sujet par des gens qui connaissaient des moyens
« de faire passer des denrées qu'ils y vendaient
« au poids de l'or retirèrent la permission qu'on
« avait donnée aux étrangers d'y aller. Que devaient
« faire les colons? L'ennemi a dû leur paraître
« un libérateur. »

Toutefois son triomphe, dit Mirabeau, sera de
courte durée : les mêmes causes qui ont détaché nos
colonies de la mère patrie, détermineront les colonies anglaises à s'émanciper pour échapper à la
domination de la métropole. Ces colonies « qui ne
« doivent leur force qu'à la liberté qu'on leur a
« donnée secoueront tout à fait le joug; en suppo-
« sant à l'Angleterre, tout le succès qu'elle dévore
« en espérance, il ne lui restera au bout que
« l'avantage d'avoir transporté l'humanité d'Eu-
« rope en Amérique, comme autrefois les Ro-
« mains la transplantèrent d'Asie en Europe (1). »

On sait comment les prévisions du marquis de
Mirabeau et de son frère se sont réalisées. Les

____

(1) *Ami des hommes*, p. 361. Il revient à chaque instant sur cette idée: « le nouveau monde secouera le joug de
« l'ancien ; il y a même apparence que cela commencera
« par les colonies les plus fortes et les plus favorisées. »
Ibid., p. 544. Ses prévisions ne sont que l'écho de celles
qu'on trouve dans les lettres du bailli, entre 1754 et 1755.

leçons de l'expérience furent mieux entendues que les leurs : le système colonial de l'ancien régime battu en brèche par Turgot (1) puis par Adam Smith, évolua dès la fin du xviiie siècle vers un régime plus libéral, mais non sans provoquer de vives résistances de la part de ses partisans qui réussirent à maintenir longtemps encore dans la législation les principes fondamentaux du pacte colonial. La Révolution, il est vrai, supprima le monopole des compagnies qui subsistaient encore, elle diminua les droits de douane et accorda aux colonies des franchises locales importantes ; enfin elle abolit l'esclavage en usant d'ailleurs d'une précipitation excessive et en négligeant des mesures transitoires dont Mirabeau avait établi la nécessité (2). Mais ce n'étaient là que des réformes passagères, le Consulat revint en arrière, remit en vigueur le régime commercial et administratif antérieur à la Révolution et rétablit l'esclavage.

Ce n'est que dans la période de 1826 à 1845 que commença la ruine définitive du système colonial de l'ancien régime. L'œuvre de destruction fut continuée par la loi du 3 juillet 1861 ; le senatus-consulte du 4 janvier 1866 fonda le régime nou-

(1) Mémoire au roi ·sur la guerre d'Amérique. Collection Daire, ii, p. 559.

(2) Nous avons commis la même faute à Madagascar. Cf. André, *L'Esclavage à Madagascar*. Paris, 1899.

veau sur les principes qui dès 1757 avaient été
entrevus par Mirabeau et son frère le Bailli. Mais
de nos jours encore les idées de l'*Ami des hommes* sur le choix des fonctionnaires coloniaux et
l'étendue de leurs pouvoirs pourraient profiter
à plus d'une nation européenne et particulièrement à la France.

DEUXIÈME PARTIE

L'Idéal social du Marquis de Mirabeau.

Nous avons étudié jusqu'ici avec le marquis de
Mirabeau la direction qu'il convient de donner à
l'activité économique d'un pays pour assurer sa
prospérité, et les critiques qu'il formule à ce point
de vue contre la société de son temps. Mais un
idéal économique quel qu'il soit implique nécessairement un idéal social, c'est-à-dire une conception des rapports qui s'établissent entre les individus associés pour la production et répartissant
entre eux conformément à certains usages ou à
certaines lois les fonctions, les tâches et les produits. C'est cet idéal social qui occupe chez Mirabeau une place particulièrement importante,
et qui se rattache à *son système économique par
les liens les plus étroits*, que nous allons
maintenant essayer de dégager avec les moyens
de le réaliser.

Il y a pour Mirabeau entre les tendances diverses de notre nature une contradiction fondamentale qui a sans cesse troublé la paix entre les hommes et engendré tous les maux de la société. La première de ces tendances, née de l'impossibilité où se trouve l'homme isolé de satisfaire ses besoins et aussi des avantages qu'il tire de la collaboration d'autrui, nous pousse vers l'association et le groupement. Elle existe chez nous à l'état d'instinct, d'impulsion irréfléchie : « partout où l'on a vu deux hommes seulement, on « les a trouvés ensemble au même gîte ou re- « paire (1). » De même que « l'instinct de l'animal « solitaire lui montre son avantage à être seul ; « l'instinct de l'animal social le porte à faire « nombre avec ses semblables (2). » Ainsi pour Mirabeau qui sur ce point se sépare nettement de Rousseau et des philosophes, la société est un fait irraisonné antérieur à toute convention et remontant aux origines mêmes de l'humanité. Mais cette société que l'homme accepte inconsciemment a fait immédiatement apparaître en lui une autre tendance qui le pousse vers l'isolement. C'est qu'il sent dans les autres hommes non seulement des collaborateurs, mais des concurrents qui ont les mêmes besoins que lui et qui lui disputent les moyens de les satisfaire : « tandis que la nature le force à

(1) *Ami des hommes*, p. 2.
(2) *Ibid.*

« s'unir à son semblable, l'intellect lui fait d'autre
« part sentir qu'il s'appuie sur son rival, sur l'en-
« nemi naturel de toutes ses prétentions (1). » Les
hommes se trouvent ainsi sollicités par deux forces
contraires ; ils ne peuvent ni se séparer ni vivre
en paix. La société subsiste, mais elle est perpé-
tuellement ravagée par des luttes intestines (2).

Toutefois si l'esprit d'antagonisme est inhérent
à la nature humaine, il est cependant possible de
l'atténuer tout d'abord par des institutions destinées à raréfier les conflits ou à faciliter leur solution. Au premier rang doit figurer parmi elles
la propriété individuelle sans laquelle les hommes
vivraient en état de perpétuelle anarchie et qui à ce
titre mérite d'être considérée comme la pierre
angulaire de la société (3). Les hommes se disputent les biens qu'ils produisent ou que la nature
met à leur disposition : il n'y a qu'un moyen de
mettre fin à la querelle, c'est de partager les choses qui en sont l'objet, et de donner à chacun un
droit exclusif sur celles qui lui sont attribuées.
Mirabeau attache une si grande importance à ce
partage dont naît la propriété qu'il *déduit en*

---

(1) *Ami des hommes.*

(2) « L'homme isolé serait le plus malheureux de tous
« les êtres ; et qui cependant caverait le résultat de nos
« passions verrait au bout des projets de celle de chacun
« de nous la conséquence d'être seul. »

(3) *Ami des hommes*, p. 401. Mémoire sur les Etats provinciaux : « la propriété est en grand comme en petit la base
« et le vrai lien de la Société. » P. 254.

*quelque sorte de sa nécessité logique son exis-
tence dans les sociétés primitives,* convaincu
qu'aucune organisation sociale n'aurait jamais pu
subsister en dehors de lui : « les lois concernant
« le partage des biens ont *dû* être les premières
« de toutes et les plus indispensables » (1). De là
il conclut que la propriété doit être mise à l'abri
de toutes les atteintes, si l'on ne veut pas compromettre l'existence même de la société (2).

Jusqu'ici le futur disciple des Physiocrates se
comporte comme leur précurseur, mais nous allons
maintenant le voir s'en séparer nettement. Dans
la doctrine physiocratique, la propriété n'est pas
seulement une institution sociale très importante,
elle est *la seule nécessaire* pour tarir entre les
individus la source des conflits nuisibles à l'intérêt
social. Elle constitue à vrai dire avec la liberté et
les institutions destinées à sauvegarder l'une et
l'autre l'édifice social tout entier. Selon le marquis de Mirabeau elle n'en est que la base :

(1) *Ami des hommes,* p. 2. Il essaie une justification de
cette affirmation en empruntant à l'histoire des Tartares
ou des Indiens, quelques notions, mais si vagues qu'on ne
peut même pas les dire inexactes. Toutefois il est visible
que le livre de Leiveluz sur la propriété et ses formes
primitives a été pour lui comme il le fut plus tard pour
beaucoup d'autres une révélation bien inattendue.

(2) « Mon principe politique s'il m'appartient d'en avoir
« un serait de respecter tellement le droit public, que tout
« titre de propriété, même le plus mal acquis quant au
« passé, en fût un de possession assurée et paisible pour
« l'avenir. *Ami des hommes,* p. 137.

l'harmonie, ou comme nous disons aujourd'hui
la solidarité des intérêts, ne résulte pas pour
lui ainsi que pour les Physiocrates de la
seule propriété jointe à la liberté ; elle rencontre
dans l'homme lui-même des obstacles d'ordre
psychologique et moral, dont on ne peut triompher
que par une organisation sociale appropriée, l'éducation des mœurs, et l'intervention de l'Etat.

CHAPITRE Ier

LES PRINCIPES FONDAMENTAUX DE L'ORGANISATION SOCIALE

Au temps du marquis de Mirabeau la désorganisation qui doit conduire à la Révolution est achevée. Les cadres de l'ancienne société sont encore debout : la distinction fondamentale des trois ordres est maintenue, mais les rouages du mécanisme sont complètement faussés ; les privilégiés ont conservé leurs privilèges, ils les ont même renforcés, en leur donnant un caractère pécuniaire plus accentué ; non seulement ils échappent presque complètement à l'impôt, mais ils le perçoivent à leur profit, sous forme de droits féodaux qui ont survécu aux services pour lesquels ils étaient autrefois payés. (1) Ajoutons à cela les bénéfices, les pensions, les avantages pécuniaires de toutes sortes répondant à des fonc-

____

(1) Droit de guet, de fouage, de pulvérage : de plaît à merci, etc. Cf. Taine : *Ancien régime.* II, p. 34-35.

tions plus ou moins honorifiques ou que leurs titulaires ne remplissent pas tandis que les fonctions utiles, celles qui donnent une autorité effective, qui entretiennent la vie sociale, sont confiées à des agents royaux, intendants, subdélégués, etc. Et il en est ainsi depuis Louis XIV : « du haut en bas « de l'échelle, les pouvoirs légaux ou moraux qui « devraient représenter la nation ne représentent « qu'eux-mêmes et chacun d'eux s'emploie pour « soi au détriment de la nation (1). »

Ainsi le contraste s'accentue de plus en plus entre les services rendus et les avantages obtenus par les privilégiés. Il est évident que cela ne peut pas durer. Le marquis de Mirabeau en a une claire conscience, et il insiste longuement, avec tous les ménagements que la prudence lui conseille, sur la nécessité d'une prompte réforme sociale (2). « Nous serions tentés de penser que « les pyramides sont corps permanents, parce « qu'elles subsistent depuis quatre mille ans, sans « que les altérations qui y sont survenues nous « aient été sensibles. En effet, on entend dire « chaque jour : *mais depuis le temps qu'on dit* « *que le royaume manque d'hommes, et que les* « *peuples sont surchargés, on en trouve cepen-* « *dant toujours et le peuple paie ;* d'où l'on

(1) Taine, I, p. 99.
(2) Le chapitre intitulé : Age de la France, est consacré tout entier à cette démonstration.

« conclut, pour s'épargner la peine d'examiner,
« que tout cela n'est que déclamation de gens
« inquiets; comme si un corps qui dure depuis treize
« cents ans, et toujours en un état de croissance,
« ne pouvait être affecté de maladies dangereuses,
« sans qu'un être qui n'a à peu près que trente
« ans d'existence intellectuelle, et qui d'ailleurs
« ne donne souvent aucune sorte d'application à
« l'examen des symptômes intérieurs de cette ma-
« ladie, pût en remarquer les effets préparatoi-
« res. » (1) Mirabeau les a depuis longtemps aperçus comme des signes avant-coureurs d'une catas-
trophe qu'on ne peut empêcher, selon lui, que par
une réorganisation sociale dont l'*Ami des hommes*
a précisément pour but de tracer les lignes essentielles.

Tocqueville a prétendu caractériser le système
qui s'en dégage en disant que Mirabeau représente « l'invasion des idées démocratiques dans « un
esprit féodal ». A prendre cette formule à la lettre
on risquerait de se tromper singulièrement sur
les tendances et l'idéal social qu'elle prétend résumer. Mirabeau n'a jamais été un démocrate au sens
précis du mot ; l'idée de donner au peuple la moindre part dans le gouvernement de la Société ne
l'a jamais effleuré au moment où il écrivait l'*Ami
des hommes* et sa conversion à la Physiocratie
n'a pas pu modifier ses idées dans un sens démo-

(1) *Ami des hommes*, p. 319.

cratique car les Physiocrates ont allié à leur libéralisme économique la foi monarchique la plus profonde. La vérité est que Mirabeau a toujours ressenti
pour le peuple une sympathie qui, pour avoir été
exprimée quelquefois en termes un peu déclama-
toires, n'en est pas moins sincère ; il a même largement contribué à en faire un article de mode très
répandu, comme on sait, à la fin du xviiiᵉ siècle.
Toutefois cette sympathie le conduit à demander
non pas que le peuple soit émancipé, mais qu'il
soit protégé ; elle demeure imprégnée de l'ancien
esprit féodal qui s'est progressivement déformé en
France, qui n'existe plus à la fin du xviiiᵉ siècle
qu'à l'état d'exception et dont le père de l' « Ami
des hommes » a été précisément l'un des derniers
représentants.

Mais si le marquis de Mirabeau est un féodal, il
ne faudrait pas voir en lui un féodal arriéré et un
réactionnaire dans le sens absolu du mot. Il ne
prétend pas ramener en arrière la société de son
temps, mais simplement arrêter les déviations qui
se produisent dans sa marche en avant, et qui doivent la conduire au précipice. L'ancien esprit féodal dont il s'inspire est comme celui de Le Play
idéalisé et renouvelé en vue de son adaptation à la
société moderne (1). Il n'accepte pas que les ordres

(1) La haine des intendants et des fonctionnaires royaux
l'entraîne quelquefois soit dans son *testament politique*,
soit dans ses lettres, à des exagérations qu'il ne faudrait
pas prendre pour l'expression exacte de sa pensée.

privilégiés tout en bénéficiant de leurs privilèges soient réduits à des fonctions purement honorifiques, mais il ne veut pas non plus les abolir. Il demande que, renonçant à la souveraineté dont ils jouissaient autrefois et échappant à la servitude dorée qui lui a succédé depuis, ils deviennent les auxiliaires du pouvoir central, qu'ils soient investis d'une mission directrice et protectrice vis-à-vis des autres classes de la société, qu'en un mot ils composent ce qu'on appellera plus tard « *les classes dirigeantes* ». Comment ces classes seront-elles constituées, quel sera leur rôle social et économique ? C'est ce que nous allons rechercher en déterminant d'abord les fonctions dévolues à chacune d'elles, puis en insistant particulièrement sur l'une de ces fonctions qui a un caractère plus strictement économique, celle du propriétaire.

I

Mirabeau conçoit une société très fortement hiérarchisée : elle est composée de classes à fonctions nettement définies, séparées par des traditions et des mœurs spéciales à chacune d'elles, et très rigoureusement subordonnées les unes aux autres : « Au premier rang viennent les ministres de la reli- « gion qui est le plus utile frein de l'humanité, et « le premier ressort de la civilisation... Après les

« ministres de la religion viennent de droit les dé-
« fenseurs de la patrie qui se dévouent volon-
« tairement et par honneur aux périls et renoncent
« à toute autre fonction dans l'Etat qu'à la gloire
« de le défendre (1). » Ces fonctions, dit Mirabeau,
ont été et sont encore habituellement remplies par
les membres de la noblesse. Viennent ensuite les
magistrats recrutés principalement parmi les membres du tiers état. Tels sont les « trois ordres con-
sultants », et investis d'une part de l'autorité
publique, « tout le reste obéit et travaille » (2).

*
* *

Mais pourquoi cette classification des fonctions
qui sépare les individus en groupes distincts, et
qui met les uns au-dessus des autres? Mirabeau
insiste longuement sur ce point parce qu'il se sent
en contradiction avec les opinions le plus généralement admises. Il faut d'abord, dit-il, exclure
toute idée d'infériorité d'une classe vis-à-vis d'une
autre : « toute société où la prééminence mène
« à sa suite l'envie et où la déférence marche à
« côté du mépris court rapidement à sa ruine

(1) *Ami des hommes*, p. 149.
(2) *Ibid.*, p. 154-155. Mirabeau fait aussi une place à part
aux savants, « ceux de tous les hommes privés qui exigent
le moins et qui méritent le plus ».

« totale » (1). De pareils sentiments seraient d'ailleurs complètement injustifiés car les fonctions remplies par les trois ordres sont également indispensables à la vie de la société. On peut même dire que si une classe méritait plus que les autres d'attirer l'attention du souverain, ce serait précisément celle qu'on place au dernier rang, car elle est le « fondement même « de l'édifice social, dont elle porte tout le poids », de même que dans une pyramide « chaque rang « supporte plus de faix à mesure qu'il est plus « près de la base... » C'est donc cette portion de l'Etat « qui doit être le plus soutenue par les res- « sorts de la protection et de l'encouragement » (2).

Ce n'est pas davantage l'inégalité de biens qui marque la hiérarchie des classes. Mirabeau ne veut de grande richesse, ni pour les unes ni pour les autres ; la richesse n'est qu'un moyen, le bonheur est le but ; or « le bonheur se trouve dans la « modération » (3). Il ne faut demander à la fortune que « l'aisance dans la sécurité qui doit être à la « portée de tout le monde » (4). Mirabeau va plus loin encore et déclare que si l'accumulation de la richesse peut être permise dans certains cas, elle demeure interdite à ceux qui occupent

(1) *Ami des hommes*, p. 154.
(2) *Ibid.*, p. 28-29.
(3) *Ibid.*, p. 313.
(4) *Ibid.*, p. 203.

les premiers rangs dans la hiérarchie sociale :
ceux-là doivent avoir pour mobile d'action non
l'appât du gain, mais le dévouement désinté-
ressé et l'honneur. Ce n'est pas à dire cependant, comme on le croit trop souvent, que l'honneur soit le monopole de cette catégorie de
personnes : « il faut du sel dans tous les mets et
« de l'honneur dans toutes les professions ».
L'obligation morale de la loyauté professionnelle,
celle de se dévouer dans certains cas, aux intérêts
d'autrui et beaucoup d'autres qui relèvent de l'honneur, s'imposent à toutes les classes de la société :
« dès qu'on voudra se rappeler en pratique où gît
« le véritable honneur, il s'en trouvera assez pour
« tout le monde » (1). Seulement pour ceux qui
appartiennent aux classes supérieures, l'honneur
doit être le principal mobile d'action, tandis que
pour les autres « on n'y saurait penser qu'après
« le profit et l'on dit de bonne foi commme Petit
« Jean : mais sans argent l'honneur n'est qu'une
« maladie » (2).

Ainsi il faut bien se pénétrer de cette idée que
la hiérarchie des classes n'est établie ni sur leur importance sociale, ni sur la richesse, ni sur l'honorabilité. Que reste-t-il donc pour marquer la séparation entre elles ? La différence des devoirs.

(1) *Ami des hommes*, p. 106.
(2) *Ibid*, p. 26.

Les uns travaillent principalement pour eux-mêmes et contribuent en augmentant leur fortune à la prospérité de l'Etat : le résultat de leurs efforts est leur récompense. Les autres travaillent pour autrui : ils détiennent une part de l'autorité sociale, et ils l'exercent dans l'intérêt général sans en tirer un profit direct et immédiat. De leur obligation de commander résulte pour ceux qui sont placés sous leurs ordres ou sous leur protection le devoir d'obéissance et de déférence et c'est dans cette nécessité sociale du commandement désintéressé et de l'obéissance respectueuse que réside, pour Mirabeau, la justification de la hiérarchie sociale avec les subordinations qu'elle comporte. La prééminence, les distinctions honorifiques, les privilèges sont en effet un moyen d'attirer le respect sur les détenteurs de l'autorité et constituent en même temps pour eux une récompense qui a le mérite « de les flatter par des avantages de consi- « dération, d'exciter leur générosité, d'élever « leur amour-propre et les détourne de se « baisser vers des objets de cupidité » (1). D'autre part ces fonctions supposent chez ceux qui les exercent des aptitudes spéciales qui, si elles ne se transmettent pas toujours par l'hérédité, s'ac- quièrent du moins par l'éducation dans la famille.

(1) *Ami des hommes*, p. 150.

Les récompenses qu'elles permettent d'obtenir ne plaisent pas d'ailleurs à tout le monde : « les dis- « tinctions sont un genre d'orviétan qui ne prend « pas également sur tous les tempéraments (1). » Enfin l'habitude et le respect de la tradition, entrent pour beaucoup dans l'obéissance et la déférence des subordonnés. C'est pourquoi il importe que les fonctions de ceux qui détiennent l'autorité sociale à un titre quelconque, demeurent dans les familles, aux mains de personnes qui reçoivent pour ainsi dire en héritage les sentiments néces- saires pour les exercer utilement et la confiance de ceux qui leur seront soumis.

Chacun restant dans son emploi, il en résulte une sorte de division héréditaire du travail ; à chaque profession répond un état d'esprit parti- culier en rapport avec le rôle qu'elle joue dans la société, en un mot une véritable psychologie pro- fessionnelle dont Mirabeau se fait la conception suivante : « Dans un Etat constitué comme la « France il faut que la noblesse soit fière, brave, « pauvre et s'en pique ; que la magistrature soit « grave, juste, austère, économe et s'en pique ; « que le commerçant soit laborieux, entreprenant, « franc, indépendant, simple et s'en fasse gloire ; « que la finance se confonde et se répande dans le « commerce, loin de l'opprimer et de le mépriser;

(1) *Ami des hommes,* p. 26.

« que l'artisan soit industrieux, vigilant, réglé dans
« ses mœurs, borné dans sa consommation ; que
« le laboureur enfin et l'agriculteur (cet ordre
« d'hommes précieux par lequel j'aurais dû com-
« mencer), soit infatigable, honoré, chéri, pro-
« tégé, soulagé, encouragé de façon qu'il fasse envie
« à tous les autres états par son bonheur, sa liberté,
« sa joie, sa tranquillité et par cette pureté patriar-
« cale des mœurs, dont la campagne est la véri-
« table et l'unique patrie (1). »

*
* *

Jamais idéal ne fut plus loin de la réalité et
Mirabeau ne le formule que pour mieux marquer
le contraste avec elle et donner plus de portée à sa
critique. Les mœurs, dit-il, sont corrompues. L'organisation sociale a complètement dévié de son but ;
les classes supérieures ont négligé les intérêts
généraux dont elles avaient la garde ; « la noblesse
« n'a plus aucune sorte de juridiction ni de pré-
« rogative dans l'Etat...» (2) ; « elle n'a presque
« plus conservé de l'antique générosité de ses
« ancêtres qu'une fade ostentation de ses vieux
« titres » (3) ; « l'or corrupteur » a pénétré par-

_____

(1) *Ami des hommes*, p. 109-110.
(2) *Ibid.*, p. 154.
(3) *Ibid.*, p. 156.

tout et mis « la cupidité » à la place de la « socia-
« bilité », tout se paie en argent et l'honneur n'a
plus d'attrait. La conséquence fatale de cet oubli
de leur devoir par ceux qui sont investis de l'autorité sociale et qui profitent de leur supériorité pour
opprimer au lieu de protéger, c'est avec la misère
du peuple la rupture des liens de sympathie et de
respect qui l'unissaient à ses maîtres. « Le peuple
« est ingrat, dit-on, il est volage, il est brutal... Eh !
« quelle est la portion de l'humanité dont on né
« puisse dire la même chose ? Mais je soutiens
« moi que cela n'est pas vrai. J'ai fait peu de bien
« (je ne suis pas en état d'en faire beaucoup, et
« je n'ai pas fait à beaucoup près tout celui que
« j'aurais pu) j'ai trouvé des marques de recon-
« naissance qui m'ont étonné. Mille fois plus de
« bienfaits se sont perdus en montant qu'en descen-
« dant. Le peuple est volage : reproche de fac-
« tieux, reproche fait à la multitude oisive et
« déplacée, et je n'en veux que de laborieuse et
« occupée ; il est brutal enfin ; mais peut-être est-il
« malheureux, persécuté, méprisé, en butte à
« l'oppression en tout genre de tous les autres
« ordres de l'Etat. S'il en est ainsi ne repro-
« chons rien aux misérables (1). »

Mais les classes inférieures étant malheureuses,
et les classes supérieurs ne voyant dans leurs

____

(1) *Ami des hommes*, p. 77.

fonctions que les jouissances qu'elles procurent,
chacun pour améliorer son sort cherche à s'élever
au-dessus de sa condition. « De grade en grade,
« cette ambition déplacée et toujours peu mesurée
« épuise les basses classes et surcharge les premiè-
« res qui doivent, par mille raisons, être peu nom-
« breuses par proportion (1). » Mirabeau critique
particulièrement « l'ambition générale que chacun
« a en France de faire son fils noble et consé-
« quemment inutile à tout bien dans un pays
« où il ne reste de débouché à la noblesse que
« celui de sous-entendre les neuf dixièmes de
« ses enfants, pour qu'il reste au fils unique de
« quoi vivre selon ce que la vanité du père
« appelle son *état*. Le magistrat veut prendre
« l'épée parce qu'il est établi que l'état de juger les
« hommes ne convient pas à la haute noblesse ;
« le négociant veut devenir magistrat pour faire
« ensuite le même saut. Le financier à qui l'or
« fournit la plus brillante et la plus unie des pers-
« pectives, prend le plus court, et appellerait
« volontiers le plus étourdi de ses enfants M. le
« Ministre ou M. le Conseiller d'Etat, comme on
« désigne quelquefois M. l'abbé dès l'âge de
« cinq ans. Le fils du paysan devient procureur
« et celui du laquais employé (2). »
On prétend, il est vrai, « que l'épuisement con-

(1) *Ami des hommes*, p. 77.
(2) *Ibid.*, p. 103.

« tinuel des vieilles souches se répare par de nou-
« veaux nobles qui dans la suite se confondent
« avec les anciens » (1). Le renouvellement ne
serait pas inutile, car la haute noblesse a perdu
les qualités qui la rendaient précieuse pour la
société, mais ainsi fait, il nuira à tout le monde
et ne profitera à personne : « Mêlez du vinaigre
« avec du vin, vous les gâtez l'un et l'autre (2)...
« Ce magistrat qui épouse une fille de la cour se
« désallie aussi désavantageusement que son voisin
« qui devient gendre d'un financier. La demoi-
« selle met sur son vernis d'impertinence natale
« une dose du gourmé de la présidence, et bien-
« tôt elle dédaigne la maison où elle est entrée
« parce qu'elle ne peut aller à la cour : elle trans-
« plante les grands airs, elle distingue les cousins
« titrés ; les enfants maudissent la simarre qui ne
« va pas avec des talons rouges ; le titre de pré-
« sident les offense quoi qu'ils ne veuillent pas
« perdre la charge ; ils sont marquis et s'ils n'en
« peuvent avoir l'accoutrement qu'à la campagne,
« du moins en ont-ils la fatuité et l'équipage.
« Tout cela consomme, l'ancienne gravité se perd
« avec l'étude et la salle d'audience des pères
« n'est plus fréquentée que par des créanciers et
« des musiciens. D'autre part le voisin enfinancé
« a reçu un petit bijou qui n'a plus rien de l'accent

(1) *Ami des hommes*, p. 105.
(2) *Ibid*, p. 106.

« picard ou gascon de M. son père ; le couvent et
« les maîtres y ont mis bon ordre : elle est pleine
« de talent, accoutumée aux flatteries des valets,
« et farcie de ces hauts axiomes de générosité,
« qu'il ne faut porter ses robes qu'une saison,
« que des dessins nouveaux, tout donner à ses
« femmes, avoir un garçon perruquier pour ses
« gens, afin qu'ils soient en état de paraître dans
« l'appartement, des harnais de couleur, des che-
« veaux neufs, du vernis de Martin et ce qui s'en
« suit. La belle-mère qui avait compté que quatre
« cent mille livres font vingt mille livres de
« rente, qu'une femme doit coûter dans une
« maison réglée six mille livres par an, et les
« quatorze autres seraient accumulées pour l'éta-
« blissement des enfants à venir qu'elle voit déjà
« par douzaines autour de son fauteuil, laisse
« patiemment passer les jours d'engouement de
« noces, hoche la tête quand on parle de spectacles,
« de bal de l'opéra, etc., mais espère que cela
« finira : tout se succède cependant, elle prend
« mal son temps, hasarde ses axiomes et l'on bâille ;
« tandis que l'imprudente maman va réfléchir
« après coup et considère charitablement avec
« quelques amies qu'elle a fait une sottise pour
« telle et telle raison, on démeuble dans le bas :
« les lampes économes qui éclairaient son anti-
« chambre font place à des bras dorés ; les por-
« celaines, les vernis l'éblouissent de toutes parts ;

« la cuisinière vigilante est remplacée par un
« chef qui se réserve trois jours par semaine, et
« qui les quatre autres fait travailler son aide ;
« les valets fidèles du vieux temps fuient en pleu-
« rant tant de dégâts : bientôt leur maîtresse les
« suit et va dans un appartement étranger déplorer
« les vices du temps. Les premières couches la
« rappellent, on lui annonce une fille : « *Nous*
« *aurons un garçon une autre fois* dit la vieille
» mère. — *Oh ! pour cela je vous demande*
« *excuse*, répond l'accouchée, *le métier n'en vaut*
« *rien, et je ne suis pas d'humeur à me sacrifier*
« *pour ma postérité. J'aime déjà cette petite à*
« *la folie et je veux qu'elle soit héritière* », et
« chacun d'applaudir (1) ».

Ainsi les classes en voulant se mélanger se désorganisent se corrompent mutuellement, et pendant ce temps la classe qui produit et qui travaille, celle des agriculteurs, au sort de laquelle
est liée la prospérité de l'Etat, est privée de ses
meilleurs éléments, en même temps que de la
direction et de la protection qui lui seraient nécessaires. Sans doute il ne s'agit pas de rendre les
classes absolument impénétrables les unes aux
autres ni de « faire revivre la police intérieure des
« anciens Egyptiens où par une loi fixe personne
« ne pouvait exercer que l'état de son père » (2).

(1) *Ami des hommes*, p. 107 et 108.
(2) *Ibid.*, p. 103.

Mais il faudrait que les individus au lieu de tendre sans cesse vers une situation sociale supérieure fussent un peu plus préoccupés de faire honneur à la leur : « Si le magistrat ambitieux et secondé de
« la fortune dans son état recommandait unique-
« ment à sa famille de penser à l'illustrer en don-
« nant à l'Etat, des Harlay, des De Thou, des
« Lamoignon, des Talon, etc. ; le négociant des
« Crozat, le financier, des Jacques Cœur, le ma-
« nufacturier, des Van Robès ; si le paysan ne
« songeait qu'à améliorer son bien et à rendre ses
« enfants habiles et laborieux, tous deviendraient
« plus industrieux, plus accrédités, plus en état
« de se soutenir, et de profiter des fondements
« jetés par leurs pères. Chaque profession élevée
« dans la modestie et dans une tournure de mœurs
« uniforme et propre à son état, n'en donnerait
« pas moins de sujets à la patrie ; mais le fils cadet
« d'un magistrat ne dédaignerait pas de paraître
« au barreau, celui du négociant de devenir ar-
« mateur, celui du financier occuperait les emplois
« de détail ; le fils du manufacturier chercherait à
« établir des métiers où il n'y en a point et le fils
« du laboureur irait en journées. Loin que les pé-
« pinières de l'Etat fussent affaiblies par la modé-
« ration des pères, elles deviendraient plus abon-
« dantes (1). »

(1) *Ami des hommes*, p. 103.

Voilà dans son ensemble l'idéal social de Mirabeau. Il peut tenir tout entier dans cette formule
largement interprétée : une classe pour chaque
fonction, chaque classe dans sa fonction. Mais
parmi ces fonctions il en est une qui présente au
point de vue économique une importance particulière, dont Mirabeau fait d'ailleurs le pivot de son
organisation sociale et qui mérite à ce double titre
une étude spéciale. C'est la fonction du propriétaire.

II

Mirabeau partant de cette idée que la société
ne saurait exister sans la propriété, considère le
propriétaire comme investi d'un droit absolument
intangible et inviolable. Mais à défaut d'obligations
légales sanctionnées par la perte de son droit,
Mirabeau impose au propriétaire des obligations
morales : il fait de la propriété une véritable fonction sociale, publique ou privée suivant qu'elle a
pour objet la terre ou les autres biens.

En raison même de son caractère et des pouvoirs qui y sont attachés, la propriété foncière ru-

rale doit en principe dans le système de Mirabeau
être réservée à la noblesse. C'est ici surtout que
nous allons voir les emprunts de l'*Ami des hommes* au système féodal, et les rectifications qu'il
lui a fait subir. En France, aussi longtemps qu'a
duré la féodalité, la noblesse a été surtout préoc-
cupée de son rôle militaire ou politique, et beaucoup moins de ses fonctions économiques. Depuis
que le pouvoir central s'est fortifié au point d'absorber toute l'autorité, la noblesse vit à l'armée
ou à la cour, elle ne remplit plus aucune fonction politique et a complètement perdu de vue ses
fonctions économiques et sociales. Mais à l'étranger elle se comporte autrement. Taine nous montre
les grands propriétaires fonciers allemands ou anglais prenant une part active au gouvernement,
demeurant sur leurs terres, dirigeant la culture, protégeant leurs gens, les soignant dans
leurs maladies, leur fournissant des moyens de
subsistance et leur donnant des secours dans leur
vieillesse (1). En France, il en est ainsi exceptionnellement dans certaines régions, par exemple en
Bretagne, en Auvergne, où la noblesse exerce une
influence profonde et bienfaisante. L'ancien seigneur féodal a cessé d'être un chef politique et
militaire, mais il demeure une autorité morale,
parce qu'il a su se rendre utile comme protecteur

(1) Taine, I, p. 43. Cf. Tocqueville, *Ancien régime*,
p. 34-60.

des faibles et comme initiateur du progrès agricole. Mirabeau a eu sous les yeux dans sa propre
famille des exemples de ce genre. Son grand-père
était, nous l'avons vu, au nombre de ces rares seigneurs qui eurent conscience de leur devoir social,
et il y a tout lieu de croire que ses leçons ne furent
pas perdues pour l' « Ami des hommes ». C'est là
sans doute, qu'il faut chercher l'origine de ses
idées sur le rôle social de la noblesse.

Le noble, dit Mirabeau, ne doit plus se laisser
absorber comme autrefois par ses fonctions militai-
res. Il est propriétaire avant d'être soldat : « Le
« métier de la guerre convient bien mieux à celui
« qui, n'ayant pas de fonds, est aux gages d'autrui
« qu'à celui qui, pour courir en Flandre et en
« Allemagne, laisse en friche un canton de l'Au-
« vergne ou du Languedoc... Le frère, le fils du
« cultivateur sont d'aussi bonne race que lui, mais
« ils n'ont affaire qu'à la guerre et c'est là leur
« métier (1). » Le propriétaire noble est avant
tout « un citoyen préposé à beaucoup de ter-
« res » (2). L'ancien chef féodal peut devenir un
directeur d'entreprise agricole. « Sa place est à la
« tête de la production, dont naturellement il doit
« être l'âme ». En travaillant pour lui-même, il
travaille aussi pour les autres, car « tous les hom-
« mes et ordres d'un Etat subsistent aux dépens

(1) *Ami des hommes*, p. 78-79.
(2) Lettre inédite du marquis à son frère, 24 mai 1754.

« du propriétaire des terres » (1). Mais cela ne suffit
pas, il faut encore que sans préoccupation pér-
sonnelle il protège, il dirige ceux qui l'entourent,
qu'il « anime et vivifie tout le canton ». « Un grand
« seigneur en France, bienfaisant pour sa maison
« comme de droit l'est encore pour la pauvre no-
« blesse de son pays; il place les uns, il soutient
« les autres, il leur trouve des débouchés. Il a
« fait plus, il a changé dans une province éloi-
« gnée l'orangerie de la maison de ses pères en
« une manufacture de soie, où cette denrée lui
« coûte le triple de ce qu'elle vaut, attendu l'éloi-
« gnement des cantons où cette sorte d'industrie
« est en vogue, et cela pour faire vivre de pauvres
« gens et les accoutumer peu à peu à ce genre de
« commerce. Il a fait planter un nombre considé-
« rable de mûriers tant sur le champ d'autrui que
« sur le sien. Il fait lever des plans et terriers gé-
« néraux de tout le canton, pour que chacun puisse
« à l'avenir trouver dans ce répertoire public ses
« confronts et la contenance de son domaine... Ce
« digne homme est un gentilhomme campagnard,
« autant qu'un seigneur peut l'être en France. Il
« a une grande charge à la cour, mais la plus
« grande partie de sa vie s'est passée dans ses ter-
« res, il les connaît toutes, les visite souvent, voit
« et ordonne tout par lui-même, et a fait en sa vie

____

(1) *Ami des hommes*, p. 81. Cette formule est le titre
même du ch. XII de la 1ʳᵉ partie de l'Essai de Cantillon.

« plus de bien à sa famille, à ses voisins, aux pau-
« vres, à l'Etat enfin dans sa partie, que les plus
« beaux esprits n'en ont imaginé (1). »

Ces fonctions économiques du propriétaire foncier, dans l'esprit du marquis de Mirabeau, servent
en quelque sorte de support à des fonctions politiques et administratives sur lesquelles il n'insiste pas,
et pour cause, mais qu'il indique cependant assez
nettement pour qu'on puisse saisir sa pensée : il
veut faire du grand propriétaire non plus comme
autrefois un souverain indépendant, mais l'auxi-
liaire du pouvoir central. « Tout bon citoyen con-
« viendra qu'il vaut mieux que les grands seigneurs
« soient nuls qu'en pouvoir de diviser l'Etat et de
« tenir tête à leur maître. Mais n'y a-t-il point un
« milieu ? Ce serait un blasphème de le dire, puis-
« que si, d'une part, l'indépendance des seigneurs
« menace l'Etat de troubles et même de démembre-
« ment, de l'autre, leur avilissement absolu et
« l'anéantissement des hiérarchies est un prélude
« de l'anarchie totale, et le délire d'un peuple qui
« quelque temps avant que de disparaître de la sur-
« face de la terre représente impudemment les
« monstrueuses fêtes des Saturnales. Il est donc un
« milieu (2). » Mirabeau reproche au pouvoir central de n'avoir pas su s'y maintenir, d'avoir anni-
hilé la noblesse, et de l'avoir poussée ainsi à l'ab-

(1) *Ami des hommes*, p. 86 et 87.
(2) *Ibid.*, p. 254.

sentéisme. C'est précisément par là que s'explique son hostilité contre les fonctionnaires royaux.

Telle est selon Mirabeau la fonction du propriétaire foncier. Dans la logique de son système d'après lequel l'autorité, en la personne de celui qui l'exerce, comme de celui qui la subit, s'appuie surtout sur l'habitude et sur la tradition, cette fonction doit avoir un caractère héréditaire. Aussi voudrait-il que la terre fût mise hors du commerce, sinon par la loi, du moins par les mœurs ; « le commerce « est l'échange des nécessités et des commodités de « la vie, et nullement celui des propriétés » (1). Il admettrait que les fiefs fussent toujours maintenus dans la même race, et serait même partisan des substitutions graduelles et perpétuelles (2), qui permettent de conserver les traditions familiales. C'est que pour lui « le respect de la vieille « souche, toutes choses étant égales, entretient la « subordination et l'ordre parmi les habitants des « campagnes » (3). Quand la terre change de main, même pour demeurer dans une famille noble, c'est un mal pour la société : le nouvel acquéreur peut avoir tous les mérites de son prédécesseur ; uniquement parce qu'il est un nouveau venu, il n'inspirera ni les mêmes respects, ni les mêmes

(1) *Ami des hommes*, p. 100.
(2) *Ibid.*, p. 99-100, 102.
(3) *Ibid.*, p. 64.

sympathies (1). A plus forte raison Mirabeau n'admet-il pas que la terre tombe entre les mains de la bourgeoisie à laquelle manquent selon lui tous les éléments de l'autorité : « Quand le « nouveau seigneur est le petit-fils de Jacques « un tel surnommé Lafontaine, il a beau dire que « M. son père s'appelait Monseigneur dans les « requêtes, les paysans ont l'oreille fine et la « mémoire bonne, et toujours répètent que leur « seigneur ne vaut pas plus qu'eux et que s'il « est plus riche, c'est qu'il a su mieux faire sa « main (2). »

Cette analyse des devoirs que Mirabeau impose au propriétaire foncier va maintenant nous permettre de comprendre la portée de ses critiques contre la grande propriété (3). On fait volontiers de lui un partisan de ce que M. Souchon a appelé depuis « la propriété paysanne » et on l'oppose à Quesnay partisan de la grande propriété (4). On ne saurait s'éloigner davantage, nous

______

(1) « J'ai vu des communautés qui se sont rachetées de « leur seigneur qui voulait les vendre pour se rendre à « lui. J'en ai vu mille désolées du bruit de ce changement, « et plus encore qui demeuraient tranquilles et ne disputaient rien à leur ancien seigneur, qui se sont jetées dans « des procès infinis avec le nouveau. » — *Ami des hommes,* p. **64**.

(2) *Ami des hommes,* p. **64**. — Mirabeau qui se croit sans doute un seigneur modèle, perd ici de vue les origines de sa famille.

(3) Voir plus haut, p. 143 et suiv.

(4) Léonce de Lavergne, *loc. cit.*, p. **121**.

semble-t-il, de la pensée de Mirabeau. Il a sans doute critiqué vivement les grands propriétaires fonciers de son temps, il a montré que la culture de leurs terres était inférieure à celle des petits propriétaires résidents ; mais ce qu'il leur reproche, c'est moins l'étendue de leur propriété que leur absentéisme, et tout au plus dans certains cas une concentration excessive de la richesse contraire à l'idéal de pauvreté relative qui doit être celui de la noblesse. Mais loin de vouloir supprimer le propriétaire noble détenteur d'une surface suffisamment étendue pour lui donner l'autorité et les moyens de l'exercer, Mirabeau fait de lui, nous l'avons vu, le *rouage essentiel* de son système social, et s'élève avec la dernière énergie contre la politique royale qui tend à le fausser ou à le détruire.

*
* *

Ce double caractère de droit et de fonction attribué par Mirabeau à la propriété foncière rurale appartient également dans son système aux autres formes de la propriété : le droit sera également inviolable, les obligations qui en découlent également impérieuses et dépourvues de sanction légale, mais la fonction sera exclusivement privée. Le chef d'entreprise, commerçant ou industriel demeure investi comme le propriétaire agricul-

teur d'une mission directrice et protectrice, vis-à-
vis de son personnel, mais il est étroitement
enfermé dans son domaine. Le principal service
que la société attend de lui, c'est de faire prospérer son entreprise, de fournir au consommateur
en abondance et à bon marché les objets qu'il fabrique ; il recevra d'elle en échange des bénéfices
qui seront la récompense de son effort. Mais de là
résulte que si le propriétaire demeure inactif, les
bénéfices qu'il réalise ne sont pas moralement
justifiables et s'il existe des formes de propriété
procurant des avantages pécuniaires qui n'impliquent pas l'activité du propriétaire, ceux-ci en
vertu du même principe sont illégitimes aux yeux
du moraliste. Tels sont précisément, pour le marquis de Mirabeau, ceux qui dérivent de la propriété du capital ou, pour traduire plus exactement
sa pensée dans son propre langage, de la propriété
de « l'argent » car la notion de capital lui fait absolument défaut. Il déclare nettement que « l'ar-
« gent ne doit pas être une marchandise » (1),
mais seulement un instrument d'échange, c'est-
à-dire qu'il ne doit pas produire d'intérêt. Ce n'est
pas qu'il réprouve tout bénéfice réalisé avec le
concours du capital ; il admet parfaitement ce que
nous appelons aujourd'hui le profit, l'association

____

(1) Cf. Deuxième partie, ch. VIII : L'argent doit-il être
une marchandise ?

avec participation au gain et à la perte (1).
Mais ce qu'il condamne, c'est le prélèvement d'une
valeur fixe et stipulée d'avance indépendamment
du résultat de l'opération qui doit la produire. Il
se rallie en somme purement et simplement à la
doctrine canonique, mais à la doctrine primitive
et il trouve excessives les atténuations acceptées de
son temps ; l'idée du « lucrum cessans » invoquée
pour justifier l'intérêt toutes les fois qu'en prêtant
le capitaliste renonce à un gain, lui parait un
simple compromis avec la conscience : « Si j'ai
« des dettes je puis prêter à intérêt, parce que cet
« argent, si je ne l'eusse prêté, paierait mes
« dettes. Si je ne dois rien je pouvais encore
« acheter un domaine qui m'aurait procuré du
« bénéfice : si je n'entends rien au régime des
« biens fonds, je pouvais acheter des bestiaux qui
« vendus après le glandage, m'auraient fait profit :
« si, citadin absolu, la terre et ses produits, le
« commerce et ses entreprises, me sont inconnus
« et m'effraient, je pouvais avoir à un inventaire,
« des meubles qui me coûteront au double chez
« l'ouvrier, quand mon argent me sera rentré :
« si rien de tout cela ne me convient, un argent
« devant moi et à ma disposition m'aurait donné

(1) « Sitôt qu'on s'associe au gain, et à la perte d'une en-
« treprise, qu'on fournisse son contingent en argent, en
« vaisseaux ou en marchandises, la chose est absolument
« égale. » *Ami des hommes*, p. 397.

« une tranquillité et une aisance que je n'ai plus
« et qu'on me doit payer ; ainsi de classe en
« classe il ne se trouverait au monde prêteur à
« jour qui par le moyen du *lucrum cessans* ne fût
« en sûreté de conscience (1). »

D'où lui vient cette animosité contre l'intérêt ?
Elle s'explique sans doute en partie par le rôle
qu'il a joué dans la constitution des classes bourgeoises, et par l'hostilité plus ou moins inconsciente que Mirabeau, quoi qu'il s'en défende, a
conservée contre elles : il l'exprime plus d'une fois
en termes non équivoques quand il parle par
exemple « de ces bourgeois de village et de petite
« ville, gens qu'on appelle vivant de leur bien » et
dont il voudrait « purger la société jusqu'à ce
« qu'ils s'appliquassent à quelque honnête pro-
« fession (2). » Mais il n'a pas contre l'intérêt que
des griefs de caste, il lui oppose des raisons de
principe tirées de ce que le rentier ne produit pas
et ne rend par conséquent, pense-t-il, aucun service à la société. Il ne veut voir en lui qu'un parasite. « Les rentiers, en les considérant en cette
« qualité isolée, ne sont autre chose que des gens
« qui vivent d'un tribut imposé sur la portion
« d'autrui, sans autre soin que celui de recevoir
« et donner quittance : soit en regardant l'état pri-
« mitif de l'homme condamné au travail, ou,

(1) *Ami des hommes*, p. 397 et 398.
(2) *Ibid.*, p. 66.

« d'autre part, les avantages qui reviennent à la
« société de l'industrie et de l'activité des particu-
« liers, tout homme qui vit sans rien faire est une
« chenille dans l'Etat et c'est là proprement la dé-
« finition du rentier (1) ». Plus loin il ajoute :
« Le rentier est de sa nature un oisif qui jouit,
« c'est-à-dire que la plupart des maux lui sont
« dus. »

Les anathèmes prononcés par Mirabeau contre
l'intérêt ne le conduisent pas d'ailleurs, comme on
pourrait le croire, à des conclusions révolutionnai-
res. Il ne réclame pas la suppression de l'intérêt ; il
n'est point fâché que les personnes qui travaillent
et jouent un rôle actif dans la société trouvent pour
leur « argent » un placement lucratif ; mais il se
plaint que les placements en rente, en raison des
facilités qu'ils présentent et des soucis qu'ils évitent,
détournent de l'achat des terres ou même en déterminent la vente. Aussi, pour diminuer l'attrait de
ces sortes de placements, il demande avant Quesnay que le taux de l'intérêt soit limité par la
loi (2).

(1) *Ami des hommes*, p. 373.
(2) *Ibid.*, p. 391. — Cf. Observations sur l'intérêt de
l'argent par M. Nisaque. *Journal de l'Agriculture*, 1766.
Dans Onken : *Œuvres de Quesnay*, p. 399.

III

L'organisation sociale conçue par Mirabeau présente avec les systèmes postérieurs des affinités que nous devons maintenant mettre en lumière en dégageant la réalité d'apparences trompeuses que certains historiens de « l'Ami des hommes » ont confondues avec elle.

On a voulu voir en lui un précurseur du socialisme, ou du moins on l'a proclamé « à moitié « socialiste » pour cette raison qu'il considère l'intérêt comme illégitime (1). Cela ne suffit pas pour établir une assimilation même partielle entre des doctrines si différentes. Non seulement le socialisme est basé, depuis Karl Marx du moins, sur une conception abstraite du capital à laquelle Mirabeau n'a jamais songé, mais il y a entre les deux doctrines une opposition absolument irréductible : alors que le socialisme veut supprimer le propriétaire pour le transformer en fonctionnaire, Mirabeau veut confier le rôle du fonctionnaire au propriétaire ; il *fait de la propriété le support* de la fonction.

Par là le système de Mirabeau se rapproche de celui de Le Play et va jusqu'à s'identifier avec lui sur certains points essentiels, ce qui prouve que si

(1) Loménie, *loc. cit.*, ii, 199.

Le Play ne s'est pas inspiré directement de Mirabeau, il a du moins puisé avec lui aux mêmes sources
historiques. L'analogie des systèmes n'a pas été jusqu'ici remarquée, en raison sans doute de certaines
divergences déterminées par la différence des milieux, mais qui se rattachent pour qui veut y réfléchir *à des principes identiques*. Le Play, par
exemple, supprime la distinction des ordres dont
Mirabeau fait un élément essentiel de sa doctrine ;
il est partisan de la liberté testamentaire, alors que
Mirabeau admettrait volontiers le régime de conservation forcée. Toutefois ils poursuivent tous
deux le même but, ils ont la même conception
d'une société fortement hiérarchisée, composée
de catégories distinctes ayant leurs mœurs particulières et les aptitudes spéciales que développe la
tradition, mais demeurant unies par le sentiment
du devoir social, chez ceux qui commandent, le
respect et la confiance chez ceux qui obéissent. Le
désaccord ne porte entre eux que sur le mode de
recrutement des « autorités sociales ». Mirabeau
qui vit à une époque relativement rapprochée du
temps où la noblesse était par excellence la classe
directrice, et qui constate une déviation et une al-
tération de la tradition, voudrait la rétablir et
assurer son développement normal. Au temps de
Le Play, la trame de la tradition a été violemment
déchirée par la Révolution : il lui paraît impossible
d'en rassembler les débris ; mais il le regrette vive-

ment, et constate avec peine la déchéance de la
noblesse : « Depuis la Révolution l'ancienne no-
« blesse n'a pas cessé de déchoir ; les grandes
« situations se sont constituées pour la plupart
« en dehors d'elle et il serait difficile de citer au-
« jourd'hui une seule qualité qui lui soit exclusi-
« ment propre. Les nobles sont même moins liés
« que le reste de la nation au mouvement utile
« de la société. Ils abandonnent de plus en plus
« aux autres classes l'influence qui s'appuie à la
« fois sur le talent, le travail et la richesse (1). »

En présence de cet état de fait il faut renoncer à la
chimère de renouer les traditions anciennes.
Le Play le constate, mais il veut en constituer
de nouvelles, et c'est encore, comme Mirabeau lui-
même, sur l'hérédité et sur la transmission tradi-
tionnelle des mœurs, qu'il compte pour donner à
la société les classes dirigeantes dont elle a besoin ;
de là sa théorie de la famille souche (2), que Mirabeau
a formulée pour la classe noble seulement, et que
Le Play applique à toutes les classes, comme l'unique moyen d'assurer la stabilité sociale par le
maintien des bonnes traditions. Il est vrai que le
mode de transmission des biens et de l'autorité
dans la famille souche, n'est pas le même chez
Mirabeau et chez Le Play ; mais si ce dernier est
partisan de la liberté testamentaire, ce n'est là

(1) *Réforme sociale*, ii, p. 431.
(2) *Réforme sociale*, i, p. 358.

qu'un perfectionnement du système de Mirabeau,
inspiré par le même esprit. Le libre choix de l'héritier par le père de famille ne tend en effet qu'à
assurer plus sûrement la conservation des traditions, en permettant au père de choisir celui de
ses enfants qui sera capable de le mieux remplacer (1).

Parmi ces familles souches il en est une à
laquelle Le Play donne un rôle social particulièrement important, c'est celle du grand propriétaire agriculteur, qui occupe précisément dans
son système la place du grand seigneur noble dans
celui de Mirabeau. Le Play lui attribue exactement
les mêmes fonctions. Il veut qu'il réside sur sa
terre (2) et il compte sur lui pour être l'initiateur du progrès dans toute la région (3) : « il doit
« contribuer autant qu'il dépend de lui au progrès
« intellectuel et moral de la population » ; son
habitation est « le lieu de réunion accoutumé »
de toutes les classes de la société qui y reçoivent
« accueil cordial, protection, assistance » (4). On
y trouve une bibliothèque qui est mise à la disposition de chacun. Enfin, pour compléter la ressemblance avec Mirabeau, Le Play confie comme
lui au propriétaire foncier, certaines fonctions

(1) *Réforme sociale*, i, p. 253.
(2) *Ibid.*, ii, p. 83.
(3) *Ibid.*, p. 83.
(4) *Ibid.*, p. 85.

« publiques et particulièrement les magistratures
« locales, ainsi que les hautes fonctions de la Pro-
« vince et de l'Etat » (1).

On voit par là que le système du marquis de
Mirabeau est plus moderne qu'on ne l'aurait cru
tout d'abord ou du moins susceptible d'être moder-
nisé : la hiérarchie des classes, une certaine
subordination des individus, basée sur la tradition, ainsi que sur l'autorité morale et sociale des
grands propriétaires fonciers, l'attribution au propriétaire de certaines fonctions publiques, ou
d'une influence particulière sur le gouvernement,
ce sont là des idées encore vivantes dans plusieurs
pays étrangers, par exemple l'Angleterre et
l'Allemagne. Leur portée économique n'est assurément pas négligeable : elles méritent d'être au
moins sommairement appréciées.

Le marquis de Mirabeau en les formulant a
certainement révélé un sentiment très juste des
vices de la société de son temps. On pourrait se
demander si sa doctrine, mise en application
dès le xvᵉ ou le xviᵉ siècle, n'eût pas permis d'assurer sans secousses et sans violence le passage
du régime ancien au régime moderne, en donnant
au seigneur féodal des fonctions nouvelles,
au lieu d'en faire un agent de désordre, d'abord,
puis plus tard un organe inutile et un parasite

(1) *Réforme sociale*, ii, p. 105, 106.

social. C'eût été peut-être l'organisation la mieux appropriée aux besoins d'une société dont les éléments inférieurs presque entièrement incultes demeuraient rebelles à toute idée nouvelle et où l'habitude restait par conséquent la plus grande force sociale ; la transmission héréditaire des fonctions, la subordination des individus à un chef connu d'avance, la direction donnée à la production agricole et même industrielle, par une autorité respectée de temps immémorial, eût pu contribuer à la prospérité économique de la France et empêcher la décadence de notre agriculture ainsi que les violences de la Révolution. C'est du moins ce qu'ont pensé certains historiens de l'ancien régime, Taine par exemple (1), à la suite de Mirabeau. Les événements, les mœurs, l'état des esprits, ont orienté l'évolution historique dans une autre direction. Il est superflu et d'ailleurs impossible de rechercher dans quelle mesure on pouvait résister à cet entraînement, mais Mirabeau conserve le mérite d'en avoir vu de loin le danger et de l'avoir signalé à l'autorité royale qui marchait allègrement vers lui sans en soupçonner l'existence.

A l'heure actuelle il semble bien que ces doctrines, même après l'adaptation bourgeoise qu'en a faite Le Play, ne soient plus qu'une survivance.

(1) *Ancien régime*, 1, chap. III.

La vulgarisation des connaissances, la multiplication du nombre des personnes qui par leur éducation sont capables de jouer un rôle dans la direction de la société devait fatalement ruiner l'influence de l'esprit traditionnel. D'ailleurs, à mesure
que les sciences naturelles établissaient plus nettement l'action de l'hérédité sur la constitution phy-
siologique des individus et même sur certains
traits de leur caractère, l'expérience sociale mon-
trait que les phénomènes qu'elle détermine se
produisent avec une trop grande irrégularité pour
qu'on puisse compter sur la transmission régu-
lière de l'ensemble des aptitudes nécessaires au
bon exercice d'une profession. Elle établissait non
moins nettement les dangers terribles auxquels une
société s'expose en laissant aux classes supérieures
une autorité sans contrôle avec la mission de
protéger et de diriger les classes inférieures. Ainsi
que l'a remarqué Stuart Mill (1), si l'on veut mettre
à part certaines époques de l'histoire, où les hommes, pressés les uns contre les autres par les nécessités de la défense mutuelle, étaient étroitement
unis par des devoirs dont les circonstances leur
imposaient l'accomplissement rigoureux, on voit
presque partout les classes supérieures, à l'exception de quelques individualités plus ou moins nombreuses, profiter de leur supériorité pour opprimer
les autres, et pratiquer la morale de la lutte pour

(1) Principes, t. ii, p. 309 et suivante.

la vie plus souvent que celle du désintéressement.

Mais si le système semble condamné par l'expérience, quelques-uns des matériaux qui ont servi à le construire sont encore bons et paraissent même absolument indispensables à la stabilité de notre édifice social. Il est d'autant plus nécessaire d'attirer sur eux l'attention que l'exagération et surtout les fausses interprétations du libéralisme économique et de l'esprit démocratique ont contribué à les faire perdre de vue et à vulgariser une conception d'après laquelle les individus n'auraient les uns vis-à-vis des autres, dans le domaine de l'activité économique tout au moins, que des obligations résultant de la loi ou de conventions librement formées en vue de leurs intérêts particuliers, et réaliseraient par la seule exécution de ces obligations les fins supérieures de la société. Or cette conception qui devait fatalement passer dans le domaine de la pratique avec une extrême rapidité, a été cruellement démentie et condamnée par l'expérience ; elle a développé entre les classes ouvrières et les autres classes de la société un violent antagonisme, d'où est sorti le fait et la doctrine de la lutte des classes.

Cet état d'esprit est tout à la fois la conséquence des abus du régime autoritaire ancien et de ceux du régime libéral moderne : il nous montre que si pour organiser la société nous ne pouvons pas aujourd'hui compter sur l'autorité arbitraire

et sans contrôle des classes supérieures, la seule
liberté envisagée comme doctrine purement néga-
tive est également impuissante. Plus que tout
autre régime, elle exige de la part des membres de la société, un effort réciproque pour
se dégager des vues exclusivement personnelles,
pour s'élever à la conscience des intérêts généraux, pour établir entre les individus, par une
organisation sociale appropriée, une solidarité d'intérêts aussi grande que possible, ou pour nous apprendre à la mieux voir là où elle existe à notre insu.
L'impulsion pour un pareil effort qui doit tendre non
seulement à une modification ou à un perfectionnement des institutions économiques ou politiques,
mais encore à un renouvellement des mœurs, à la
création d'un état d'esprit nouveau présidant aux
rapports sociaux, ne peut être donnée que par ceux
qui en raison de leur supériorité intellectuelle ont
une conscience plus claire de sa nécessité, et sont
par leur situation sociale, en état de la communi-
quer efficacement aux classes inférieures.

Telle est l'idée qui survit à la ruine du système
de Mirabeau, et dont nous allons pouvoir pénétrer
plus complètement la portée en étudiant avec lui
les moyens de la réaliser.

CHAPITRE II

LES MŒURS

Sur ce point encore nous allons voir le marquis de Mirabeau, se séparer nettement de ses futurs maîtres les Physiocrates, et de l'école classique pour se rapprocher de Le Play et de l'école historique.

La doctrine des Physiocrates et celle des économistes classiques a pour fondements, comme d'ailleurs toute la philosophie sociale de leur époque, les caractères les plus généraux et les moins variables de la nature humaine. Eliminant de l'homme tout ce qui change avec le temps ou avec le milieu, ces auteurs s'en s'ont formé une conception générale, abstraite et, il faut bien le dire aussi, artificielle, à laquelle l'école historique n'a ménagé depuis, ni ses critiques, ni même ses sarcasmes, sans s'apercevoir qu'elle se condamnait elle-même dans le fréquent usage qu'elle a fait de cet artifice de raisonnement (1).

Mais quelle qu'en soit la valeur, il est admis par tout le monde aujourd'hui que son emploi exclusif doit être rigoureusement réservé pour le domaine de la science pure. C'est dire par conséquent que Mirabeau qui se cantonne presque constamment dans les études d'art économique devait donner à sa doctrine un fondement psychologique différent. Qu'importe en effet pour qui recherche les moyens d'assurer la prospérité économique d'un Etat, la notion des seuls caractères généraux de la nature humaine, à supposer qu'elle puisse être établie scientifiquement ? Ces caractères par définition sont partout les mêmes et cependant à côté des sociétés qui se développent, il y en a d'autres qui tombent en décadence. Si elles doivent leurs progrès ou leur déchéance à des causes psychologiques, celles-ci ne sauraient être que particulières, inhérentes à l'état d'esprit des hommes de certaines époques ou de certains pays. Ce sont ces causes dont l'ensemble constitue les mœurs qui ont fourni à Mirabeau la base psychologique de sa doctrine.

(1) Cf. Knies : *Polit. Œk., vom geschichtlichen Standpunkt*, 1882, p.270. — Schmoller : *Handwœrterbuch der Staatswissenschaften.* — Schüller : *Les économistes classiques et leurs adversaires.* Paris, 1896.

Il y attache la plus grande importance. « C'est
« par les mœurs plus que par tout autre ressort
« que le gouvernement peut fixer la prospérité d'un
« Etat ou en accélérer la décadence. Les mœurs
« doivent donc être le principal point de vue d'un
« populateur (1). » C'est qu'en elles réside le point
de départ et la condition d'existence de toute civilisation (2). « Les mœurs ont fait les usages et
« les usages ont fait les lois » (3) ; « elles sont les
« cordes de l'instrument politique dont les lois ne
« sont que les sons » (4). De même que les lois ne
peuvent précéder les mœurs, elles ne peuvent
pas leur survivre et les remplacer : « quand un
« empire décline et que les lois y perdent leur force,
« on croit étayer le bâtiment par de nouvelles lois.
« C'est traiter la maladie de l'arbre par les branches ;
« courez aux racines, remédiez aux mœurs (5). »
C'est pour avoir commis cette erreur que l'empire romain est tombé en décadence : les lois de
Rome avaient peu changé à la fin de l'empire,
les mœurs seules s'étaient modifiées. On avait
cru pouvoir les corriger par la loi, mais ce sont
les hommes eux-mêmes qu'il eût fallu transformer,

(1) *Ami des Hommes.*, p. 228.
(2) *Ibid.*, p. 447.
(3) *Ibid.*, p. 272.
(4) *Ibid.*, p. 447.
(5) « Les mœurs ont transformé tout à coup en citoyens
« affectionnés et dévoués à la patrie une troupe de bandits
« élevés dans l'exercice d'un brigandage continuel. »
Ibid., p. 230, — Mirabeau fait allusion aux Romains.

en les ramenant à la pratique des anciens usages,
en maintenant dans leur conscience les vérités
morales qui avaient assuré la prospérité de leurs
ancêtres. Selon Mirabeau le même phénomène se
reproduit en France à la fin du xviiiᵉ siècle. Tous
les vices de la société sont pour lui une conséquence de la décadence des mœurs et ne peuvent
être définitivement déracinés que par un changement dans la manière de vivre des individus.
Les réformes législatives ne sont utiles qu'autant
qu'elles tendent à le réaliser.

L'étude des mœurs va donc nous permettre
de pénétrer jusqu'au fond de la doctrine de Mirabeau et de saisir dans ce qu'il considère comme
leur cause dernière les vices de la société de
son temps. Ces vices peuvent selon lui se
ramener à un seul, c'est la « *cupidité* », l'égoïsme,
ce qu'il appelle en termes assez obscurs d'ailleurs, « *l'intérêt particulier dégénérant en*
« *intérêt personnel* ». Une partie de ses manifestations nous sont déjà connues par exemple
l'abandon de l'agriculture, l'absentéisme des propriétaires fonciers, la prédominance de l'idée
de profit exclusif conduisant aux prohibitions
ou à une exploitation des colonies, immodérée
et imprévoyante. Il en reste une autre que Mirabeau considère comme particulièrement redoutable parce qu'il voit en elle l'une des principales
causes de la diminution de la population, c'est

le luxe dont nous allons maintenant nous occuper après avoir étudié ce qui est pour l' « Ami
des Hommes » le vice social fondamental, c'est-à-
dire la cupidité.

I

Le point culminant da la doctrine physiocra
tique, est l'idée de la concordance des intérêts
particuliers avec l'intérêt général, d'où découle la
théorie de l'harmonie par le laisser faire. Partant
de ce principe que l'homme a une conscience parfaitement nette de ses intérêts et que ceux-ci se
confondent avec les intérêts sociaux, on doit
nécessairement en conclure qu'il suffit de laisser
agir les mobiles individuels pour faire régner
l'ordre le plus parfait dans le monde ; qu'en
conséquence toute tentative d'organisation artificielle de la société doit être considérée comme
vaine, et céder la place à un régime de liberté
naturelle équitablement répartie entre les individus
et protégée contre toute atteinte. Cette idée du
retour à la nature, qui au xviiie siècle a hanté les
esprits sous les formes les plus variées, qui domi-
nera encore avec des nuances et des atténuations

diverses l'œuvre des économistes classiques, n'a
pas laissé d'être bienfaisante par les réformes pratiques urgentes dont elle a déterminé la réalisation après avoir trouvé sa source dans leur nécessité même (1). Mais envisagée en soi sous sa forme
la plus absolue, dégagée de toutes les réserves,
atténuations et interprétations proposées par les
meilleurs d'entre ses promoteurs (2), elle n'en
constitue pas moins une dangereuse erreur. Retourner à la nature et à la liberté naturelle si l'on
prend le mot dans son sens littéral, c'est retourner à la sauvagerie. L'amélioration des rapports
entre les hommes, implique une élévation du
niveau moral humain, la répression de passions et
d'instincts aveugles, une certaine culture intellectuelle, le développement de certains sentiments
inconnus ou à peu près à l'homme primitif, en un
mot un effort volontaire et persévérant. La civilisation n'est pas une pente douce sur laquelle notre
nature nous entraîne quand nous ne résistons pas
à son impulsion ; c'est une lente ascension vers un
idéal dont nous nous rapprochons progressivement
non sans être plus d'une fois ramenés en arrière
par le réveil des penchants primitifs.

Cette proposition n'est aujourd'hui mise en doute

(1) Cf. sur ce point Truchy : Le libéralisme économique
dans les œuvres de Quesnay. *Revue d'économie politique*,
1900.
(2) Par exemple, Adam Smith.

par personne ; les Physiocrates et leurs successeurs n'auraient peut-être même pas refusé de la tenir pour vraie si on la leur eût soumise. Mais ils ont si longuement, et quelquefois en termes si absolus, insisté sur l'harmonie *spontanée* des intérêts, qu'ils ont *dépassé leur propre pensée :* de certaines de leurs formules on aurait pu légitimement conclure que le principe du plus grand bénéfice était le seul article de leur morale économique, et que l'humanité n'avait qu'à entretenir en elle l'efflorescence naturelle des sentiments égoïstes pour atteindre le plus haut degré de la civilisation. C'était pousser l'arbre du côté où il penche. Il fallait le redresser ; et l'école historique s'en est chargée (1) non sans commettre elle-même dans sa critique des exagérations inspirées comme celles même qu'elle combattait par l'esprit de réaction. Mirabeau l'a précédée dans cette voie ; il était animé des mêmes sentiments en condamnant l'intérêt per-sonnel, non pas sous forme de doctrines qui n'a-vaient pas encore été formulées, mais sous forme de mœurs dont la société souffrait alors d'autant plus vivement que le régime politique et adminis-tratif était faussé et que les abus ou les négligences de l'autorité ne rencontraient plus d'obstacles en dehors de la conscience individuelle.

(1) Schmoller, *Uber einige Grundfragen der Socialpo-litik und der Volkswirtschaftslehre*, Leipzig, 1898. — Cf. surtout p. 43-69.

Ce contraste entre Mirabeau et ses successeurs
immédiats n'apparait pas cependant au premier
abord. Il formule même avant eux la loi de l'harmonie des intérêts dans les termes les plus absolus : « je défie, dit-il, qu'on me montre une loi
« qui, en faisant le bonheur de la société, sacrifie à
« l'intérêt général l'avantage personnel de quelque
« particulier (1)... la morale la plus exacte est en
« tout et partout l'intérêt le plus réel. » Toutefois
l'identité des doctrines n'existe ici que dans les
termes. Non seulement Mirabeau déroge à son
principe en admettant dans certains cas la protection douanière ; mais il ne le comprend pas
comme ses successeurs. Ceux-ci conçoivent une
harmonie spontanée, œuvre de la nature, et
réalisée par la seule liberté sous un régime de
propriété individuelle. Pour Mirabeau il s'agit
d'une solidarité volontaire créée par l'effort de la
civilisation, et compatible seulement avec un
certain état d'esprit des membres de la société qui
leur permettra de percevoir la communauté d'intérêts avec leurs semblables là où elle existe, par
exemple dans certains cas en matière de commerce
international et de colonisation, de la créer là où
elle fait défaut.

Etudions avec Mirabeau les obstacles qui s'op-
posent à la réalisation de cet état d'esprit et les
moyens de les détruire.

(1) *Ami des hommes*, p. 223.

*
**

Mirabeau, nous le savons, classe en deux catégories les mobiles individuels, d'un côté « la
« sociabilité qui a inventé et placé par ordre
« l'attachement à ses proches, à ses amis, au
« public, à la patrie, au gouvernement et à
« toutes les vertus de détail qui illustrent la vie
« privée et rendent l'héroïsme aimable, de l'au-
« tre, la cupidité qui vomit au contraire l'en-
« vie, l'orgueil, la violence, la fraude, la cruauté
« et tous les vices qui déshonorent l'huma-
« nité et la rendent plus profondément incom-
« préhensible encore en mal qu'en bien » (1). Le
premier de ces mobiles tend sans cesse à s'affai-
blir ; le second à prédominer dans la vie sociale.
« L'ardeur d'acquérir est le principal mobile de
« l'humanité. Toutes les passions (si l'on en
« excepte quelques affections brutales qui n'ont
« qu'un objet momentané...) se réunissent en
« cet unique point. »

Mirabeau se plaint que la cupidité ne se soit
jamais donné plus librement carrière. « Jamais il
« n'y eut plus d'or et plus d'avidité pour l'or
« chez les grands et les petits (2). » On a multi-

(1) *Ami des hommes*, p. 5.
(2) *Ibid.*, p. 59.

plié les charges lucratives ; et on ne les recherche
plus que pour les bénéfices qu'elles procurent ;
« on en vient à mépriser toutes les prérogatives
« non susceptibles de transmutation en or, à
« négliger toutes fonctions qui ne peuvent avoir
« trait à cela, soit pour soi, soit pour les siens
« et ayants-cause... ; cette sorte de gangrène
« gagne bientôt tout le corps de l'Etat, d'une
« façon d'autant plus incurable qu'elle vient des
« parties nobles (1). » La noblesse ne recherche pas
seulement des avantages pécuniaires sous forme de
sinécures, il lui faut encore des pensions que rien ne
justifie. « Ce mot qui n'eût jamais dû avoir d'autre
« objet que de soutenir la veuve et l'orphelin des bons
« serviteurs, deviendrait l'objet de toutes les préten-
« tions, l'étiquette de tous les placets, un article enfin
« de bienséance dans l'inventaire de toute famille
« honnête, ou se prétendant telle. Dès lors, non

______

(1) *Ami des hommes*, p. 141. Taine montre comment la
haute noblesse s'est emparée de toutes les sinécures :
« toutes les grandes places ecclésiastiques ou laïques sont
« pour eux, ou pour leurs parents, alliés, protégés ou servi-
« teurs. La France ressemble à une vaste écurie où les
« chevaux de race auraient double et triple ration pour
« être oisifs, ou ne faire que demi-service, tandis que les
« chevaux de trait font le plein service avec une demi-
« ration qui leur manque souvent. Encore faut-il noter
« que parmi ces chevaux de race il est un troupeau
« privilégié qui, né auprès du râtelier, écarte ses pareils
« et mange à pleine bouche, gras, brillant, le poil poli et
« jusqu'au ventre en la litière sans autre occupation que
« de tirer toujours à soi. » Taine, I, p. 100.

« seulement toute vergogne naturelle de demander
« quand on n'a pas besoin, serait perdue ; mais
« on en viendrait même au point d'être forcé à
« exiger des pensions comme marque de satis-
« faction due aux services et de se croire désho-
« noré du refus de marquer ses habits d'une goutte
« de sang du peuple (1). » Il n'est pas jusqu'aux
titres honorifiques et à la noblesse elle-même, qui
ne deviennent l'objet d'un trafic : « la richesse
« donne non seulement la liberté de se procurer
« des distinctions trompeuses et voyantes, mais en-
« core elle est un véhicule certain et indispensable
« aux dignités, aux honneurs et à l'autorité (2). »
Cette tendance à mettre l'or au premier rang
est pour un Etat un danger dont on ne voit pas
assez la gravité. On est trop porté à croire qu'il
s'agit là « d'un de ces maux philosophiques
« propres à servir de sujet aux déclamations des
« esprits mélancoliques. Il s'en faut, je vous le
« jure, que je sois de ceux-là ;.... les maux de la
« cruauté ne sont rien auprès de ceux de la cupi-
« dité pour la dévastation de l'Etat. » Les premiers frappent l'esprit et on les redoute, au contraire, « l'or corrupteur », sans qu'on y songe,
« accélère la pente naturelle de toutes choses vers
« la décadence (3). » Il est un ferment de désorgani-

(1) *Ami des hommes*, p. 257.
(2) *Ibid.*, p. 281 et 282.
(3) *Ibid.*, p. 225.

« sation sociale ; il étouffe chez l'homme qui laisse
« son âme s'affaisser et s'appesantir sur ce tas
« d'immondices » (1) le sentiment de la sociabilité que remplace l'égoïsme le plus étroit :
« l'intérêt particulier dégénère en intérêt per-
« sonnel » (2). La personnalité humaine se resserre ; la famille et la patrie lui deviennent
étrangères, elle n'est plus capable de s'élever à
la conception des intérêts généraux de la société.
Il n'y a plus en un mot que des hommes juxta-
posés, qui ne songent qu'à eux-mêmes. Or, « que
« faut-il pour me rendre heureux, dès que mon
« bonheur est uniquement concentré en moi-
« même ? Santé, joie et tranquillité ; les travaux et
« les soucis de l'ambition nuiraient à tout cela.
« L'Etat entier réside en ma propre personne, et
« je dirai comme l'âne de la fable :

> Et que m'importe... à qui je sois ?
> Sauvez-vous et me laissez paître.
> Notre ennemi, c'est notre maître,
> Je vous le dis en bon français.

« Mes concitoyens sont des moucherons du pays
« dont j'ai plus à me garantir que des maringouins
« d'Amérique ; mes proches, plantes du hasard,
« dont le voisinage m'empêche de voir le soleil. Je
« leur fais bonne mine à tous, mais autant qu'ils me

(1) *Ami des Hommes*, p. 283.
(2) *Ibid.*, p. 266.

« peuvent être utiles, et qu'il ne m'en coûtera pas
« le dérangement du moindre de mes petits cal-
« culs; tout enfin me devient indifférent sur la
« terre, et j'applique glorieusement à mon exis-
« tence l'axiome philosophique de la force et du
« courage : *si fractus illabatur orbis, impavi-*
« *dum ferient ruinœ*. Que faire cependant pour
« l'avantage de la société d'hommes bâtis de la
« sorte? Ils ne la troubleront pas, mais j'aimerais
« autant les ossements des Catacombes (1). »

De pareilles mœurs ont en effet pour résultat de
« relâcher à la fois tous les liens de la société ».
L'étendue de leurs conséquences sociales et économiques est incalculable ; c'est par elles que s'explique la déviation du système féodal, l'oubli de leurs
devoirs par les classes supérieures, la renonciation à leur mission directrice et protectrice,
l'abandon de l'agriculture, enfin les haines sociales
nées de cet état d'esprit nouveau qui a transformé
en parasites, les privilégiés conducteurs de la
société. La cupidité a porté ses ravages parmi les
classes inférieures elles-mêmes, dont les membres
devraient cependant s'inspirer de l'esprit de sociabilité dans leurs relations avec leurs égaux et surtout avec leurs supérieurs. Or elles se sont laissées
enfermer elles-mêmes dans le cercle étroit de leur
personnalité, par la préoccupation exclusive du

(1) *Ami des hommes*, p. 267.

gain, ou par les jouissances égoïstes de la fortune,
tendances aussi pernicieuses dans « un fermier que
« dans un général d'armée » (1).

Du haut en bas de la hiérarchie la cupidité a donc
produit le même effet que Mirabeau résume
d'un mot : « la dissolution de la société » (2).
Celle-ci, à son tour, se traduit par la diminution
de la population : « parmi toutes les nations
« passées et présentes, quand le champ libre laissé
« à la cupidité et les fautes du gouvernement ont
« donné la prééminence à l'or, ç'a été précisément
« l'époque des plaintes publiques contre l'usage
« du célibat volontaire, et le temps de ces lois
« vaines dont l'objet fut de réhabiliter les ma-
« riages (3). »

*
* *

Le mal est profond, dit Mirabeau, mais quoiqu'on en ait pensé, il n'est pas sans remède.
« On a trop désespéré de la perfectibilité de
« l'homme ; il semble que les législateurs, les mi-
« nistres et tout enfin ce qui eut à gouverner
« l'humanité aient statué sur ce vice-là comme
« inhérent à notre substance et participant de telle
« sorte à notre nature qu'il faille seulement en
« arrêter les désordes sans pouvoir en corriger le

(1) *Ami des hommes*, p. 283.
(2) *Ibid.*, p. 283.
(3) *Ibid.*, p. 267.

« principe. Il s'en faut bien que je pense ainsi (1). »
Sans doute on ne doit pas songer à supprimer les passions humaines, « rien de ce qui
« est dans la nature ne saurait être détruit ».
Mais on peut essayer de les diriger, tout d'abord
en élevant la sociabilité par l'éducation des
sentiments affectifs les plus répandus parmi
les hommes, de façon à en faire le support
et comme le véhicule des autres. A ce titre
l'esprit de famille mérite d'être considéré comme
« l'un des principaux arcs-boutants de l'esprit
de la société » (2), « il nous fait connaître
« les sentiments du cœur sages et retenus ;
« il nous accoutume à une obéissance noble et
« digne, seule école du commandement ; il nous
« fait respecter et chérir, dans ceux de nos pa-
« rents qui nous sont égaux ou même inférieurs en
« degré et en avantages de la fortune, la mémoire
« de nos communs aïeux (3).... De l'amour de
« nos proches dérive l'amitié et la confraternité
« entre les citoyens » (4), le sentiment de
nos devoirs vis-à-vis des autres hommes, en
un mot toutes les vertus civiles.

C'est ainsi qu'on arrivera par un élargissement
progressif de la personnalité de l'individu à déve-

(1) *Ami des hommes*, p. 516.
(2) *Ibid.*, p. 263.
(3) *Ibid.*, p. 262.
(4) *Ibid.*, p. 264.

lopper chez lui la sociabilité ; mais elle ne saurait
être le seul mobile des actions humaines ; « ce serait
« connaître mal la nature humaine que de croire
« qu'il fût possible de faire exercer les emplois
« nécessaires au maintien de la société par des
« hommes que le seul motif du devoir engageât à
« se sacrifier pour elle (1). » La sociabilité n'est
susceptible chez la plupart des individus que d'une
faible extension ; en tous cas on ne peut donner
aux sentiments d'où elle dérive une force en rapport avec leur importance sociale, c'est-à-dire
avec l'étendue de leur objet. L'homme tend à se
préférer à sa famille, sa famille à sa patrie, et sa
patrie à l'humanité ; or, bien que cette aberration
de l'esprit de sociabilité soit moins redoutable que
l'égoïsme pur et que la cupidité sans frein, elle
constitue cependant pour la société un véritable
danger : « Celui qui aime par prédilection ses
« concitoyens, regardera comme ennemie la
« patrie dominante de l'Etat qui impose à sa patrie
« particulière des charges dont il ne saurait voir
« l'utilité en grand dans des objets qui ne l'inté-
« ressent pas et dont il voit le poids en petit aux
« lieux qu'il affectionne uniquement. L'amour des
« proches ne sera plus qu'un assujettissement aux
« faiblesses et aux passions d'autrui. L'amour de
« la patrie enfin peut faire des ducs d'Albe et les

(1) *Ami des hommes*, p. 281.

« pousser à fouler aux pieds les droits les plus
« sacrés des gens et de l'humanité (1). »

A ces tendances subversives il faut chercher un
contrepoids et c'est à l'égoïsme-lui-même que Mirabeau va le demander, en le détournant du but
vers lequel il marche spontanément, et qui le met
en contradiction avec les intérêts supérieurs de la
société. Ici encore il ne s'agit pas de changer la
nature humaine, mais plutôt de l'utiliser. C'est qu'en
effet au fonds de l'égoïsme le plus étroit et le plus
vulgaire, il y a un sentiment dont on peut tirer
parti par l'éducation : c'est ce désir d'affirmer notre
supériorité, de mériter l'estime, « de nous distin-
« guer dans notre espèce, qui trouve des ressources
« au fond des cachots, où des malheureux sans
« espoir de tout autre genre de distinction por-
« tent leur prétention sur l'excès de scéléra-
« tesse (2). » Bien que sous sa forme inférieure ce
sentiment ne soit que la vanité, il peut en s'épurant
devenir dignité et honneur, et se substituer à la
cupidité en s'appuyant sur elle. Mais tandis que
celle-ci pousse les hommes à se replier sur eux-
mêmes et à lutter les uns contre les autres, l'honneur leur permet de trouver dans le dévouement
à leurs fonctions, ou plutôt dans l'estime et l'admiration qu'ils en retirent, les jouissances person-

(1) *Ami des hommes* p. 265.
(2) *Ibid*, p. 281.

nelles les plus profondes et par conséquent les plus désirées.

Tel doit être le but de l'éducation sociale. Voici maintenant les moyens qu'il convient d'employer pour l'atteindre. Le principal consiste, selon Mirabeau, dans cette puissance de suggestion qui est attachée à la propagande des idées et à l'exemple. L'homme est essentiellement imitateur (1). Il subit l'influence des opinions qui règnent dans son milieu et des actes qu'elles inspirent. C'est pourquoi il convient tout d'abord de faire grande attention à la littérature. Entre sa corruption et celle des mœurs il y a les liens les plus intimes ; elle en est tout à la fois l'effet et la cause : « Vou-
« driez-vous me nier que nous ne nous corrom-
« pions? Suivons la trace de nos écrits, la règle
« est sûre. D'une part ils peignent les mœurs, de
« l'autre ils les font. Vous ne trouveriez d'abord
« que romans de chevalerie, romances et fabliaux,
« jusqu'au temps de la régénération des lettres.
« Ces nouveaux dons apportèrent leurs biens et
« leurs maux; et tandis que l'État se formait par
« les secousses et crises domestiques qui lui cau-
« sèrent tant de travaux, l'histoire et les mémoi-
« res particuliers peignent l'état violent et les
« troubles, jeux de l'intérêt en grand et de l'ambi-
« tion. Nos romanciers imaginaient alors, mais

(1) L'ouvrage de M. Tarde sur les lois de l'imitation, n'est qu'une analyse scientifique de cette idée.

« c'étaient encore des Cirus, des Amadis, des
« Don Galaor, preux chevaliers, amoureux fan-
« tastiques, mais plus verbeux et plus abondants
« en compliments et conversations alambiquées
« que ne l'étaient leurs ancêtres. Enfin le pouvoir
« se réunit à son principe et se trouvant dans des
« mains dignes de le régir, le calme intérieur suc-
« céda à la tempête ; les arts parurent et bientôt
« fleurirent, le goût se forma, nos écrits marquèrent
« le beau siècle autant que nos exploits. La prin-
« cesse de Clèves, et un petit nombre d'autres
« romans, marqués au même coin, peignaient un
« genre de galanterie et de mœurs inconnues à
« nos anciens et déjà oubliées parmi nous. Jouis-
« sant des mêmes loisirs, qu'avons-nous enfanté
« depuis ?... Nos prétendus philosophes, tantôt
« sous un manteau, tantôt sous un autre, quelque-
« fois à découvert, ont attaqué les lois divines et
« humaines. Nos docteurs ont en mille manières
« calculé l'intérêt et nos romanciers ont alambi-
« qué le désordre et l'infamie. Pensons-nous que
« la honteuse mollesse qui engendre ces ouvrages
« monstrueux, défigure moins l'humanité que
« l'espèce de férocité qui enfanta jadis de gigan-
« tesques chevaleries. Mazulhim est aussi éloi-
« gné d'atteindre à l'état d'homme que Roland le
« dépasse. Nos pères eussent vomi sur de telles
« images ; elles nous amusent aujourd'hui parce
« qu'elles nous ressemblent. Non seulement ces

« délires d'une imagination corrompue peignent les
« mœurs, mais encore ils les font. La jeunesse y
« puise avidement le poison d'une indigne volupté..
« C'est pourquoi, ajoute Mirabeau, les écrivains
« méritent, selon moi, une attention toute particu-
« lière de la part du gouvernement. Sitôt que
« j'en connaîtrais un qui viserait à faire un mau-
« vais usage de ses talents, je lui en désignerais
« un autre emploi avec soin et encouragement ;
« je le soutiendrais de la sorte contre sa propre
« faiblesse et supposé qu'il fût de ce petit nombre
« de gens qui n'ont de talent que pour le mal,
« je lui arracherais telle plume que je l'empêche-
« rais bien de voler (1). »

Mais bien que la propagande des idées sous
toutes les formes puisse devenir un puissant fac-
teur de réforme morale, elle a besoin d'un auxi-
liaire. Pour entraîner la foule, il ne suffit pas
d'affirmer, il faut encore agir et c'est pourquoi la
manifestation extérieure de nos pensées par des
actes mérite une attention plus grande encore
que leur manifestation par des écrits, la gravité
d'une faute au point de vue social est en proportion de la publicité qu'on lui donne. « Peccato
« celato é mezzo perdonato, dit l'Italien ; et ce
« proverbe pernicieux en morale est très juste en
« politique. Il importe peu au gouvernement que

(1) *Ami des hommes*, p. 226 et 227.

« vous alliez à la messe ou non les jours ordon-
« nés, pourvu que vous alliez ailleurs sans bruit
« et sans éclat ; que vous mangiez gras ou maigre
« chez vous pourvu que vous prétextiez une incom-
« modité, et ne fassiez pas ostentation de donner
« ce qu'on appelle chère de commissaire... Au
« fond en tout cela votre liberté d'agir et de pen -
« ser n'est gênée en rien d'essentiel, et vous
« n'avez pas plus de droit à réclamer contre
« la faible contrainte que ce genre de police vous
« impose, que contre l'usage d'établir des privés
« pour ceux de vos besoins qui infecteraient la
« société (1). »

Mirabeau insiste également sur la nécessité de
frapper l'esprit au moyen de signes extérieurs par
laquelle s'expliquent une foule d'usages « rela-
« tifs aux vues de porter les hommes vers
« l'ambition et la renommée » (2), de leur incul-
quer certains sentiments, ou de conserver certaines
traditions. Telles sont, par exemple, les distinctions
honorifiques, le cérémonial des cours qui,
« poussé trop loin, change les princes en pagodes,
« mais qui dans son principe fut nécessaire au
« maintien de l'ordre, et du respect dont ils
« doivent être entourés » (3), les prérogatives de
toute sorte accordées aux classes supérieures qui
détiennent une part d'autorité dans la société.

(1) *Ami des hommes*, p. 236.
(2) *Ibid.*, p. 139.
(3) *Ibid.*, p. 269.

« Dépouillons ces signes étrangers de la valeur
« que l'habitude et le consentement du public leur
« ont donnée ; que seront le manteau ducal, le
« tabouret et le cordon de l'ordre ? Des parures,
« des marottes d'enfant que le philosophe apprécie
« à rien dans son cabinet et révère à l'extérieur
« malgré lui-même en sortant de chez lui (1). »
Mirabeau se montre grand partisan de la multiplication de ces marques extérieures qu'il considère
comme un puissant instrument d'éducation sociale
aussi bien pour ceux qui en sont revêtus que pour
ceux qui en subissent l'impression. C'est pourquoi
il se plaint qu'on ait raccourci la durée du deuil,
et affaibli ainsi d'autant le sentiment de l'affection
familiale ; sans doute « le deuil est dans le cœur
« et non dans les habits », mais il est bon qu'on le
voie se manifester extérieurement; d'ailleurs « tel
s'afflige sous les pleureuses qui rirait en habit de
bal » (2). De même il voudrait qu'on accordât des distinctions honorifiques aux mères qui allaitent leurs
enfants. « Les cuisiniers et les entrepreneurs du
« bal de l'Opéra y perdraient peut-être », mais que
d'avantages ! « Tant de femmes détruites par les
« ravages du lait, tant d'enfants empoisonnés par
« les maux de leurs nourrices, l'ordre rétabli dans
« les mœurs des femmes, leur fécondité conservée,
« leur tendresse maternelle accrue par ces soins

(1) *Ami des hommes*, p. 281.
(2) *Ibid.*, p. 263.

« précieux, sont des objets importants dans la
« chose publique, et je sais bien que si j'en étais
« le maître, j'augmenterais par une loi les droits
« matrimoniaux de toute mère qui aurait nourri
« ses enfants, on l'honorerais par telle autre dis-
« tinction dont l'idée me serait donnée par un
« meilleur esprit que le mien (1). »

De la nature même de ces moyens proposés par
Mirabeau pour assurer l'éducation des mœurs, il
résulte que tous les individus et toutes les classes
de la société y doivent collaborer, mais le rôle principal appartient au souverain. Nul n'est plus puissant que lui pour le bien et pour le mal. « Un
« seul règne sur l'opinion et peut sans le
« secours des lois ramener les mœurs par son
« exemple..... Si sa personne, si son conseil ne
« sont occupés que de l'intérêt physique, les sous-
« ordres qui ont moins de principes d'élévation
« et d'occasions de les faire paraître ne penséront
« qu'à l'intérêt aussi ; et cette idole de la basse
« cupidité déifiée ainsi de hiérarchies en hiérar-
« chies, parviendra jusqu'au peuple qui, borné
« par l'éducation et avili par des fonctions péni-
« bles, est moins propre à imaginer le grand et à
« sentir le vrai, que toute autre classe de l'huma-
« nité. Dès lors plus d'obéissance que forcée et
« éludée par adresse, plus d'amour que feint et

(1) *Ami des hommes*, p. 264,

« faux, plus de patriotisme, plus d'autre lien enfin
« de la société que le vouloir incompréhensible de
« la Providence qui maintient quelquefois les Etats
« pour confondre notre raison, quand tout semble
« concourir à leur perte, jusqu'au moment où elle
« a décrété leur chute et, où retirant sa main toute
« puissante, tout vole en éclats, comme ferait le
« monde entier si la balance des éléments était
« perdue.... Si le prince honore les hommes
« d'or, je ne dis pas de la protection qui est due à
« tout le monde, mais de sa familiarité, du crédit,
« de son attention marquée, des choses enfin
« qui attirent la considération, s'il sourit à une
« mésalliance honteuse d'un grand... s'il permet
« que les services soient mesurés au poids de l'or ;
« si, quand il voudra départir quelque faveur do-
« mestique, il attribue au protégé quelque part et
« portion de finance, sans prendre garde si cet
« heureux est d'un ordre à ne pas rougir de ce
« trafic ; toutes ces choses et une infinité d'autres
« qui pourraient paraître de peu de conséquence
« à l'affabilité du prince, accroîtront à l'excès la
« cupidité de l'or et l'avarice, et causeront en
« conséquence des ravages infinis dans l'Etat. Si
« au contraire le prince renvoyant les gens de
« fortune à leurs fonctions et à leurs places natu-
« relles, réserve les distinctions, les places, et la
« précieuse familiarité pour le mérite uniquement;
« si les belles actions sont honorées, les actions

« honnêtes remarquées, les grands talents accom-
« pagnés de grandes vertus tirés de la foule et mis
« sur le flambeau ; si le mérite des pères sert de
« titre aux enfants pour espérer, et d'encourage-
« ment ; si le plus grand nom prostitué, n'obtient
« que disgrâce et marques d'indignation, bientôt
« vous verrez changer la face de la terre ; de
« dignes chefs ne placeront en sous-ordres que
« leurs semblables ; de grades en grades, de sub-
« divisions en subdivisions, la vertu reprendra la
« première place qui lui est si justement acquise,
« elle étendra ses rameaux dans toutes les parties
« de la société (1). »

*
* *

On voit par cet examen des idées de Mirabeau
sur les mœurs combien il se sépare des économistes postérieurs, particulièrement des classiques,
sans se mettre d'ailleurs en contradiction formelle
avec eux, et comment, par là même, il se rapproche de Le Play. Les économistes classiques se ren-
fermant strictement dans le domaine économique,
n'y voient que des producteurs, en concurrence
les uns avec les autres, dont le travail est accé-

(1) *Ami des hommes*, p. 224 et 225.

léré ou ralenti, dirigé dans un sens ou dans un autre par les variations des prix, dont l'activité en un mot n'a d'autre moteur ou d'autre régulateur, que l'attrait du bénéfice, c'est-à-dire l'intérêt personnel et pécuniaire, mobile universel, utile aux progrès économiques, en tous cas inéluctable, qu'ils étudient en savants pour en rechercher les effets, et en faire la base de leurs constructions théoriques. Mirabeau, embrassant dans leur ensemble tous les rapports sociaux, constate lui aussi une tendance de l'individu à préférer sa personnalité à celle d'autrui, mais il la voit combattue par des tendances contraires de sympathie et de sociabilité, et surtout susceptible de manifestations diverses, dont certaines peuvent conduire la société à une désorganisation complète : parmi elles figure au premier rang l'attrait de la richesse, l'*intérêt personnel et pécuniaire*, considéré plus tard par les classiques comme le moteur bienfaisant de l'activité économique. Ce n'est pas que Mirabeau le condamne absolument. Mais il lui reproche une propension à l'envahissement ; non seulement l'intérêt personnel pénètre complètement l'âme des hommes, des commerçants et des financiers, qui ne connaissent plus que lui, mais il sort du domaine des professions industrielles et commerçiales, où il devrait être rigoureusement renfermé, il s'introduit dans les classes supérieures investies de l'autorité sociale, qui devraient être guidées par des mobiles désintéressés, ou tout au moins par des sentiments personnels plus relevés, tels que la vanité, l'orgueil, ou l'honneur, il atrophie la sympathie et la sociabilité, il développe chez les individus un égoïsme monstrueux et agenouille l'humanité tout entière devant « l'or corrupteur ». Telle est la pente naturelle qui entraîne la société, et au bout de laquelle se trouve la dissolution. Mais l'impulsion n'est pas fatale, et la lutte constante contre elle, constitue tout à la fois, le but et la condition de la civilisation.

C'est exactement la pensée de Le Play. Pour lui comme pour Mirabeau, « la corruption menace « incessamment d'envahir la société sous l'im- « pulsion de mauvaises tendances qui se renou- « vellent sans cesse au sein de l'humanité (1). » Le danger est d'autant plus grand que le progrès économique est plus rapide, parce que la richesse conduit à « chercher dans la consommation « égoïste des biens transmis par les aïeux, les « satisfactions que ceux-ci avaient trouvées dans « la création de l'épargne. » Ainsi se propagent « les mauvaises mœurs » par la prédominance de l'or qui produit l' « antagonisme entre les pauvres « et les riches », qui fait perdre aux classes diri-

(1) *Réforme sociale*, I, p. 4.

geantes « les forces morales sans lesquelles on ne
« peut imprimer aux subordonnés une utile direc-
« tion. » C'est pourquoi il faut lutter sans cesse
contre l'influence corruptrice de la fortune, se
pénétrer de cette idée que « le but suprême du
« travail est la vertu et non la richesse », car
« cette vérité contient en germe toute la science
« sociale » (2). Détourner l'homme d'aimer la
richesse pour elle-même, développer en lui le goût
de « la vertu » qui correspond exactement à ce
que Mirabeau appelle « la sociabilité », tel doit
être le but principal de l'éducation sociale. On
voit assez par ces quelques mots la parenté étroite
des deux doctrines, révélée par la communauté
des préoccupations morales, la même conception
des causes de la décadence sociale et des moyens
de l'empêcher.

Pour qui se place au point de vue historique,
cette conception montre une fois de plus chez
Mirabeau une connaissance profonde de la société
de son temps : elle nous révèle peut-être la cause
psychologique la plus générale et la plus active
de la chute de la société de l'ancien régime, dont
l' « Ami des hommes » apercevait déjà la menace à
l'horizon. La pratique de l'idéal moral qu'il a
conçu semble être, en effet, l'indispensable condition d'existence d'une société gouvernée par un

(2) *Réforme sociale*, ii, p. 12, 15, passim.

pouvoir arbitraire. Lorsque ceux qui le détiennent ou qui disposent d'une autorité quelconque dans la société ne sont pas soumis à une contrainte extérieure assez puissante pour stimuler leur inertie ou arrêter les empiètements de leur ambition, ils ne peuvent plus être contenus que par le désir de l'estime publique ou par des sentiments désintéressés. Or il est certain qu'à la fin du xviiie siècle, les ordres privilégiés, envisagés dans leur ensemble, ne vivaient plus que pour eux-mêmes et ne songeaient plus qu'à utiliser dans leur propre intérêt les forces dont ils disposaient. « Un état-« major en vacances, pendant un siècle et davan-« tage autour du général en chef qui reçoit et qui « tient salon : voilà le principe et le résumé des « mœurs sous l'ancien régime (1). »

On n'en saurait dire autant des nôtres. Toutefois ce n'est pas une raison pour que les idées de Mirabeau et de Le Play aient perdu toute portée pratique. Sans doute les économistes classiques ont basé sur la notion de l'intérêt personnel des conceptions scientifiques qui, à la condition d'être prises pour ce qu'elles sont, c'est-à-dire pour des abstractions, présentent une incontestable utilité pour la recherche de la vérité dans le domaine de l'économie politique. Une certaine réaction contre le préjugé féodal et nobiliaire, tendant à faire de l'in-

____

(1) Taine, *loc. cit.*, I, p. 133.

térêt pécuniaire, même renfermé dans de justes
limites, un mobile bas et inavouable, était également
ment nécessaire pour introduire un peu plus de
sincérité dans les rapports sociaux. Il était
bon aussi de montrer que le mobile de l'intérêt pécuniaire peut avoir des résultats heureux
pour l'ensemble de la société, comme le prouvent
les progrès réalisés sous un régime de liberté économique au cours du xixᵉ siècle, mais cela ne doit
pas nous faire perdre de vue l'insuffisance de ce
mobile dont témoignent hautement les conflits de
classes auxquels nous assistons. Si l'autorité n'est
plus comme autrefois arbitraire et sans contrôle, le
régime économique sous lequel nous vivons permet cependant aux forces individuelles de se
déchaîner librement et ouvre la porte à des abus
que la seule éducation des mœurs est capable d'en-
diguer. La loi et la réglementation peuvent, il est
vrai, y suppléer, mais par des atteintes à la liberté
qui pour être necessaires dans certains cas n'en
sont pas moins regrettables. Leur influence d'ailleurs n'est jamais pleinement efficace. Les relations entre les individus pour demeurer pacifiques
et fécondes impliquent certains sentiments de sympathie mutuelle, le respect volontaire des droits
et de la personnalité d'autrui, en un mot des
mœurs spéciales qu'il faut entretenir là où elles
existent, créer là où elles n'existent pas encore.
L'art économique n'a pas le droit de s'en dé-

sintéresser car elles sont nécessaires au bon fonctionnement de la production, comme l'huile dans les rouages est nécessaire au fonctionnement des machines. Les économistes classiques ne l'ont peut-être jamais contesté, mais il ne l'ont pas assez dit. Les économistes modernes le redisent à l'envi (1), et ne font en cela que transposer les idées de Mirabeau en les adaptant à un autre milieu.

II

Après avoir étudié dans ses éléments les plus généraux la décadence morale de la société du xviii⁰ siècle, nous devons examiner en détail une de ses principales manifestations, qui avait pris à cette époque une extension inquiétante, et peu à peu pénétré de la cour dans toutes les classes de la société : nous voulons parler du luxe. Son développement en France remonte à Louis XIV, ou du moins c'est à partir de cette époque qu'il revêt un caractère particulier qu'on ne lui avait pas connu jusque-là. Le luxe en effet qui au temps de la minorité de ce roi s'étalait déjà sous la forme la plus brutale et la plus insolente chez les « maltôtiers », devient entre ses mains une institution politique, un instrument

(1) Cf. Schmoller, *loc. cit.*

d'extension du pouvoir royal. Il s'agit d'éloigner la noblesse des provinces où elle a conservé une influence personnelle et porte ombrage à l'autorité du roi ; pour cela on l'attire à la cour, où elle trouvera non seulement des faveurs, des siné-cures, des pensions, des titres, mais encore toutes les jouissances du luxe alimenté par les ressources du trésor royal ou celles des privilégiés qui vivent à son détriment.

C'est à ce moment que les dépenses et le luxe de la cour atteignent des proportions encore inusitées (1). Tout gravite autour de la personne du roi. « Depuis les Césars, aucune vie humaine « n'a tenu tant de place au soleil (2). » L'organi-sation de la maison du roi « forme un ensemble « jusqu'alors sans analogue dans notre vieille « Europe (3). » L'imagination est confondue « de « ce qu'il a fallu de subtilité pour supposer tant « de besoins, pour les créer en les supposant et « pour y faire converger tant d'efforts. » On mul-tiplie comme à plaisir les fonctions « inutiles, ri-« dicules et même basses confiées le plus souvent « à des gentilshommes. Byzance est dépassée (4). »

Le roi a pour lui seul 217 voitures et 1857 che-

---

(1) Cf. Baudrillart, *Histoire du luxe*, IV, p. 243-340. *passim.* — Taine, I, l. II. Les mœurs et les caractères, p. 133 et suiv. — Aubertin, *Esprit public au* XVIIIᵉ *siècle.*
(2) Taine, I, 137.
(3) Baudrillart, p. 138.
(4) *Ibid.*

vaux, qui, avec les hommes nécessaires pour les
entretenir, les dresser ou les conduire, coûtent
environ 4.600.000 livres par an. Il faut y ajouter les dépenses de chasse qui s'élèvent encore
à 1.200.000 livres. Mais c'est surtout le personnel
destiné à l'alimentation de la cour qui donne une
idée de la nature et des raffinements de ce luxe ; il
y a trois divisions de la bouche, 383 officiers de
bouche, 183 garçons et 2.177.000 livres de dépenses. Le marchand de vin fournit par an pour
300.000 livres et le pourvoyeur pour un million
de gibier. « Lisez dans l'*Almanach* les titres des
« offices et vous verrez se développer devant vous
« une fête de Gargantua, la solennelle hiérarchie
« des cuisines, grands officiers de la bouche, maî-
« tres d'hôtel, contrôleurs, contrôleurs élèves,
« commis, gentilshommes pannetiers, échansons
« et tranchants, écuyers et huissiers de cuisine,
« chefs, aides et maîtres queux, enfants de cuisine
« et galopins ordinaires, coureurs de vins et ha-
« teurs de rôts, potagers, verduriers, lavandiers,
« pâtissiers, porte-tables, gardes-vaisselle, maîtres
« d'hôtel de la table du premier maître d'hôtel,
« toute une procession de dos amples et galonnés,
« de ventres majestueux et rebondis, de figures
« sérieuses qui devant les casseroles, autour des
« buffets officient avec ordre et conviction (1). »

(1) Taine, 1, 148-149 et *passim*.

Comme une tache d'huile ces habitudes s'étendent de proche en proche ; à côté de la maison du roi il y a la maison des princes et des princesses : elle est bâtie sur le même modèle. On compte 274 charges chez le duc d'Orléans, 210 chez Mesdames, 68 chez Mme Elisabeth, 239 chez la comtesse d'Artois, 256 chez la comtesse de Provence (1). A son tour la noblesse imite les princes : « Comme une « colossale effigie de marbre précieux érigée au « centre de la France et dont les copies réduites « se répandent par millions d'exemplaires « dans toutes les provinces, ainsi la vie royale se « répète, en proportions moindres jusque dans la « gentilhommière la plus reculée (2). » La noblesse de province avait à la fin du xvie siècle les mœurs les plus simples ; les seigneurs de campagne dînaient dans leur cuisine pour n'avoir qu'un feu ; dans certains de leurs salons les pierres de taille tenaient lieu de parquet (3). A partir de 1750, au moment même où Mirabeau écrivait son livre, la noblesse se laisse envahir par les habitudes de luxe ; les parcs, les jardins, les châteaux, les chevaux se multiplient, les costumes et les tables deviennent somptueux. Il va sans dire que les financiers, les parvenus, les traitants, se confor-

(1) Taine, ɪ, p. 141.
(2) *Ibid*, p. 175.
(3) *Livre de Raison* de Pierre César de Cadenet, de Charleval, commencé en 1628. Cité par Baudrillart, ɪv, p. 309.

ment à ces usages à moins qu'ils ne les devancent
et ne les créent.

Le luxe gagne en étendue, mais aussi en profondeur, le goût pour les jouissances qu'il procure
envahit complètement les esprits et son raffine-
ment se complique de bassesse. Cette tendance se
manifeste surtout au moment de la régence et se
perpétue sous Louis XV. La haute noblesse pour
faire face à des dépenses croissantes se lance à
corps perdu dans les spéculations suscitées par le
système de Law. « En tête des spéculateurs mar-
« che un duc de Bourbon et un prince de Conti. »
Les femmes elles-mêmes s'en mêlent : Mme de
Prie, Mme de Verrüe, Mme de Tencin agiotent (1).
Et ce qui les guide tous, c'est « l'amour de l'ar-
« gent, la passion des jouissances matérielles, le
« faste grossier, que les vraies aristocraties met-
« tent leur honneur à sacrifier ou qu'elles rem-
« placent par une magnificence plus solide (2) »,

(1) Baudrillart, iv, p. 260.
(2) *Ibid.* « De vraies institutions bachiques, dit Baudril-
« lart, recrutées dans les classes élevées se forment dans
« les provinces. On voit s'établir un Ordre de la boisson,
« ayant à sa tête comme fondateur et grand maître un
« M. de Porquière, né dans la petite ville d'Aranon...
« Tous ceux qui étaient admis prenaient des noms et des
« devises analogues à leur caractère ou à leurs goûts parti-
« culier, en fait de mets ou de boissons, comme frère Jean
« des Vignes, frère Splendide, frère Roger Bontemps, frère
« Magnifique, frère Templier, frère Boit sans eau, frère Boit
« sans cesse, etc. » Plusieurs ordres du même genre furent
fondés dans le Midi : l'Ordre de la Grappe à Arles, l'Ordre
de la Méduse, à Toulon, la Chevalerie de l'Etoile à Mar-

ou bien c'est le goût immodéré pour le bien-être, pour tout ce qui peut diminuer la fatigue et l'effort ; « c'est comme un luxe de convalescents » (1).

Inutile de dire que de pareilles préoccupations ne laissent aucune place pour des pensées plus hautes : au lieu d'une aristocratie dirigeante, il n'y a plus qu'une société de mondains, voluptueux, délicats ou grossiers, suivant leur tempérament et leur éducation, mais également indifférents à leurs devoirs sociaux : les jouissances sensuelles, le jeu, les chasses, les festins, les bals de l'Opéra, la galanterie, les comédies de société, la conversation mondaine et élégante, absorbent à ce point l'activité « qu'on « n'a plus de loisir et de goût pour autre chose, « même pour les choses qui touchent l'homme de « plus près, les affaires publiques, le ménage et « la famille » (2).

Comment cette vie, ces mœurs, et ce luxe sont-ils jugés au temps de Mirabeau par les hommes

seille, etc. Baudrillart, p. 312-313. — Le président de Brosses formule une opinion analogue : « Ce que nous « appelons le plus communément en France, faire une « grande figure, avoir une bonne maison, c'est tenir une « grande table. Un homme riche qui représente a force « cuisiniers, force services d'entrées et d'entremets... La « profusion des mets doit toujours être au triple de ce qu'il « en faut pour les convives ». Lettres sur l'Italie. Cité par Baudrillart, p. 304. Le ministre Dubois faisait de sa table un moyen de gagner les plus hauts personnages et il réussissait. — *Ibid.*, p. 306.
(1) Baudrillart, p. 275.
(2) Taine., p. 196.

qui pensent ? En général assez favorablement. Le luxe qui occupe beaucoup les esprits en France et en Angleterre, a trouvé des défenseurs ou des apologistes parmi les philosophes et même parmi les économistes. L'idée que les dépenses de luxe et les vices de la société sont favorables à sa prospérité, parce qu'ils procurent des subsistances à un plus grand nombre d'hommes et poussent au travail par l'attrait de la jouissance, est assez généralement acceptée. Elle est développée sous forme d'apologie par Mandeville dans sa fable des abeilles (1), et aussi par Helvétius (2). Les économistes avec quelques réserves ne sont pas éloignés de se rallier à cette thèse. Melon dans son *Essai sur le commerce*, sans donner du luxe la définition précise qu'on serait en droit d'attendre de lui (3), pense qu'il affine les mœurs et déclare que « si l'Etat a les hommes nécessaires pour les « terres, pour la guerre et pour les manufactures, « il est utile que le surplus s'emploie aux ouvrages

(1) Le livre est intulé : *La fable des abeilles ou les fripons devenus honnêtes gens*. Il est publié en Angleterre en 1706. Dans les éditions postérieures se trouve un commentaire où l'on montre que « les vices des particuliers tendent à l'avantage du public ».Six éditions se succèdent jusqu'en 1732. En 1750, une traduction de l'ouvrage obtient en France le plus grand succès. Cf. Baudrillart, p. 351-356.
(2) *De l'homme*, ch. III, IV, V.
(3) « Le luxe est une somptuosité extraordinaire que donnent les richesses et la sécurité du gouvernement. » Edition Guillaumin, p. 742.

« de luxe » (1). Hume, plus fin et plus subtile analyste que lui, ne réussit pas cependant à se faire du luxe une conception très nette. Il tente d'abord d'établir une distinction entre les différentes consommations superflues, les unes condamnables, et les autres dignes d'approbation. Mais il la perd de vue, et montre que dans leur ensemble, les progrès du luxe coïncident avec les progrès de la prospérité des Etats, que le luxe pousse à des recherches dont profitent les arts et les sciences, qu'il rend les mœurs plus douces et plus polies. D'ailleurs le principal criterium de sa distinction entre le bon et le mauvais luxe demeure essentiellement individualiste : pourvu que les personnes qui se livrent à des dépenses superflues ne négligent ni leurs devoirs de famille, ni leurs devoirs de charité, il ne les juge pas répréhensibles (2). Il est vrai qu'avec ces doctrines contraste de la façon la plus nette celle de Rousseau ; il prononce contre le luxe de son temps une condamnation sévère, mais qui, si elle a le mérite de l'opportunité, n'a pas celui de la précision (3). Montesquieu lui-même n'exprime sur ce point que des idées vagues : préoccupé à l'excès par sa distinction entre les formes du gouvernement, il ne

(1) *Ibid.*
(2) *Essai sur le luxe*, p. 30 et suiv. Traduct. française, 1767, p. 369.
(3) Cf. Baudrillart, *passim*, p. 365-370.

veut pas de luxe dans une république, mais il l'admet dans une monarchie quand on dispose d'un assez grand nombre d'hommes pour le travail de la terre : il les considère alors comme un moyen de faire prospérer le commerce, et de forcer le riche « à restituer le nécessaire du pauvre » (1). On peut donc dire que parmi les auteurs de ce temps, aucun n'a exposé sur le luxe une théorie satisfaisante. Il faut faire exception pour Mirabeau.

*
* *

Il a tout d'abord le mérite de donner du luxe une notion plus précise que celle qu'on trouve chez ses prédécesseurs et de le distinguer de certaines jouissances qui pour n'être pas indispensables à la vie, lui semblent cependant légitimes en raison de leur utilité pour le progrès des individus et le gouvernement de la société. Il reproche précisément aux économistes de son temps de n'avoir pas établi cette distinction nécessaire, ou du moins de n'y avoir pas insisté, et il croit non sans raison que l'opposition entre leur doctrine et la sienne s'explique en partie par ce malentendu (2). C'est pourquoi il revient fréquemment sur la nécessité de ne pas confondre le luxe avec la poli-

(1) Jaubert, *loc. cit.*, p. 40-43.
(2) *Ami des hommes,* p. 276.

tesse, l'industrie et les arts, comme l'a fait, dit-il, David Hume (1): « Je demeure d'accord avec lui « de tous les bons effets qu'il attribue à ces der-« niers, mais à mon sens le luxe n'est point cela. « Je sais qu'il en est l'abus et le point prochain, « comme la corruption l'est de la maturité ; mais « quoique dans le cercle le point 360 soit le plus « voisin du point 1, c'est cependant le point qui « lui ressemble le moins (1). » La différence tient tout d'abord à la nature des choses. L'objet d'art en effet ou l'objet utile quoique non nécessaire ne doit pas être confondu avec l'objet de luxe proprement dit, c'est-à-dire avec le « colifichet » qu'on recherche pour sa bizarrerie, sa nouveauté ou les jouissances sensuelles qu'il procure, qui répond à un goût médiocre et changeant, dont les charmes fragiles sont entièrement dépendants des fluctuations de la mode.

Il y a donc toute une catégorie de jouissances qui par leur nature même rentrent dans le domaine du luxe et d'autres qui lui échappent. Toutefois pour délimiter ce domaine il ne faut pas tenir compte seulement de la nature des choses consommées mais encore des intentions et de la situation sociale de ceux qui les consomment. Mirabeau admet que les personnes qui occupent dans la société un rang élevé et qui détiennent

____

(1) *Ami des hommes*, p. 300.

une part de l'autorité sociale ont droit à un cer-
« tain faste, à la magnificence, à l'ornement exté-
« rieur » (1). C'est un moyen de les désigner au
respect et à l'estime de leurs subordonnés, et de
leur donner plus complètes ces satisfactions
d'amour-propre dont on doit leur inspirer l'attrait
de préférence à celui des jouissances pécuniaires.
Si ce faste est bien compris ; s'il est fait de beauté
et d'élégance, il devient en même temps un moyen
d'éducation artistique et de gouvernement. « Loin
« d'être un inconvénient dans une monarchie
« puissante, il est une preuve que tout y est
« à sa place (2) ». Mais il faut pour cela « que le
« lustre et le brillant de la dépense soient distri-
« bués relativement et se trouvent où ils doivent
« être » (3). Si au lieu d'être la manifestation de la
puissance sociale, il devient le signe de la richesse,
quels que soient d'ailleurs les procédés employés
pour l'étaler (4), « il constitue à proprement par-
« ler le luxe.... Les meubles précieux, les vête-

(1) *Ami des hommes*, p. 274.
(2) *Ibid.*, p. 274. On voit apparaître ici, mais très atté-
nuée, la distinction faite par Montesquieu entre le luxe
de la Monarchie et celui de la République.
(3) *Ibid.*
(4) « Les ouvrages des Gobelins, les tapis de la Savonne-
« rie sont assurément des richesses très estimables chez
« nous ; mais ils seront luxe pour les particuliers qui
« s'épuisent pour donner dans ce genre de faste, ou pour
« ceux qui ne sont pas faits pour se servir de l'ameuble-
« ment des rois. » *Ibid.*, p. 278.

« ments magnifiques, les maisons fastueuses, les
« équipages, la suite, etc., attirent nécessairement
« les regards de la multitude, et c'est ce que les
« hommes prennent et prendront toujours pour
« de la distinction. Dans leur institution primitive
« ces choses devaient servir à désigner la puis-
« sance ; mais dès qu'elles ne désignent plus que la
« richesse, dès lors selon moi le luxe règne (1). »
Telle est la conception complexe, mais en somme
très nette, que le marquis de Mirabeau se fait du
luxe. Il est visible qu'il prend le mot dans un sens
péjoratif. Il ne faut donc pas s'étonner qu'il voie
dans la chose « le plus grand des maux de la
« société ».

Sachant maintenant de quoi il veut parler, il ne
nous reste plus qu'à analyser sa critique. Il reproche au luxe de nuire à la fois à la société qui
en subit les charges, et aux individus qui en jouissent, d'être « dépopulateur et démoralisateur » (2).

Le luxe est dépopulateur tout d'abord parcequ'il
nuit à la prospérité de l'industrie agricole dont les
produits sont la mesure de la population. Il lui
enlève en premier lieu l'élément le plus essentiel,
c'est-à-dire la terre. Il pousse à y multiplier les
habitations somptueuses, les parcs et les jardins :
« Les Chinois, dit-on, persuadés que de l'emploi
« des terres dépendent, comme on n'en peut dou-

(1) *Ami des hommes*, p. 281.
(2) *Ibid.*, p. 315.

« ter, les moyens de subsistance qu'on en retire,
« que l'étendue des moyens de subsistance est
« l'exacte mesure de la population, et que la po-
« pulation est l'unique richesse réelle d'un Etat,
« regardent comme un crime l'emploi des terres
« en maisons et jardins de plaisance, comme si
« l'on fraudait par là les hommes de leur nourri-
« ture. Ce genre de crime, est je crois, un peu trop
« étendu en France... Il est singulier que le
« moindre particulier singe des princes et des
« souverains, prétende avoir à sa maison de cam-
« pagne des avenues doubles et triples qui dévas-
« tent et mettent en friche une partie de son
« domaine et même quelquefois le tout. Indépen-
« damment des avenues à chaque percée, il faut
« que la perspective soit continuée par des allées
« à perte de vue. Celles-ci en rejoignent d'autres
« dans la campagne, et le point de jonction est
« marqué par des esplanades en rond dont l'éten-
« due fournirait à la subsistance d'un hameau ; de
« là partent quatre ou huit allées selon l'étendue
« du terrain, avec leurs contre-allées, etc., et je
« vois d'un coup d'œil cent mille livres le
« rentes, réduites à rien et perdues pour tout le
« monde (1). »

Ce luxe des habitations entraîne à sa suite tous

(1) *Ami des hommes*, p. 67. Mirabeau se laisse aller
sur ce point à des exagérations évidentes en critiquant la
largeur excessive des routes.

les autres qui contribuent eux aussi à réduire la
surface de la terre utilisable pour l'alimentation
de l'homme. Quand on a des maisons aussi
somptueuses, il faut pouvoir s'y transporter facilement, et s'y occuper agréablement pendant qu'on
y réside. De là la nécessité d'entretenir des chevaux pour les transports ainsi que pour la chasse,
plaisir favori de la noblesse et de la cour. On est
donc amené à transformer en pâturages pour la
nourriture des chevaux et en terrains de chasse,
d'immenses étendues de territoire. « Le pâturage
« a pris le dessus sur le labourage et depuis long-
« temps le proverbe est établi qui dit : *qui change*
« *son champ en pré augmente son bien de moi-*
« *tié* (1). » Or même quand le paturage fait vivre
les bestiaux dont nous mangeons la chair, ce n'est
cependant que « du second bond qu'il sert à la
« nourriture des hommes », mais il est beaucoup
plus nuisible encore s'il est livré à des animaux qui
ne sont pas utilisés pour l'alimentation. D'où
Mirabeau conclut : « Si vous mettez un cheval de
« plus dans l'Etat, toutes autres choses demeu-
« rant égales, vous êtes certain d'y tuer quatre
« hommes au moins (2). »

(1) *Ami des hommes*, p. 17.
(2) *Ibid.*, p. 19. Ces critiques peuvent nous paraître
exagérées aujourd'hui, mais il ne faut pas oublier que
le luxe des chevaux avait pris à cette époque des proportions désordonnées : le prince de Condé va à l'armée
avec 225 chevaux, le duc d'Orléans en a 350. Quand le duc

Si la terre ainsi limitée était bien cultivée, on pourrait trouver dans les progrès de son exploitation une compensation à l'insuffisance de sa surface, malheureusement toutes les formes du luxe s'enchaînent : l'agriculture privée de la terre est pour la même raison privée des hommes et des capitaux dont elle aurait besoin ; les uns et les autres sont employés à la fabrication des objets de luxe. Les améliorations foncières, le travail de la terre, et par conséquent son produit ainsi que la population qui s'en nourrit sont diminués en proportion.

L'effet est d'autant plus sensible que la multiplication des obstacles à la production des subsistances coïncide avec une augmentation de la consommation qui est elle-même une conséquence du luxe : « Le luxe appauvrit tout le monde en multipliant les besoins prétendus et les rendant successifs et avides (1). » Les habitudes nouvelles se répandent dans toutes les classes de la société à commencer par les dernières qui « par l'apothéose de l'or font le monde renversé » (2). « Quand le seigneur

de Richelieu part pour son gouvernement de Guyenne, il lui faut sur sa route des relais de cent chevaux. Taine, I, p. 177. — Ces chiffres n'ont rien d'exceptionnel, toute la noblesse se laisse entraîner par ces exemples qui lui viennent de haut. Mirabeau en est d'autant plus frappé qu'on souffre fréquemment de la famine, et qu'on ne peut pas compter comme aujourd'hui sur l'importation étrangère.

(1) *Ami des hommes*, p. 312.
(2) *Ibid.*, p. 309.

« campagnard voit dans sa terre un fripon de mar-
« chand de bœufs prodiguer à sa femme des bijoux
« qui éblouissent la dame du château, alors tous
« les différents ordres crient au luxe ; chacun
« blessé de se voir surpassé par son inférieur na-
« turel s'efforce de se mettre à sa place » (1).
Personne n'échappe à la contagion, pas même la
magistrature qui a eu pendant si longtemps des
mœurs simples et modestes. « Le luxe gagne cet
« état précieux et respectable comme les autres.
« Il est établi qu'un homme, eût-il tout le mérite
« des De Harlay, De Thou, Duranti, Molé, etc.,
« ne saurait occuper une place de Président à mor-
« tier à Paris, s'il n'a de quoi tenir un état consi-
« dérable et une grande table dans les vacations,
« outre l'énorme prix de sa charge qui ne lui rend
« rien. » (2) Les ouvriers suivent la même pente :
« Tous les ouvriers se lèvent tard, travaillent moins,
« se font payer plus cher parce qu'ils consomment
« davantage et que d'autre part le luxe toujours
« insatiable et toujours pressé devient dépendant
« de ceux qui étaient autrefois les tributaires du
« faste et de la dépense en règle (3). »

D'ailleurs avec la meilleure volonté du monde il
est impossible de résister à l'entraînement géné-

(1) *Ami des hommes,* p. 278.
(2) *Ibid.,* p. 219.
(3) *Ibid.,* p. 295.

ral : « Lorsque mon voisin laisse la bride sur le
« col à son fils dès l'âge de quinze ans, qu'il lui
« permet et croit nécessaire la dépense qu'on ne
« faisait pas autrefois à quarante, le taux du mien
« est fixé, sans quoi d'une part je passerai pour
« un père injuste et de l'autre mon fils sera élevé
« dans l'obscurité. C'est ainsi que les particuliers
« du même ordre se forcent la main l'un à l'autre
« sur les choses même les plus essentielles, et que
« le torrent de la société nous jette malgré nous-
« mêmes hors des voies (1). » C'est pourquoi Mirabeau se montre très sévère pour les excès de
consommation : « Beaucoup de consommations
« faites par un petit nombre de consommateurs
« est une corrosion toujours croissante du nerf de
« la population (2)... ...Le trop de consomma-
« tion sèche dans la racine le germe de nouveaux
« citoyens (3)... » ...Les consommations en super-
« fluités sont un crime contre la société, qui tient
« au meurtre et à l'homicide (4). »

L'esprit pénétré de ces redoutables conséquences
du luxe, Mirabeau s'étonne et s'indigne des
théories individualistes émises par les économistes
de son temps, Hume par exemple, qui tolère le
luxe pourvu qu'on ne lui sacrifie pas ses

(1) *Ami des hommes,*, p. 293.
(2) *Ibid.,* p. 20.
(3) *Ibid.,* p. 13.
(4) *Ibid.,* p. 14.

devoirs de famille et de charité. De pareilles doctrines, dit-il, ne peuvent s'expliquer que par l'ignorance des conséquences sociales de nos actes, celui
qui en aurait une conscience nette ne pourrait
s'y arrêter un instant sans être profondément
troublé par la gravité du mal qu'il cause ; le
malheur est que nous ne prenons pas le temps d'y
penser. « Nous sommes tous enclins à la pitié :
« si notre voiture passe sur la patte d'un chien,
« nous sommes tout ébranlés : mais nous n'avons
« que des yeux et des oreilles ; le souvenir, le
« calcul et la raison n'ont aucune voix pour nous
« toucher (1) ». Pour qui veut y réfléchir,
l'homme riche n'a pas seulement des devoirs
envers lui-même ou envers sa famille ; il est comp-
table de son superflu envers la société. « O peuples
« civilisés ! je demande qui d'entre vous, s'il voyait
« un souverain uniquement occupé de ses plaisirs
« et de ses fantaisies, y sacrifier en entier tous
« les revenus de la couronne, ne dirait pas inté-
« rieurement que c'est un tyran insensé qui croit
« que tout est fait pour lui, et qui réalise dans le
« fait un système monstrueux ? Qu'êtes-vous de
« plus à la tête d'un grand bien ?...Si dans le temps
« qu'un millier de laboureurs travaille à me four-
« nir un énorme superflu relatif, je ne le regarde
« que comme un modique nécessaire ; si je me

(1) *Ami des hommes,* p. 314.

« crois en droit d'engloutir seul, et de convertir
« en fantaisies arbitraires, ce dont je ne suis au
« fond que l'administrateur, je suis dans le fait
« tout aussi tyran que je le puisse être et je serais
« un monstre sur le trône (1). » Ailleurs il ajoute:
« Le plus riche n'est sur la terre que l'adminis-
« trateur d'une plus forte portion de biens, mais
« également obligé à la même fidélité et au même
« désintéressement que le plus pauvre ; en consé-
« quence les devoirs de l'opulent ont bien une pro-
« portion relative à son état et de plus d'étendue,
« mais au fonds il n'a licitement pour lui que le
« nécessaire de son état et rien pour ses fantai-
« sies (2). »

Cependant à ces abus de la consommation on a
prétendu trouver une excuse, et même une justification. « Les partisans du luxe et les amateurs du
« superflu me diront que la richesse d'un Etat et
« l'abondance des métaux, donnant plus de fan-
« taisies aux riches, fait subsister aux dépens de
« l'opulence une infinité d'ouvriers et d'artisans ;
« que cet arrangement subdivise les grosses for-
« tunes dans le fait, en les laissant subsister dans
« le droit, et qu'il oblige le riche à entretenir un
« grand nombre de pauvres avec d'autant plus
« d'avantages pour l'Etat, qu'au lieu que selon

(1) *Ami des hommes*, p. 311 et 315.
(2) *Ibid.*, p. 300.

« ma méthode ces derniers étaient aux gages, et
« dans une dépendance directe du premier ; ici
« l'assujettissement disparaît et prend la forme
« d'un commerce relatif et d'une communication
« de nécessités et de services (1). » Il est bien
vrai, en effet, que le développement de la consommation stimule l'activité économique et lui im-
prime une direction nouvelle, mais il s'agit de
savoir quelle est cette direction. Si la production
était orientée vers la fabrication d'objets utiles
même non nécessaires, ou d'objets d'art, la critique serait désarmée, pourvu que l'agriculture ne
fût pas trop amoindrie ; mais en vertu de la définition même que Mirabeau en a donnée, le luxe ne
saurait bénéficier de cette justification ; il consiste
en effet exclusivement pour lui dans un abus des
choses utiles qui leur enlève toute utilité effective
pour celui qui les consomme, et surtout en des
jouissances inutiles. Il ne suscite que des industries
de détail, « celles qui satisfont la recherche et la
« curiosité » (2) ; mais « il n'a rien de commun
« avec l'industrie véritablement utile à l'huma-
« nité » (3). Quand le luxe règne, « personne n'a
« plus de quoi faire travailler pour la durée, pour

(1) *Ami des hommes*, p. 147. Cette observation sera
faite plus tard par Adam Smith qui voit dans ce fait le
point de départ de la décadence de la féodalité. *Richesse
des nations*, p. 162.
(2) *Ibid.*, p. 303.
(3) *Ibid.*, p. 305.

« la postérité, pour l'Etat (1) .... Dès qu'il n'y
« a plus de règles que de fantaisie, chacun a la
« sienne, comme chacun a ses traits (2)... Dans
« quel ordre d'artistes placerons-nous celui qui
« trouva le secret d'écrire l'*Enéide* entière en si
« petits caractères, que le volume tenait dans une
« coquille de noix, ou celui qui tailla sur une
« amande le clocher de la cathédrale de Stras-
« bourg dans toutes ses parties et dimensions ?
« C'est le symbole des arts de recherche et de
« curiosité : bijoux, parures, meubles, tout de-
« viendra en filigrane, et bientôt il faudra passer
« au feu les ordures des maisons, comme chez les
« orfèvres, pour retrouver les pailles de l'étoffe
« achetée la veille. Et qu'est-ce qu'un travail dont
« il ne reste rien, quand toute la partie ouvrière
« d'un Etat se jette de ce côté-là ? Qu'est-ce qu'un
« travail que la moindre strangurie dans le crédit
« et la circulation fait cesser tout à la fois (3) ? »

D'ailleurs le luxe ainsi compris ne peut émaner
que de personnes qui n'ont « rien d'élevé dans le
caractère » (4) ; or « quand Arlequin ordonne un

______

(1) *Ami des hommes*, p. 312. « Tout en est venu au
« point qu'un jeune chat enfermé par malheur dans l'appar-
« tement d'un grand seigneur, peut, en son absence, détruire
« tout le mobilier, de façon que non seulement les orne-
« ments, mais les lits, les tables, les chaises, aient besoin
« d'être renouvelés ». p. 287.
(2) *Ibid.*, p. 312.
(3) *Ibid.*, p. 319.
(4) *Ibid.*, p. 307.

« plat, il ne lui vient en pensée que des macarons
« et du fromage de Parmesan. D'autre part le
« plus grand nombre est, pour les raisons que j'ai
« dites ailleurs, obligé de se jeter dans le colifi-
« chet ; et le goût moderne et dépravé se répand
« tellement dans toute une nation, qu'il force
« même les plus hautes classes de la société. Dès
« lors quand les artistes conserveraient du grand
« dans les idées, assujettis au goût du public, ils
« seraient dans le fait forcés à dégénérer. Le goût
« fantastique et nouveau se répandrait sur tout.
« La poésie noble perdrait tout son simple et
« son harmonie, elle deviendrait ronflante et ten-
« due ; l'éloquence ne serait plus que pointes, re-
« cherche et vapeur, la peinture, *cœlum et nubes*
« *prœtereaque nihil*, du blanc, de couleur rose,
« nuages, des enfants; la sculpture modèlerait des
« des amours, des colombes, etc... L'architecture ne
« serait plus que l'art de bâtir des cages à serin, en
« observant que la mangeoire soit en symétrie avec
« la baignoire... Chacun avouant en tout genre
« qu'il n'y a plus que le neuf qui pique son goût, se
« trouverait forcé de prévoir intérieurement la
« suppression de tout art pour ses neveux (1). »
De tout cela il résulte que le luxe donne une
fausse direction à l'activité économique, qu'il détourne également de la production des choses in-

(1) *Ami des hommes*, p. 307.

dispensables ou utiles, et des objets d'art, qu'il empêche non seulement la multiplication dès individus mais leur progrès intellectuel.

Nuisible à ceux qui l'alimentent par leur travail, le luxe l'est peut-être encore davantage à ceux qui en jouissent. Il entraîne la démoralisation et l'abaissement graduel du niveau humain, il exerce sur le corps comme sur l'esprit une action amollissante. La passion qu'il inspire suppose chez celui qui en est atteint des préoccupations basses, l'attrait des jouissances sensuelles, le désir d'éblouir et d'étonner, en un mot l'amour de l'argent sous la forme la plus vulgaire et la plus dangereuse, c'est-à-dire pour les satisfactions inférieures et égoïstes qu'il procure. A mesure qu'on jouit davantage du luxe son influence déprimante s'accroît par l'habitude qu'on en acquiert, par la difficulté toujours plus grande d'y renoncer. On finit par « se modeler sur « ses accessoires. L'homme dont les meubles et « les bijoux sont guillochés, doit l'être aussi par « le corps et par l'esprit. L'homme aux vernis « gris de lin et couleur de rose, porte sa livrée en « sa robe de chambre et sa façon de se mettre, « en son attitude, en ses mœurs. De là les vieil- « lards indécents, les barbes épilées, les plaisants « éternels de soupers qui se déhanchent aujour- « d'hui devant les petits-fils de ceux qu'ils fai- « saient rire, il y a quarante ans (1)... Je demande

(1) *Ami des hommes*, p. 292.

« si nos appartements ainsi faits et décorés pour-
« raient contenir un maître de la trempe de ceux
« d'autrefois. Le bout de l'épée du Balafré serait
« encore à la troisième antichambre, que le pom-
« meau casserait la glace qui domine le canapé
« du boudoir. Il faut donc proportionner nos
« armes, nos vêtements, nos révérences, à l'exi-
« guité de notre étui ; cela se fait de soi-même et
« la nature y pourvoit... Nous ne sommes aujour-
« d'hui que des demi-hommes en comparaison de
« nos pères... C'est que l'éducation et la vie parti-
« culière des hommes de ce temps-ci est tout
« autre que n'était celle des hommes d'alors.
« La débauche, dit-on, énerve les jeunes gens de
« trop bonne heure : ce n'est point encore cela
« selon moi. Il y a sans doute plus de basse cra-
« pule et moins de décence qu'autrefois ; mais
« on faisait plus d'excès qu'on n'en fait aujour-
« d'hui. Ainsi à cet égard les choses étaient au
« moins compensées : mais on montait à cheval,
« on jouait à la paume, au mail, on battait le fer
« dans des salles d'armes, on allait à pied et on
« ne fait plus rien de tout cela. Le corps prend
« dès l'enfance un pli de poupée qui arrête la
« croissance et supprime la vigueur. Un homme
« qu'on frise avec deux cents papillotes, n'a
« garde le lendemain de cette opération, au
« moment que sa tête toute musquée sort de sa
« boîte où elle a été conservée comme des fleurs

« d'Italie, d'aller risquer à la paume sa provision
« de quinze jours ; au lieu de cela il s'étend dans
« une chaise longue et prend une brochure (1). »
Les femmes n'ont pas échappé à ces influences:
elles ont trouvé le moyen d'être efféminées. Elles
s'épuisent dès l'âge de dix ans dans les réu-
nions mondaines au milieu d'un « mouvement
« perpétuel, des courses, des soupers et des veilles.
« Le tempérament s'allume, la poitrine s'échauffe,
« et cette petite lueur précoce n'attend qu'une
« couche pour disparaître, et aller rejoindre quel-
« que feu follet d'où elle semble être sortie. Cette
« couche cependant est ce qui donne un successeur
« à une grande maison, et voilà le plus beau sang
« dégénéré en asthmatique (2). »
On objecte que le mal apporte avec lui son remède : le luxe est coûteux ; l'activité qu'il tend à
engourdir est stimulée par la nécessité de le payer.
« L'homme somptueux, dit Melon, verrait bientôt
« la fin de ses richesses, s'il ne travaillait pour les
« conserver et pour en acquérir de nouvelles. »...
« Melon raisonne merveilleusement faux dans tout
ce chapitre (3). » Le luxe n'est nullement destruc-
teur de l'oisiveté chez eux qui jouissent car il « la
nécessite dans les mœurs... il établit la paresse,
« le désir de consommer beaucoup et de travailler

(1) *Ami des hommes*, pp. 290 et 291.
(2) *Ibid.*, p. 291.
(3) *Ibid.*, p. 295.

« peu (1). » Et le désir est assez fort pour ne pas
se laisser étouffer par la crainte de la ruine.
« L'homme amolli par le luxe n'est plus capable
« du travail assidu nécessaire pour réparer les
« brèches que sa conduite fait à ses affaires, il
« aime mieux satisfaire sa passion aux dépens de
« ses fonds quand ses revenus n'y peuvent suffire.
« On ne voit que trop d'exemples de ces préten-
« dus somptueux qui meurent endettés après avoir
« dévoré des sommes immenses (2). » Ces exemples sont surtout fréquents parmi la noblesse qui,
dans la course au clocher qu'elle engage contre
les parvenus pour conserver la prééminence de
la richesse, consomme son fonds avec son revenu (3). « Il est vrai cependant que la partie vide
« du coffre excite la cupidité tandis que la partie
« pleine allume les désirs. » Mais loin de s'en ré-
jouir Mirabeau le regrette : « le luxe qui ne peut
« être satisfait qu'avec l'or réduit tous nos appé-
« tits à la soif de l'or » (4), c'est-à-dire qu'il éveille
la passion antisociale par excellence. D'ailleurs

(1) *Ami des hommes*, p. 295.
(2) *Ibib.*, p. 296.
(3) Au temps de Mirabeau la plupart des vieilles familles sont endettées : Bouillé estime qu'elles sont toutes rui-
nées, sauf deux ou trois cents. Mémoires, p. 50. Tocqueville, p. 118-119. Loménie, II, p. 132. Taine, I, p. 58.
Quelques-unes de ces ruines sont retentissantes : Le prince
de Guéménée fait une faillite de 55 millions. Le duc d'Orléans, le plus riche propriétaire du royaume, devait à sa
mort 74 millions, etc. Cf. Taine, I, p. 83.
(4) *Ami des hommes*, p. 284.

que peut faire un homme « tourmenté par des
« désirs violents demandant une satisfaction im-
« médiate ? » Tendre la main ou devenir malhon-
nête : « il n'est guère en effet d'autre moyen
« prompt de faire une grande fortune pécuniaire
« que la rapine ; et je conviendrai avec Melon que
« le luxe porte toutes les facultés de l'homme
« somptueux de ce côté-là... Pour remplacer les
« trouées que le luxe dévorant fait à une fortune,
« il faut se jeter dans toutes sortes d'entreprises,
« corrompre la Cour et la Ville pour obtenir de
« nouvelles places, et entasser dans sa famille les
« emplois et les charges lucratives. Dès lors le
« plus impudent et le plus habile à l'intrigue se
« trouve le plus favorisé (1)... Qui sait servir,
« mentir et attendre n'éprouvera jamais la vraie
« force de la nécessité (2). »

Melon prétend encore que « l'homme de luxe
« *est d'autant plus obligé à remplir les fonc-*
« *tions de la société qu'il est plus exposé aux*
« *regards de l'envie.* Belle spéculation si elle
« n'était démentie par l'expérience de tous les
« siècles ! L'histoire et le tableau de la vie ne
« nous montrent que trop que ceux d'entre les
« hommes que la Providence a mis le plus en
« vue, sont ceux qui se sont le moins respectés eux-

(1) *Ami des hommes*, p. 297.
(2) *Ibid.*, p. 309.

« mêmes, et ont le moins respecté les autres (1) ».
Cette expérience est pleinement confirmée par les
spéculations, le dévergondage et le désarroi social
dont le système de Law n'a été que l'occasion, et le
luxe la cause profonde. « Les esprits étaient affai-
« blis et ne pouvaient rien produire que d'infâme...
« on vit les g ands devenus bas valets, agioteurs,
« marchands en gros et en détail; les dépositaires de
« la justice, payant leurs légitimes créanciers en
« effets discrédités ; les frères dépouillant leurs frè-
« res ; les maîtres servant leurs valets. On ne pou-
« vait voir que cela : ce sont là les troubles du luxe
« en fureur, troubles moins effrayants à l'œil que
« les massacres des séditions réelles, mais qui lais-
« sent des traces cent fois plus profondes. Qu'on
« jette les yeux sur les suites encore funestes de ces
« temps de chaos ; qu'on considère l'avilissement
« volontaire des principaux ordres de l'Etat, les
« membres des corps de leur nature les plus hauts
« à la main et les plus difficiles à réduire, faisant
« depuis auprès des sous-ordres, plus de bassesses
« qu'on n'eût pu jadis imaginé d'en faire pour les
« arbitres du gouvernement : on jugera que les
« esprits furent comme engloutis dans la servitude
« volontaire, et l'on connaîtra ce que c'est que les
« effets de la crainte et de l'espérance sur des
« esprits ouverts à la cupidité (2). »

(1) *Ami des hommes*, pp. 297 et 298.
(2) *Ibid.*, p. 280.

Telles sont pour le marquis de Mirabeau les
conséquences du luxe : il est moins d'ailleurs une
cause qu'un effet, une maladie qu'un symptôme
d'une autre maladie sociale plus grave, la dégéné-
rescence de l'intérêt particulier en une passion
brutale et exclusive pour l'or et les jouissances
qu'il procure. C'est pourquoi Mirabeau renonce
au traitement symptomatique qui ne saurait être
efficace : une loi somptuaire n'atteindrait pas le
mal dans ses causes profondes, elle serait inutile et
même nuisible, car « c'est un grand mal qu'une loi
méprisée (1). » L'application de la méthode générale de réforme des mœurs précédemment exposée
est le seul moyen d'empêcher l'industrie et les
arts de dégénérer en luxe, de mettre l'or à sa
place, et de faire de ce mauvais maître un bon
serviteur.

La doctrine de Mirabeau sur ce point sera plus
tard celle des Physiocrates qui verront dans le
luxe une cause de diminution des avances foncières. Elle sera surtout celle de Le Play pour qui
le luxe n'est qu'une des manifestations de l'influence
désorganisatrice de la richesse : tandis que le
travail et l'effort pour acquérir lui semblent essen-

(1) *Ami des hommes*, p. 298.

tiellement moralisateurs parce qu'ils développent
les facultés de l'homme, et lui inculquent le sentiment du devoir ; l'oisivité, la faculté de donner
cours à ses fantaisies, le libre jeu laissé aux
passions par la richesse acquise sont pour lui le
principal écueil des sociétés civilisées et spécialement la cause de la décadence des mœurs au xvii[e]
et au xviiie siècle (1), ainsi que du cataclysme révolutionnaire qui en a été la conséquence. Selon lui
le même danger menace sans cesse les sociétés
modernes et prospères : « L'écueil de la richesse est
« indiqué par les faits contemporains, aussi bien
« que par les enseignements de l'histoire. Sans
« doute la richesse fruit du travail et de la tem-
« pérance est par elle-même un élément de bien-
« être et de prospérité... mais en permettant aux
« hommes d'échapper à l'obligation du travail,
« elle les expose aux inspirations de l'oisiveté, des
« passions brutales et des appétits sensuels. Elle
« les conduit ainsi à chercher dans la consom-
« mation égoïste des biens transmis par les
« aïeux, les satisfactions que ceux-ci avaient
« trouvées dans la création de l'épargne desti-
« née à assurer le bien-être de leurs descen-
« dants... Ces funestes influences s'étendent de
« proche en proche, de la vie privée à la vie publi-
« que ; elles atteignent les classes dirigeantes qui

____

(1) *Réforme sociale*, ii, p. 23.

« deviennent incapables de remplir leur devoir.
« Bientôt elles perdent les forces morales sans les-
« quelles on ne peut imprimer aux subordonnés une
« utile impulsion ; enfin elles désorganisent la
« société en pervertissant par leur exemple les fem-
« mes, les jeunes gens et les classes inférieures. C'est
« cet enchaînement de causes et d'effets qui des pro-
« grès même d'une race d'hommes a fait si souvent
« sortir la décadence. C'est ainsi qu'aux mauvaises
« époques, au spectacle de la corruption des
« riches, les esprits ont été conduits à l'idée per-
« nicieuse de la chute fatale des nations (1). » Ces
quelques lignes qui résument parfaitement la
doctrine de Le Play contiennent également, en
substance, celle de Mirabeau, et toutes deux peuvent se résumer dans cette formule : *la décadence
des classes supérieures et avec elle la décadence
sociale résulte de l'abus des jouissances que procure la richesse.*

Cette proposition a été confirmée par l'histoire
de la façon la plus éclatante. La démonstration de
Mirabeau appuyée sur les faits que lui-même avait
constatés ou prévus leur emprunte un caractère ex-
périmental qui la rend particulièrement précieuse
en une matière où le simple raisonnement peut
fournir des arguments à l'appui de toutes les doctrines. Elle a d'ailleurs le mérite de nous fournir
du luxe une théorie à peu près complète à la-

____

(1) *Réforme sociale*, ii, p. 14.

quelle les économistes postérieurs n'ajouteront aucun élément essentiel. Toutefois c'est l'analyse de l'influence démoralisatrice de ce vice social qui constitue aujourd'hui la partie la plus vivante et la plus intéressante de la doctrine de Mirabeau. Sans doute, les conséquences purement économiques du luxe demeurent toujours regrettables : il est profondément choquant, dans une société qui malgré ses progrès ne peut pas encore donner à tous ses membres des moyens de subsistance suffisants, de voir consacrer une part de l'activité sociale à satisfaire des goûts malsains ou médiocres, des vanités puériles et des fantaisies bizarres ; néanmoins cet inconvénient, qui avait pris d'ailleurs au xviiie siècle des proportions énormes et dont on a souvent depuis exagéré la portée, s'atténue à mesure qu'augmente la puissance de nos moyens de travail. Beaucoup d'industries n'atteignent pas le point culminant de leur puissance productive parce que faute de ressources les acheteurs manquent aux produits. Mais la démoralisation provoquée par l'attrait des jouissances inférieures que peut offrir la fortune demeure toujours aussi redoutable. Aujourd'hui comme autrefois, elle détourne beaucoup d'individus de l'accomplissement des devoirs imposés par la vie en société et contribue à rendre plus nécessaire la transformation toujours regrettable de plusieurs d'entre eux en obligations légales.

CHAPITRE III

L'ÉTAT

Malgré l'importance que Mirabeau attache aux
mœurs, il ne compte pas uniquement sur elles
pour réformer la société, soit parce que les mœurs
elles-mêmes ont besoin de recevoir une impulsion
progressive, soit parce que l'activité individuelle demande à être dirigée, stimulée ou suppléée.
— Mirabeau est ainsi amené à chercher en dehors
de l'individu un moteur du progrès moral et économique qui est l'Etat. Il se fait de son rôle une
conception qui, pour être demeurée fragmentaire
dans son livre, n'en est pas moins dans son esprit
très cohérente, très complète et très riche, également dégagée de beaucoup d'erreurs et d'exagérations commises par ses prédécesseurs ou ses successeurs, et forme avec la pratique gouvernementale de son temps le contraste le plus saisissant.

L'Etat au temps du marquis de Mirabeau est
représenté par une autorité unique dont le carac-

tère arbitraire et absolu n'a fait que s'accentuer
depuis deux siècles, et qui a fini par absorber ou
détruire tous les autres pouvoirs : « Pareils à des
« arbres étouffés par l'ombre d'un chêne gigan-
« tesque les autres pouvoirs publics ont péri de
« sa croissance ; ce qu'il en reste, encombre
« aujourd'hui la place et forme autour de lui un
« cercle de broussailles rampantes ou de troncs
« desséchés (1). » Non seulement rien ne se fait
sans l'assentiment du roi, mais c'est le roi qui fait
tout par l'intermédiaire de ses fonctionnaires. A
peine dans certaines provinces retrouve-t-on quelques vestiges d'autonomie locale sous la forme des
Etats provinciaux (2).

Voilà la théorie : dans la pratique, depuis
Louis XV le roi lui-même absorbé tout entier avec
la noblesse par la représentation et par la vie
de cour ou de salon ne s'occupe plus de rien.
Une scission s'est produite entre la personne
du roi et l'autorité royale concentrée entre les
mains de quelques-uns de ses représentants.
« Une centralisation grossière, sans contrôle,
« sans publicité, sans uniformité, installe sur
« tout le territoire une armée de petits pachas qui
« décident comme juges des contestations qu'ils

(1) Taine, I, 94.
(2) « C'est du fond des bureaux que la France est gou-
« vernée, les commis ravis de leur influence ne manquent
« jamais de persuader au ministre qu'il ne peut se détacher
« de commander un seul détail. » Taine, I, 121.

« ont comme parties, règnent par délégations, et
« pour autoriser leurs gaspillages ou leurs inso-
« lences, ont toujours à la bouche le nom du roi
« qui est obligé de les laisser faire (1). »

La réglementation règne partout ; les corporations comme la grande industrie, demeurent
soumises à des règles étroites qui n'ont plus
guère d'autres raisons d'être que les abus qu'elles
abritent. La circulation des marchandises est entravée, la vie économique tout entière enserrée dans un
réseau de législation tracassière et compliquée. La
force impulsive d'un gouvernement armé de tant de
pouvoirs pourrait être considérable, mais sa force de
résistance au progrès est égale, et il en use avec une
véritable ingéniosité. La machine gouvernementale
qui devrait fonctionner dans l'intérêt général,
fonctionne dans l'intérêt de ceux qui la dirigent ;
les privilèges ne profitent plus qu'aux privilégiés
et les règlements à ceux qui les appliquent. De là
pour les gouvernés des charges financières énormes et sans compensation.

Cette impuissance manifeste de l'Etat, l'esprit
rétrograde et profondément égoïste dont il est
animé détermine contre lui une réaction déjà très
nettement dessinée au temps de Mirabeau. Il n'est
pas encore question, même en France, de changement constitutionnel, mais des abus du règle-

(1) Taine, i, 122.

ment, des obstacles qu'il oppose à l'initiative individuelle va naître l'idée de restreindre les attributions de l'État pour le rendre moins nuisible puis plus tard le libéralisme économique absolu des Physiocrates et celui des économistes classiques. Ces tendances se perpétueront jusqu'à nous sous des formes diverses, et à côté d'une doctrine basée sur des objections précises contre l'intervention de l'Etat, ou l'extension de ses fonctions, on verra apparaître, en France surtout, le préjugé libéral apportant à toutes les questions d'art économique, quelles qu'elles soient, une solution uniforme et connue d'avance, véritable panacée de tous les maux de la société. A la doctrine libérale viendra s'opposer, au milieu du siècle, la doctrine interventionniste, d'où sortira à son tour le préjugé interventionniste. Mirabeau a su échapper également à l'un et à l'autre de ces deux écueils, ainsi que nous allons nous en rendre compte en étudiant sa doctrine.

Nous envisagerons successivement la nature et l'étendue du rôle qu'il attribue à l'Etat, puis les moyens financiers de le remplir, c'est-à-dire les impôts et l'organisation financière.

I

Ce qui frappe tout d'abord l'esprit dans la conception que se fait Mirabeau des fonctions de l'Etat, ce n'est pas seulement sa modération, sa souplesse, la variété et la richesse de ses nuances ; c'est surtout un double caractère de libéralisme et d'activité qui à beaucoup de personnes encore aujourd'hui semble contradictoire.

Le libéralisme apparaît à chaque instant dans l' *Ami des hommes* : nous en avons plus d'une fois déjà rencontré la manifestation, par exemple à l'occasion des droits de douane, des monopoles et des règlements corporatifs. Mais Mirabeau ne s'est pas contenté de formuler des règles de détail : il a posé des principes. Il se laisse même aller sur ce point à des aphorismes absolus qui dépassent visiblement sa pensée, tel celui-ci : « Le réel et unique « principe de l'économie politique est de laisser « tout libre (1). » Il proteste à chaque instant contre la défiance perpétuelle de l'Etat vis-à-vis de l'activité individuelle, sa tendance à décider de tout, les illusions qu'on se fait sur la toute puissance de la loi. Les gouvernements ont le tort de croire que tout doit « aller par leurs lois, par « leur inspection, et s'arrêter en vertu de leurs « systèmes et prohibitions » (2). Il y a en matière « de « lois, de commerce, de politique, des choses qui « relèvent du bon esprit et des mœurs ». Elles ne sont pas « du district » de l'Etat, il n'a pas à s'en occuper.

(1) *Ami des hommes*, p. 335.
(2) *Ibid.*, p. 413.

Là même où il intervient, il ne doit le faire qu'avec beaucoup de précautions : « Mon plan est « toujours de ne rien forcer, de ne rien détruire ; « je prêche au contraire d'édifier (1)... L'inven- « tion de supprimer et de détruire est le contraire « absolu de l'art de gouverner... Un chirurgien « ignorant sait couper la jambe, Esculape l'eût « traitée et guérie. Quatre traitements comme « celui du premier, il ne reste plus que le tronc (2). » Il faut par conséquent éviter d'employer la violence, recourir toujours de préférence aux « moyens doux » ; « les moyens durs et violents ne « peuvent en aucun genre produire jamais rien de « bon (3)... Malheur aux Etats que leur étoile des- « tine à supporter de ces crises violentes qui les « vieillissent plus en peu de temps que ne pourraient « faire des siècles d'uniformité dans les événe- « ments (4). »

L'Etat ne doit pas seulement renfermer dans de justes limites le domaine de son activité, donner toujours à son impulsion un caractère doux et modéré, il lui faut encore ménager le plus possible la personnalité et l'initiative de ceux qui le représentent : la tendance à la concentration des pouvoirs entre les mains de quelques-uns, à la

(1) *Ami des hommes*, p. 163.
(2) *Id.*, p. 22.
(3) *Ibid.*, p. 332.
(4) *Ibid.*, p. 232.

transformation des subordonnés en simples agents
de transmission, qui s'affirme depuis le xvii°
siècle et atteint son apogée au xviii°, trouve un
adversaire déterminé en la personne de Mirabeau.
Il doit être considéré comme l'un des premiers
partisans de la déconcentration et même de la dé-
centralisation (1). « Peu à peu à force d'attirer à soi, le
« gouvernement, au lieu de la suprématie qui seule
« lui convient, aurait l'intendance et le district des
« détails qui l'absorberaient et réduiraient les chefs
« à être de simples commis aux signatures, tandis
« que les intrigants, dans leur air natal sitôt
« qu'ils nagent en eau trouble, assiégeant les com-
« mis et leurs sous-ordres, faciliteraient le cours
« des choses vers l'anarchie et le renversement.
« D'autre part les préposés ambulants de la cour,
« autrefois surveillants dans les provinces, y de-
« viendraient les maîtres absolus. Le gouverne-
« ment obligé de décider de tout... s'habituerait à
« les consulter et à les croire, leur attribuerait
« tout en tout genre, les rendrait arbitres souve-
« rains des charges publiques, des travaux des peu-
« ples, de leur liberté, sans songer que ces hommes
« passagers surchargés comme les ministres et
« entourés de même ne peuvent tout voir (2). »
   L'idéal de Mirabeau est donc un Etat libéral

----

(1) Les Etats provinciaux qu'il préconise sont en effet des
assemblées élues.

(2) *Ami des hommes*, p. 123. Mirabeau parle au condi-
tionnel mais pense au présent.

respectant à la fois l'initiative de l'homme privé
et du fonctionnaire comme la condition essentielle de l'effort et de l'activité. Ce serait se tromper cependant que de voir en lui un précurseur
du libéralisme physiocratique ; il ne cherche pas
comme Mercier de La Rivière ou comme Le
Trosne un *ordre essentiel* des sociétés, invariable
et immuable, type idéal auquel toute société serait
tenue de se conformer (1). Ce qu'il veut déterminer, ce sont les conditions d'un bon gouvernement
pour les hommes de son temps et de son pays, et
il sait que ces conditions ne sont ni toujours, ni
partout les mêmes. « Telle méthode pourrait avoir
« été bonne dans un temps et devenir nuisible
« dans d'autres circonstances car il n'est aucun
« règlement de police de détail immuable ici-
« bas (2). » La liberté elle-même ne convient pas
à tout le monde : « elle est au génie des peuples
« ce qu'est le régime au tempérament, ce qui fait
« la santé de l'un serait le poison de l'autre (3)...
« La liberté suppose des mœurs ; les mœurs une
« fois corrompues, l'homme ne peut plus recevoir

(1) Le Trosne se plaint « qu'on ne puisse montrer sur
« l'administration des sociétés qu'une théorie incertaine et
« variable », qu'on ne trouve dans la pratique « que des
« actes d'autorité qui ne sont appuyés sur aucun principe
« certain, des décisions *momentanées, contradictoires et*
« *adaptées aux circonstances* ». — Le Trosne : *Ordre social,*
discours de 1777, p. 314.
(2) *Ami des hommes*, p. 132 et p. 133.
(3) *Ibid.*

« de bride que par l'esclavage moral (1)... A la ré-
« serve de certaines lois et constitutions fonda-
« mentales, les autres doivent fléchir en proportion
« des mœurs (2). » C'est pourquoi l'essentiel pour
un homme d'Etat sera « de connaître le fonds sur
« lequel il travaille et d'approprier le régime au
« tempérament (3). »

D'ailleurs cette liberté que l'Etat respectera toujours, dont il fera varier l'étendue avec les mœurs
de chaque société, n'implique jamais de sa part
l'inertie ou la passivité. Mirabeau ne veut pas que
l'initiative individuelle soit comprimée hors de
propos, mais il n'admet pas davantage qu'on
l'abandonne à elle-même sans boussole et sans
direction ni qu'on se repose exclusivement sur elle
pour réaliser les fins supérieures de la société. A
côté du libéral prudent et respectueux de la personnalité individuelle, nous allons voir apparaître
l'interventionniste audacieux qui employa le premier cette formule de « l'Etat Providence » dont la
fortune a été depuis si considérable. « Le gouver-
« nement image de la Providence doit ensuite se
« la proposer pour exemple en un point principal
« et qui a trait à tout ; c'est que du cèdre à l'hy-
« sope tout est également sous sa sauvegarde et

(1) Lettre inédite du marquis, 7 avril 1755.
(2) *Ami des hommes*, p. 121.
(3) *Ibid.*, p. 318-319.

« protection (1). » Sans doute il faut compter, surtout chez le peuple français, sur l'activité individuelle stimulée par le besoin ; « il n'est pas de ces
« peuples qu'un gouvernement éclairé doit exciter
« par tous moyens à gagner leur vie ;... il trouvera
« de lui-même toutes les routes possibles d'indus-
« trie ou gain (2). » Cependant le concours de l'Etat
demeure indispensable, tout d'abord pour donner à
l'activité économique une direction générale. « *La*
« *vogue vient de la poupe*, disent les matelots. Le
« gouvernement peut seul donner le mouve-
« ment en grand, et toutes les parties de détail
« se conforment ensuite à l'impulsion (3). »
Dans certains cas l'Etat ne se contentera pas de
diriger, il agira lui-même pour éviter le découragement qui naîtrait de la disproportion entre
les forces individuelles et les difficultés à vain-
cre : « Nécessité de force est mère d'industrie,
« mais nécessité de faiblesse engendre l'engour-
« dissement et la mort (4). » Ajoutons que l'abus
des forces individuelles est plus redoutable encore
que leur insuffisance : l'inégalité dans la répartition
des biens est en effet une conséquence fatale du
progrès de la richesse dans les sociétés prospères.
Ils se concentrent en se multipliant et constituent

(1) *Ami des hommes*, p. 337.
(2) *Ibid.*, p 420.
(3) *Ibid.*, p. 355.
(4) *Ibid.*, p. 93.

au profit de quelques-uns une supériorité sociale
que l'Etat a pour mission de contrebalancer : « c'est
« pourquoi l'objet de tout bon gouvernement est
« d'appuyer le faible contre le fort » (1) pour établir entre eux l'équilibre.

Donner une direction générale à l'activité économique, la soutenir ou la suppléer là où elle est
impuissante, faire régner la justice dans les rapports sociaux, telle est la tâche immense que doit
remplir l'Etat. Loin d'admettre avec certains économistes modernes que le progrès social ait pour
résultat de la simplifier, Mirabeau pense au contraire qu'il la complique chaque jour davantage :
« On se plaint tous les jours de la multiplication
« des lois, d'explications, de cas, de formes et
« autres embarras dont le régime civil se charge
« continuellement; c'est une suite naturelle de
« l'extension dans l'espèce et la quotité de nos
« biens... Plus un bâtiment se charge, plus il lui
« faut d'étais ; plus une ville se peuple, plus les
« règlements de police doivent se multiplier. C'est
« un mal pour chaque individu, cela peut être,
« mais c'est une nécessité pour le général. Nous
« aurions trop d'avantages sur nos prédécesseurs,
« si en découvrant de nouvelles sources de biens
« et de commodités, nous n'avions pas acquis aussi
« plus de soins et d'embarras. Un souverain qui

(1) *Ami des hommes*, p. 48.

« voudrait d'une part abréger le Code de ses sujets,
« et de l'autre étendre leur industrie, chercherait
« la pierre philosophale (1). » Cette complication
croissante ne doit d'ailleurs ni nous étonner ni
nous inquiéter ; l'Etat offre des ressources que
l'expérience du passé ne permet pas de soupçonner car « le monde est encore dans son en-
« fance en matière de gouvernement (2). »

Voilà les principes. Il faut maintenant envisager
leurs applications en étudiant par le détail les
principales fonctions de l'Etat. Nous avons vu
déjà que Mirabeau lui confie « la superintendance des mœurs » ; voyons, maintenant le rôle
qu'il lui attribue dans l'éducation économique du
pays. Le gouvernement doit tout d'abord veiller
à ce que les forces productives nationales soient
réparties suivant les besoins entre les différentes
industries. Pour cela il réservera ses encouragements aux industries les plus négligées et les plus
importantes ou aux régions les plus déshéritées,
trop pauvres et trop délaissées pour prendre elles-
mêmes l'initiative des réformes et des progrès.
Or quand on examine la société dans son ensemble, on y voit prédominer deux tendances étroitement liées l'une à l'autre, la première consiste à

(1) *Ami des hommes*, p. 206 et 207.
(2) *Ibid.*, p. 485.

abandonner les villes pour les campagnes, la deuxième à rechercher le commerce et les industries manufacturières de préférence à l'industrie agricole. Le devoir du gouvernement est d'empêcher « l'arbre social » de tomber du côté où il penche, d'opposer un contre-poids à la force qui menace de provoquer sa chute.

C'est donc l'agriculture qu'il faudra soutenir. « Les arts du superflu, moins pénibles que les arts « nécessaires, attireront toujours l'humanité et « feront déserter les autres parties du travail, si « le gouvernement n'a une attention continuelle « à appuyer et à protéger les arts nécessaires, et « surtout l'agriculture qui est le premier, et les « manufactures d'arts grossiers qui sont les se-- « conds... (1) Renvoyez sans cesse à la terre puis-« qu'il faut toujours en tirer (2). » Ce n'est pas que Mirabeau prétende ramener la société « aux besoins des patriarches » ; il veut seulement démontrer que les habitants des campagnes ont besoin d'être encouragés, qu'ils sont toujours « aux portes de l'abattement, que l'État avec une « protection attentive » est capable de faire beaucoup pour « la production de la matière première » et que cependant il a toujours négligé de s'en occuper.

(1) *Ami des hommes,* p. 278.
(2) *Ibid.,* p. 90.

Il s'agit d'ailleurs, non pas de multiplier les édits et les ordonnances, mais surtout de faire régner la paix, la sécurité et la liberté dans les campagnes : « *Les pays ne sont pas cultivés en raison* « *de leur fertilité, mais en raison de leur liberté,* « a dit un homme de génie (1)... C'est ainsi que le « Maltais, attaché à un gouvernement doux et « uniforme, va chercher en Sicile de la terre dont « il charge ses bâtiments pour en couvrir un ro- « cher brûlé du soleil d'Afrique qu'il change en « jardin (2). » Il faut donc d'abord « que les vil- « lageois soient heureux et assujettis seulement à « des lois simples, soit de police soit de fisc, qui « assurent le sort du solitaire comme de l'homme « protégé... : qu'on retire de dessus leur territoi- « toire ces vampires errants nommés porteurs de « contraintes et archers de corvées » (3) qui sè- ment sur leur passage le découragement et la stérilité. « Partout où le peuple est heureux et « tranquille, la campagne sera riante, peuplée, « abondante, couverte de bestiaux et de four- rages (4). » Les amusements eux-mêmes et les fêtes ne doivent pas être dédaignés par un gouvernement habile ; c'est avec raison que « les hom- « mes ont inventé les cérémonies bruyantes et

(1) *Ami des hommes*, p. 119. Mirabeau fait allusion à Montesquieu.
(2) *Ibid.*, p. 35.
(3) *Ibid.*, p. 89.
(4) *Ibid.*, p. 113.

« autres agencements futiles et passagers d'une
« vie très passagère, mais qui nous paraîtrait peut-
« être trop longue encore si nous la regardions
« sous son vrai point de vue. L'homme ne naît
« que pour travailler, pondre, souffrir et mourir.
« Nous avons orné ce tronc informe et cadavéreux
« de feuillages empruntés, mais sans cesse renou-
« velés et qui jouent à des yeux enclins à se trom-
« per eux-mêmes la verdure naturelle et durable.
« Les baptêmes, la robe virile, les noces, jusqu'aux
« funérailles même, tout a pris par les soins des
« législateurs, hommes réfléchissants, un air de
« décoration et cette perspective variée et trom--
« peuse nous cache le mur. Tout donc ce qui peut
« être un remède contre l'accablement est un
« aiguillon au travail (1). »

Par ces moyens on pourra arrêter l'exode des
habitants des campagnes vers la capitale et les
villes. On ne fera pas revenir ceux qui ont déjà
émigré, les uns, il est vrai, pour vivre du travail le
plus actif, mais les autres pour passer leur temps
dans « l'oisiveté, la mollesse et l'enfance perpé-
« tuelles. » Il ne saurait être question sans doute
de détruire les villes ni même la capitale, « aussi
« nécessaire à un Etat que la tête l'est au corps (2); »
mais comme « le penchant naturel qu'ont les hom-
« mes de se rapprocher des commodités de la vie,

(1) *Ami des hommes,* p. 165.
(2) *Ibid.,* p. 80.

« des plaisirs et de la fortune » (1) tend sans cesse
à provoquer une concentration excessive de la population, le gouvernement essayera de réagir
contre elle par des moyens doux. Pour cela il
faudra tout d'abord s'efforcer de laisser dans les
provinces et dans les campagnes quelques carrières à l'ambition (2). Si les personnes qui par
leur rang social ou leur intelligence sont capables
d'occuper une situation supérieure, n'y trouvent
pas un emploi pour leurs facultés, rien ne les y
saurait maintenir. Or beaucoup de fonctions importantes pourraient être renvoyées en province particulièrement celles qui ont trait à la justice ; cela
permettrait en outre de dégager la capitale « sur-
« chargée de plaideurs et de chicaneurs » (3) et
d'éviter au public des déplacements onéreux. Actuellement, dit Mirabeau, le parlement de Paris
« rend la justice à un « grand tiers du royaume (4). »
C'est dire que la moindre contestation expose à des
dépenses énormes, pour aller plaider dans le pays
« où l'argent échappe le plus promptement et le plus
« nécessairement des mains de l'étranger ». Qu'on
vole un mouton à un pauvre homme ; si le juge
du lieu « inique ou ignorant adjuge le mouton au
« voleur, le pauvre perd un mouton. Mais en sup-

(1) *Ami des hommes*, p. 125.
(2) *Ibid.*, p. 52 et 53.
(3) *Ibia.*, p. 209.
(4) *Ibid.*, p. 211.

« posant qu'à trente lieues de là on lui rende jus-
« tice, il a vendu six de ses moutons pour subvenir
« aux frais du voyage et de la poursuite, tandis
« que le reste a été mal soigné : si cette justice en
« dernier ressort est à cent lieues, adieu tout le
« troupeau (1). »

On pourrait encore faire sortir de la capitale les
« officiers royaux qui tirent de la Province de
« grands appointements » et qui les consomment à
Paris, privant ainsi ceux qui les paient d'un moyen
de s'enrichir et des services auxquels ils ont droit.
Cette mesure serait surtout avantageuse à l'égard
des fermiers généraux dont « les fortunes im-
« menses choquent les yeux du public dans
« Paris » et s'y évanouissent en folles dépenses
qui finissent par retomber sur le contribuable.
Confinés en province, ils « y brideraient leur inso-
« lence, y transporteraient les arts, et y feraient
« vivre le pauvre peuple (2) ; » Mirabeau voudrait aussi renvoyer en province prisons, hôpitaux
et hospices. La présence de ces derniers sous les
yeux de ceux qui peuvent y trouver un refuge,
« augmente la pauvreté au lieu de l'éteindre...
« Cette fille qui craint moins l'hôpital à terme,
« parce qu'elle sait que son temps fait, elle se
« trouvera d'un saut au milieu des ressources de

(1) *Ami des hommes*, p. 211 et 212.
(2) *Ibid.*, p. 347.

« la débauche, éviterait plus les occasions de
« faire du bruit, si elle voyait ses semblables en-
« fermées dans un coche grillé et remontées sur la
« rivière jusqu'à Nogent, d'où il n'y aurait plus ni
« correspondances, ni facilités pour le retour. Ce
« vieil ivrogne qui se retire tranquillement à Bi-
« cêtre qu'il a prévu depuis trente ans, parce qu'il
« voit encore de là les tours de Notre-Dame, et
« qu'il peut même aisément venir revoir ses amis
« et le cabaret, y penserait à deux fois si le
« chemin de sa retraite était le coche d'eau de
« Montargis, pour aller de là prendre l'air de
« quelque sauvage canton du Hurepoix (1). »

De telles mesures ne peuvent atteindre que les
personnes qui par leurs fonctions ou leur situation sont sous la dépendance du gouvernement.
Mirabeau en préconise une autre d'une portée plus
générale qui doit conduire quoique indirectement
au même résultat, c'est « la division par des
« moyens doux des fortunes et des héritages ».
Nous savons déjà comment il la faut comprendre. « L'Ami des hommes » n'est nullement un
partisan exclusif de la petite propriété : le grand
propriétaire est au contraire pour lui un rouage
essentiel de l'organisation sociale, un initiateur
du progrès économique, un éducateur des mœurs
et l'extension de son domaine constitue une

(1) *Ami des hommes,* p. 349.

source importante d'autorité et d'influence. Cependant si la concentration dépasse les limites imposées par la nature des fonctions du propriétaire, elle devient un mal, car elle multiplie les consommations de luxe et détermine l'absentéisme. « Quel remède « à cela ? Non pas sans doute celui qu'employait « Tarquin sur les grands pavots de son jardin (1). » Mais il faut profiter de toutes les occasions pour maintenir le morcellement, par exemple ne pas permettre comme on le fait si souvent la réunion de bénéfices sur une même tête (2). Mirabeau va même jusqu'à se faire l'illusion de croire qu'on pourrait amener les intéressés à comprendre les avantages de la division des fortunes et à l'opérer spontanément. Il le dit du moins, peut-être pour faire excuser par la douceur de sa méthode de réforme l'âpreté de sa critique.

Pour « vivifier » la province, l'Etat ne peut pas se contenter d'y envoyer ou d'y maintenir des hommes, il doit encore donner un aliment à leur activité et pour cela s'efforcer de développer dans les diverses régions suivant leurs besoins et leur situation, à côté de l'industrie agricole l'industrie manufacturière. Mirabeau formule à cette occasion des propositions qui rappellent l'*Etat isolé* de Thünen et les théories de List sur le développement industriel complexe. « Il faut que les provinces ou territoires à portée

(1) *Ami des hommes*, p. 75.
(2) *Ibid.*, p. 47.

« de la capitale soient employés à la production
« des denrées comestibles journellement, et qui
« ne sauraient être amenées de loin ; que les pro-
« vinces plus éloignées, mais mitoyennes, soient
« destinées à porter les denrées qui peuvent
« souffrir le transport, que celles enfin qui sont
« hors de portée de pouvoir fournir des denrées à
« la capitale, paient leur contingent en matières
« ouvrées, dans lesquelles la forme emporte
« de beaucoup le fonds, et dont en conséquence
« un envoi en petit volume, eu égard à sa valeur,
« puisse supporter les frais d'un transport consi-
« dérable pour aller faire son paiement à la capi-
« tale (1). » En général cette répartition se fait
d'elle-même parce que chaque industriel cherche
l'emplacement qui lui convient, et sait le découvrir ; néanmoins, « les manufactures ont besoin
« de l'œil protecteur et vigilant du gouvernement;
« elles dépérissent quand elles ne sont pas sous
« sa main » (2). Ce n'est pas que Mirabeau demande
à l'Etat « une attention minutieuse, propre à
« devenir inquisition »... il croit au contraire,
comme nous l'avons vu, que « tant et tant d'or-
« donnances et de règlements partis d'ici, prétextés
« d'après quelques abus, et ouvrant la porte à une
« infinité d'autres, ont plus nui que servi » (3) ;

(1) *Ami des hommes,* p. 335.
(2) *Ibid.,* p. 344.
(3) *Ibid.,* p. 345.

mais « l'attention en grand » est indispensable,
pour éveiller à la vie « des germes d'industrie
« qui ne demandent qu'à éclore ».

C'est principalement sur les régions pauvres,
dénuées de capitaux, de débouchés, et de consommateurs, que l'Etat doit avoir les yeux fixés, parce
qu'elles sont incapables dé faire sans soutien, les
premiers pas dans la voie du progrès. Sans doute
il ne s'agit pas de « transporter des montagnes dans
« les plaines » ni de planter des orangers en
Sibérie ; il faut proportionner les premiers établissements à la consommation des lieux et aux
particularités locales (1) ; mais il est absolument
indispensable que l'impulsion première émane du
gouvernement même sous forme de subventions
si cela est nécessaire (2). Les charges pécuniaires
qui en résulteront pour le pays seront compensées par d'inappréciables avantages ; « à quel
« immense intérêt ne met-on pas les sommes
« avancées pour ces sortes d'objets ? Quelqu'un
« pourrait-il calculer ce qu'ont valu à la France
« les manufactures des Glaces, des Gobelins, des
« Van robès ? ce que vaudrait l'art d'ouvrer les
« dentelles comme à Malines et en Flandres (3) ? »
C'est ce que Colbert avait si bien compris et c'est
parce que ses successeurs n'ont pas suivi son

(1) *Ami des hommes*, p. 336.
(2) *Ibid.*, p. 341.
(3) *Ibid.*, p. 340.

exemple « que depuis la mort de ce grand ministre
« des milliers de branches d'industrie ont
« séché (1). »

Ces soins eux-mêmes seraient insuffisants pour
certaines régions appelées à un grand avenir économique mais dans lesquelles tout est à créer, tandis
que la population, pauvre, ignorante et clairsemée,
ne peut rien par elle-même. « Supposons que la
« prospérité de nos armes fût telle que nous en
« vinssions un jour à conquérir les landes immen-
« ses qui se trouvent entre Bordeaux et Bayonne. »
Il faudrait non seulement y « exciter l'industrie »
mais « créer des hommes et ce qui s'en suit : la
« fertilité. On commencerait sans doute par
« ouvrir et assurer deux grands chemins, pour les
« deux grandes routes principales qui traversent
« ces déserts ; songeant ensuite à en vivifier l'in-
« térieur et à multiplier les débouchés, on exami-
« nerait sur cette côte aride et dangereuse les
« différentes anses et petits ports qui peuvent y
« être rendus praticables pour le cabotage ; on en
« assurerait l'établissement par des travaux pro-
« portionnés, et l'on y attirerait des habitants par
« quelques petites franchises. Rentrant ensuite
« dans l'intérieur des terres, on chercherait et on
« trouverait les moyens de donner un écoulement
« aux eaux qui forment des lacs et des marais tout

______

(1) *Ami des hommes,* p. 342.

« au long de la côte, et dont l'engorgement retenu
« l'hiver sur la surface de ces plaines sablonneu-
« ses rend l'air malsain. On dessécherait les
« unes, on réduirait les autres en canaux...
« Toutes ces communications sont les veines du
« commerce qui se glisserait dans le pays, il y
« présenterait sa sœur la police qui bientôt détrui-
« rait efficacement ce qui reste d'usages barbares
« parmi ces espèces de sauvages... Le produit des
« terres ayant un débouché, on ne serait plus
« contraint de l'aller chercher au loin...; la cul-
« ture augmenterait en proportion et conséquem-
« ment le nombre des habitations. On privilégierait
« quelques paroisses pour des foires ou marchés.
« On ferait revivre en faveur de ces nouveaux
« colons un édit de Henri IV par lequel il
« exempte de toute charge pour un certain nom-
« bre d'années, toute possession d'un terrain in-
« culte remis en valeur. Peu à peu... les habitants
« se rassembleraient et se multiplieraient. Ils
« oublieraient le singulier axiome que je leur ai
« ouï dire à eux-mêmes : « *Sion qué trop dé*
» *moundé din quouestou païs: Nous ne sommes*
» *que trop de monde dans ce pays-ci;* » et ils
« diraient, comme disent partout ailleurs les gens
« de la campagne, qu'il leur manque des tra-
« vailleurs. L'on en viendrait enfin jusqu'à éta-
« blir de petites manufactures propres à la con-
« sommation du pays. Elle y est si bornée qu'il

« ne faut pas supposer une forte industrie ni des
« fonds considérables pour y suffire, et c'est tou-
« jours un grand bien pour un pays pauvre, de
« mettre sous la main de l'habitant ce qu'il ne
« peut s'empêcher de consommer (1). » Une pareille transformation ne se fera pas sans occasion-
ner des dépenses à l'Etat, mais il bénéficiera de la
plus-value des impôts ; « la finance qui suit tou-
« jours le commerce et la police, trouvera de quoi
« glaner sans déraciner ; le Prince sera content
« d'avoir conquis une belle province au lieu d'un
« désert » et la population elle-même sera beaucoup plus heureuse, malgré l'augmentation des
charges. « Si quelque vieillard acariâtre se rap-
« pelait que jadis il ne payait que quarante sols *de*
« *denier de pied de la taille* comme on parle en ce
« canton au lieu de douze livres qu'on en payerait
« alors,... on serait en droit de lui répondre : Oui,
» mais vous alliez nu-pieds et couverts de haillons
» aussi usés que vos bérets, et vous êtes mainte-
» nant vêtus et chauffés ; vous couchiez dans des
» chaumières de branchages, et vous habitez de
» bonnes maisons ; vous étiez seuls et exposés aux
» attaques des loups, vous êtes actuellement dans
» une province peuplée, policée, vivante ; l'air
» chez vous était malsain, les eaux mauvaises et
» croupissantes, la nature y était raccornie, les

(1) *Ami des hommes,* p. 188 à 190.

» bestiaux et les hommes petits et ne parvenant
» jamais à la vieillesse. Tout cela est maintenant
» réparé (1). »

Après avoir vivifié les Landes de Gascogne
Mirabeau voudrait vivifier le Berri. « Poussons plus
« loin nos conquêtes, et semblables à Pyrrhus,
« sans nous arrêter, joignons encore au corps du
« royaume le Berri (2)... Ce n'est point à la
« vérité une province maritime, mais bordée par
« la Vienne et cette admirable Loire, traversée
« par le Cher, et coupée de plusieurs autres pe-
« tites rivières, elle a toutes les facilités pour le
« commerce... Cependant la vivification inté-
« rieure y manque absolument, et tout y est cou-
« vert de brandes et de forêts, qui n'ont aucun
« débouché, tandis qu'on manque de bois pres-
« que dans tout le royaume. Bien des gens éclai-
« rés ont été à même de voir cela. Interrogez-les
« sur cet article, ils conviendront du fait, et n'en
« donneront d'autre raison que celle qu'ils ont
« apprise sur les lieux, à savoir que les gens du
« pays sont d'une ineptie et d'une paresse dont
« rien ne peut les tirer (3). » C'est peut-être une
conséquence de la misère ; mais en supposant
« que le peuple Berrichon soit de sa nature inepte
« et paresseux, je dis qu'on le guérira de ces

(1) *Ami des hommes*, p. 190.
(2) *Ibid.*, p. 191.
(3) *Ibid.*, p. 191.

« deux maux » en lui faisant sentir les avantages
du travail, et en le lui rendant plus facile. On lui
procurera des routes et des voies de communication ; on utilisera pour fertiliser le sol, les eaux
qui actuellement se perdent ou causent des inon-
dations ; « rassemblées dans de grandes retenues,
« elles ne s'échapperaient plus à leur volonté,
« c'est-à-dire par la route la plus courte et la plus
« basse, mais soutenues avec économie et portées
« aux lieux marqués, elles ne perdraient pas un
« pouce de pente qu'elles n'eussent eu leur objet et
« leur utilité. » Le développement de la culture
qui serait la conséquence de ces travaux augmenterait le nombre des habitants. « Ces nouveaux
« Berrichons, sûrement moins indolents que les
« premiers, apprendraient bientôt à fabriquer
« eux-mêmes sur les lieux leurs laines. La pro-
« tection du roi pasteur et quelques secours
« pécuniaires ne manqueraient pas pour aider
« aux établissements de ceux qui s'instruiraient
« de la sorte et bientôt en état de voler de
« leurs propres ailes, ils rendraient au centuple
« au souverain en subsides peu onéreux ce que sa
« bonté leur aurait accordé d'avances premiè-
« res (1). »

Ces deux exemples nous montrent comment
Mirabeau, poursuivant l'analyse de ses principes

____

(1) *Ami des hommes,* p. 193.

dans les plus petits détails de leur application,
s'est fait le promoteur d'un plan de « vivification »
économique dont l'utilité pratique a été démontrée
depuis par sa réalisation partielle. Nous allons le
voir maintenant, après avoir éveillé l'activité dans
les régions pauvres et déshéritées, étendre la sollicitude de l'État à l'ensemble du pays, pour l'exécution de certains travaux d'utilité générale qui
sont les voies de communication. C'est ici surtout que l'impulsion donnée de haut, la « direction en grand » est indispensable, pour établir
dans le réseau l'unité et l'harmonie. « La Capitale
« est le point central d'où partent tous les rayons
« qui doivent se porter avec une égale vivacité jus-
« qu'aux extrémités, et qui pompe aussi par la
« chaleur de ses rayons tout l'humide des diffé-
« rentes parties (1). »

Le concours de l'Etat est d'autant plus nécessaire pour l'exécution d'un plan de ce genre, que
certains des travaux qu'il nécessite ne sauraient
procurer aux particuliers des bénéfices immédiats.
C'est pourquoi « ces ouvrages, si dignes de l'atten-
« tion publique, passent pour idéaux en France où
« l'on regarde les faiseurs de projets comme des
« fous d'une classe aussi vaine que les alchimis-
« tes ». Il est bien vrai que « ceux qui propo-
« sent ces sortes d'opérations comme propres à

____

(1) *Ami des hommes*, p. 341.

« faire la fortune d'actionnaires intéressés, qui ne
« peuvent faire que de faibles avances et ne les
« veulent faire que pour peu de temps sont ou des
« fous ou des fripons » ; mais le roi et les provinces peuvent attendre que les communications établies par eux aient exercé leur influence vivifiante
et s'ils le veulent, « ils ne sèmeront que pour re-
« cueillir au centuple » (1).

Il faudra surtout faciliter les transports par eau
qui sont plus économiques que tous les autres « et
« épargnent les frais de voiture ainsi que les che-
« vaux de trait ». Or la France est particulièrement favorisée à cet égard : les eaux arrosent tout
le royaume, elles forment des rivières navigables
qui peuvent « être aisément jointes les unes aux
autres par des canaux ». Le meilleur type de ce
genre de travaux, c'est le canal de Languedoc dont
« la construction sera à jamais l'un des mémora-
« bles événements du règne de Louis XIV. Qu'on
« examine les difficultés du terrain immense qu'il
« parcourt, où son constructeur a été chercher les
« eaux, avec quel soin il a évité celles qui se trou-
« vaient sur sa route et qui auraient pu lui nuire:
« qu'on connaisse enfin ce que c'est que le Lan-
« guedoc, et l'on verra que puisqu'il a été possi-
« ble de faire un tel ouvrage dans ce terrain iné-
« gal, pierreux et sec, il n'est aucun canton du

(1) *Ami des hommes,* p. 342.

« royaume où l'on n'en puisse faire (1). » Il est
vrai qu'il s'agissait « de joindre les deux mers et
« que l'objet était digne de la dépense », mais si
ces entreprises étaient généralisées et conduites
avec méthode, la moindre d'entre elles pourrait
acquérir une importance énorme par l'étendue des
régions qu'elle mettrait en communication les unes
avec les autres, « le moindre canal particulier se
« trouverait par ses rapports avec d'autres faire
« partie de la jonction des deux mers dont il est
« seulement ici question, à savoir la capitale et les
« provinces » (2).

Toutes ces voies de communication par terre et
par eau mettraient la capitale en relation avec les
points les plus extrêmes du territoire national. Il
ne faudrait pas encore s'arrêter là : le pays doit
être « ouvert aux étrangers comme la capitale l'est
« aux habitants de la province : (3) » l'étranger
imitera bientôt notre exemple, et les marchandises pourront circuler aisément d'une extrémité
à l'autre des pays civilisés. Mais c'est principalement sur le commerce maritime que le gouvernement devra porter son attention ; il est si important que « la terre vaut moins en proportion
« de sa fécondité qu'en proportion de ce qu'elle

(1) *Ami des hommes*, p. 341.
(2) *Ibid.*, p. 342.
(3) *Ibid.*, p. 444.

» est à portée d'une mer navigable » (1). L'exemple
des Hollandais en est la meilleure preuve : « La
« mer ne baignait chez eux que des côtes basses et
« conséquemment exposées à tous les vents ; l'em-
« bouchure des rivières y formait des maré-
« cages sans fonds solides ; la nature enfin sem-
« blait avoir pour jamais condamné ces contrées
« ingrates et aquatiques à servir de retraite
« à des espèces d'hommes amphibies, dont la
« pêche serait l'unique moyen de subsistance.
« L'art et le travail ont corrigé et forcé la nature ;
« des digues prodigieuses ont fait des rivières et
« des ports. Le terrible élément s'est vu forcé de
« reculer devant des hommes laborieux... et l'Eu-
« rope étonnée a vu sortir de leurs marais des flot-
« tes victorieuses et tout le commerce de l'uni-
« vers (2). » Nous n'avons pas besoin en France
de faire d'aussi grands efforts ; les deux mers
qui baignent nos côtes sont favorables à la navigation, mais l'attention publique n'est pas assez
attirée sur son importance, et ceux qui s'en rendent compte sont traités de visionnaires et ridicu-
lisés. « On a mis en farce et exposé aux risées du
« public par l'organe de M. Ormin, faiseur de pro-
« jets à la comédie, le plus utile de tous qui est
« devenu proverbe : c'est de *mettre toute la côte*

(1) *Ami des hommes,* p. 445.
(2) *Ibid.,* p. 446.

« *en ports de mer* (1). » Alors que nous étions occupés à rire de ce « projet idéal », les Hollandais l'avaient exécuté. De là vient la différence entre leur marine et la nôtre.

*
* *

Cette conception du rôle de l'Etat que nous venons d'exposer d'après Mirabeau est précisément celle qui dès le commencement du xix⁰ siècle a passé progressivement dans le domaine de la pratique. L'Etat moderne a réalisé de grands progrès dans la voie du libéralisme : il a débarrassé l'industrie et le commerce de la multiplicité des lois et règlements qui les étouffaient, proclamé le principe de la liberté de travail, abandonné complètement à l'initiative individuelle la direction de la production. Il est vrai que pendant un certain temps son libéralisme a été entaché d'impuissance et d'inertie ; mais depuis un demi-siècle, il a renoncé à son inaction, pour mettre partiellement en pratique et non sans succès, le plan que Mirabeau lui avait tracé.

Sans se laisser entraîner par les exagérations que ce succès joint à l'abstention de la période précédente a inspirées à certaines écoles, il faut bien reconnaître que l'Etat peut exercer une action bienfaisante dans divers domaines

____
(1) *Ami des hommes*, p. 446.

de l'activité économique et que sans son intervention ou son concours, la plupart des nations
modernes n'auraient pu réaliser d'aussi grands
progrès dans le développement des voies de communication, et particulièrement des voies ferrées,
qu'après avoir présidé à leur construction, encouragé leur exploitation, il est capable dans certains
pays tout au moins, de la prendre à sa charge.

L'expérience nous montre également que l'Etat
peut jouer dans la production un rôle utile ;
ordonner des enquêtes, centraliser des renseignements, créer des établissements modèles, donner
l'impulsion à des industries retardataires, leur
faciliter les moyens de crédit, les défendre contre
la concurrence étrangère. Enfin on ne saurait
nier davantage qu'il puisse se faire, ainsi que le
lui recommandait Mirabeau, le « défenseur du faible
« contre le fort », et protéger contre toute atteinte
la personnalité individuelle dont le développement
demeure la source et le but du progrès social.
Toutes ces idées qui commencent à prendre pied
aujourd'hui, au milieu de l'ébranlement des doctrines provoqué par le conflit des écoles adver-
ses, et qui semblent être l'un des résultats les plus
clairs de leurs discussions dans le domaine de l'art
économique, Mirabeau a eu le rare mérite de les
apercevoir à un moment où les esprits directeurs
de l'opinion, découragés par les abus de l'auto-

rité, allaient se lancer à corps perdu dans des doctrines purement négatives.

II

L'Etat chargé dans l'intérêt général d'une mission qui entraîne des dépenses, doit pouvoir demander à ceux qui profitent de ses services, les ressources dont il a besoin. Or au temps de Mirabeau les deux sources auxquelles l'Etat peut puiser c'est-à-dire l'impôt et le crédit public, sont également embourbées ou taries, et tous les efforts tentés pour les dégager n'ont réussi qu'à les obstruer davantage. Le déficit existe à l'état chronique depuis la fin du règne de Louis XIV, et on ne réussit à le combler qu'au moyen de procédés déloyaux ; « le péril financier « est la conséquence de la plus ancienne et de la « plus déplorable suite de malversations (1). » Dès 1713 on a réduit des deux tiers un certain nombre des rentes sur l'hôtel de ville ; au moment où Mirabeau écrit l'*Ami des hommes*, le xviiie siècle a déjà assisté à trois faillites, l'une en 1715, l'autre en 1721, la troisième en 1726. On a eu recours à des emprunts usuraires, des suspensions de paiement, des altérations de monnaie (2), et c'est à

(1) Stourm, *Les finances de l'ancien régime et de la révolution*, 1, p. 4.
(2) Stourm, p. 9-17.

peine si une fois en 1740 on a pu obtenir l'équilibre budgétaire.

Cependant les impôts sans cesse accrus sont écrasants. Les exemptions qui ne sont plus compensées par aucun service subsistent presque intégralement ; les biens nobles continuent à ne pas payer la taille et si les nouvelles taxes comme la capitation et les vingtièmes s'appliquent à tous, les privilégiés ont réussi à en secouer presque entièrement la charge (1). La répartition et la perception s'opèrent d'ailleurs sous le régime de l'arbitraire le plus absolu, et dans les formes les plus vexatoires, que les auteurs du temps ont amèrement critiquées. Les collecteurs de la taille, « dit Boisguilbert, réunis en groupes compacts « pour se soutenir les uns les autres, com- « posent une espèce d'armée qui pendant une « année entière passe son temps à battre le pavé, « sans presque rien recevoir que mille injures et « mille imprécations ». On refuse de les payer dans la crainte d'être taxés davantage l'année suivante. On est obligé d'acheter la bienveillance des sergents et huissiers, pour éviter les exécutions, les emprisonnements, les ventes arbitraires du bestiaux ; « la moindre incommodité que la taille

(1) Necker, *Administration des finances*, i, p. 19, 102.— Waroquier, *État de la France en 1789*, i, p. 541.—Tocqueville, *L'ancien régime et la Récolution*, p. 406.—Taine, i, p. 26 et 27.

« apporte aux peuples consiste encore dans les
« sommes qui en reviennent au roi (1). » Suivant
l'énergique expression de Hume, l'impôt est de-
devenu une « peine infligée à la richesse et à
« l'industrie » qui est détournée de tout effort et
de tout progrès.

Le produit de ces impôts perçus au prix de tant
d'iniquités et de souffrances ne fut jamais plus
inutilement employé. Il sert en grande partie à
alimenter des pensions, à entretenir des charges
honorifiques, des sinécures ecclésiastiques, ou
laïques. Les privilégiés qui ne paient pas l'impôt sont ceux qui en profitent le plus. On voit
des gouverneurs de province dont la seule fonction est de donner à dîner quand le roi veut bien
leur permettre d'aller résider dans leurs gouvernements qui jouissent comme celui du Languedoc
d'un revenu de 160.000 livres, des sous-comman-
dants, des lieutenants généraux, qui, outre leur
traitement reçoivent des gratifications de onze à
quinze mille livres (2). La plupart de ces personnes si largement rémunérées ne rendent à la
société aucun service effectif. « Les grands offi-
« ciers de palais, gouverneurs des maisons roya-
« les, capitaines des capitaineries, chambellans,
« écuyers, gentilshommes servants, gentilshommes
« ordinaires, pages gouverneurs, aumôniers, cha-

(1) Boisguilbert, Collection Guillaumin, I, p. 187.
(2) Taine, I, p. 102-106, *passim*.

« pelains, dames d'honneur, dames d'atour, dames
« pour accompagner chez le roi, chez la reine, chez
« Monsieur, chez Madame, chez le comte d'Artois,
« chez la comtesse d'Artois, chez Mesdames, chez
« Madame royale, chez Mme Elisabeth, dans cha-
« que maison princière et ailleurs, des centaines
« d'offices pourvus d'appointements et d'acces-
« soires sont sans fonction ou ne servent que pour
« le décor (1). »

Comme ces fonctions même nominales finissent
par devenir encombrantes en raison de leur nombre, on en arrive bientôt à les remplacer purement et simplement par des pensions qu'on multiplie sous le moindre prétexte : les plus opulents
tendent la main sans vergogne, et se considé-
reraient comme déshonorés de ne pas obtenir.
Mais c'est un déshonneur qu'ils n'encourent que
rarement. « La noblesse étant un ornement du
« trône, c'est au possesseur du trône à le
« redorer aussi souvent qu'il le faudra » (2), et il
n'hésite pas à le faire. Taine cite sur ce point
un grand nombre de chiffres très significatifs,
empruntés au journal du duc de Luynes, aux
mémoires du marquis d'Argenson, à beaucoup
d'autres contemporains, qui montrent bien de quel
poids les générosités du roi pesaient sur le contribuable à cette époque. C'est le prince de Pons qui

(1) Taine, I, p. 107.
(2) Taine, p. 108.

a 25 000 livres de pension et en obtient bientôt après 6000 pour sa fille et 15.000 pour son fils. Le ministre de Séchelles, titulaire d'une pension de 20.000 livres, en reçoit encore 40.000 au moment où il se retire de ses fonctions. M. de Puisieux jouit d'une pension de 77.000 livres parce que ses biens très considérables étant en vignes lui donnent des revenus incertains. En une semaine on distribue 128.000 livres de pension aux dames de la cour. Le prince de Conti reçoit 1.500.000 livres pour payer ses dettes. « En « 1780, quand Louis XVI voulant soulager le « trésor signe la grande réforme de la bouche, on « donne à mesdames 600.000 livres pour leur « table. Rien qu'en dîners voilà ce que trois « vieilles dames en se retranchant coûtent au « public (1). » Tout est à l'avenant et il faut tenir compte pour apprécier l'étendue du sacrifice, de la puissance d'acquisition de la monnaie beaucoup plus grande qu'aujourd'hui.

Parmi les économistes et les financiers de l'époque, quelques-uns, comme Boisguilbert, et Vauban avant lui, commencent à s'indigner et à protester contre ce gaspillage. Quant aux autres, s'ils n'approuvent pas tous les abus, ils soutiennent

(1) Taine, I, p. 108-110. Cf. Duc de Luynes, *Journal*, XIV, p. 147, 295. XV, p. 36-119. D'Argenson : *Mémoires*, 8 avril 1752, 30 mars et 28 juillet 1753, 23 juin 1755. Necker. *Administration des finances*, II, pp. 265, 269, 270, 271, 282.

cependant des théories qui les atténueraient singulièrement si elles étaient fondées. Ils s'inquiètent
de la diminution du crédit public, ils condamnent
les malversations qui en sont la cause, mais ils
se préoccupent peu de l'augmentation des dépenses, persuadés qu'on peut y faire face, sans charger
le contribuable, au moyen des emprunts. Melon
pense que « les dettes d'un Etat, sont des dettes
« de la main droite à la main gauche dont le corps
« ne se trouve point affaibli, s'il a la quantité
« d'aliments nécessaires et s'il sait les distri-
« buer (1) ». C'est également l'opinion de Voltaire :
« Un Etat qui ne doit qu'à lui même ne s'appau-
« vrit pas, et ses dettes mêmes sont un nouvel
« encouragement pour l'industrie ». Le crédit
offre donc à la société des ressources qui n'ont
d'autre limite que la confiance et la richesse des
capitalistes. Certains vont même beaucoup plus
loin et ont la prétention de démontrer que l'augmentation des impôts est utile à la prospérité du pays.
« Les personnes, dit Hume, qu'on désigne en Angle-
« terre sous le nom de gens d'affaires et qu'on
« appelle financiers en France, établissent pour
« maxime que les nouveaux impôts, bien loin de
« ruiner les peuples, sont une source de richesse
« pour eux et que chaque augmentation du fardeau
« public augmente dans les mêmes proportions

(1) Collect. Guillaumin, 1, 802.

« l'industrie de la nation (1). » Il cite particulièrement l'opinion de Guillaume Temple qui explique
les progrès économiques de la Hollande par les
obstacles naturels qu'ont rencontrés les habitants
du pays et propose de les remplacer par des obstacles artificiels consistant dans l'accroissement des
charges fiscales, qui augmenteront le prix des
subsistances et stimuleront les ouvriers au travail.
Hume n'approuve pas complètement ces propositions car, dit-il, au-delà d'un certain degré « l'ac-
« croissement des impôts cesse d'être avantageux
« à l'industrie de la nation et lui devient préjudi-
« ciable », il craint même qu'en Europe, l'augmentation des charges n'aboutisse bientôt à « l'anéan-
« tissement de toute espèce d'industrie » (2). Mais
il croit en principe à l'effet stimulant de l'impôt et
remarque à cette occasion que dans les années
d'abondance les ouvriers s'abandonnent plus volontiers que dans les années de disette à l'oisiveté et à
la débauche (3). Avec quelque bonne volonté, et les
financiers ainsi que les gens de toute catégorie
intéressés au gaspillage en avaient beaucoup à cet
égard, on arriverait à conclure de ces théories, qu'un
Etat peut indéfiniment augmenter ses dépenses,
sauf à combler les déficits du budget au moyen

(1) Hume : *Essai sur le commerce.* Traduc. franç. de
1765, p. 124.
(2) *Ibid.*, p. 28.
(3) *Ibid.*, p. 27.

de l'emprunt, et des impôts, le tout, non seulement
sans dommage pour la nation, mais encore pour
son plus grand avantage. Mirabeau proteste éner-
giquement contres ces doctrines, et condamne dans
son ensemble l'organisation financière aussi bien
au point de vue du crédit public que des
impôts.

***

Tout d'abord Mirabeau n'admet pas qu'on recoure
aussi facilement à l'emprunt qui entraîne les conséquences les plus fâcheuses aussi bien pour l'Etat
qui le perçoit que pour le contribuable qui en
paie les intérêts. L'extension des ressources publiques par l'emprunt n'est le plus souvent qu'une
occasion de gaspillages, sous forme de dépenses
inutiles ou même dangereuses : « la plupart des
« gouvernements qui furent et seront, se trouvent
« dirigés ou balancés de façon que le meilleur
« moyen de leur nuire, sans s'épuiser soi-même
« en efforts ruineux, serait de leur envoyer tout
« l'argent qu'on veut bien sacrifier à leur faire la
« guerre (1), » formule paradoxale qu'il ne faudrait
pas prendre à la lettre mais que Mirabeau employait à dessein par réaction contre l'optimisme
des partisans de l'emprunt et particulièrement de
Melon.

(1) *Ami des hommes*, p. 359 et 360.

Quel que soit d'ailleurs, dit Mirabeau, l'usage
fait par l'Etat des sommes qu'il se procure par ce
moyen, il lui reste sur les bras la charge des intérêts à payer et du capital à rembourser. Si cette
dette existe vis-à-vis de l'étranger, « l'Etat devient
« son tributaire d'autant (1). » On dit que sa situation prépondérante lui permet de « faire la loi
« à ses prêteurs, » mais que signifie cette formule
pour un Etat qui veut se conduire honnêtement ?
Or il le doit et il y est intéressé, s'il tient à conserver son crédit. L'emprunt contracté à l'étranger n'a
donc d'autre résultat que de fournir à l'Etat un capital dont il fait mauvais usage, en mettant le
remboursement à la charge de la partie laborieuse
et active de la nation. Si l'emprunt est contracté
à l'intérieur du pays, le dommage est encore plus
grand. Il y a dans la nation un déplacement de
richesse et d'activité, dont, quoi qu'en pense Melon,
les conséquences ne sont pas négligeables : il n'est
pas toujours indifférent que la main gauche perde
ce que l'on fait gagner à la main droite. « Si j'écor-
« che ma main gauche pour revêtir d'une
« double peau ma main droite, je m'incommo-
« derai certainement des deux parts, et c'est pré-
« cisément ce que je fais en augmentant dans l'Etat
« l'ordre des rentiers. Soit en regardant l'état
« primitif de l'homme condamné au travail, ou
« d'autre part les avantages qui reviennent à la

______
(1) *Ami des hommes,* p. 367.

« société de l'industrie et de l'activité des parti-
« culiers, tout homme qui vit sans rien faire est
« une chenille dans l'Etat (1).» Or à mesure qu'on
augmente les emprunts on accroît le nombre de
ceux « qui ne font que recevoir et que jouir » (2) et
on met l'Etat dans la nécessité « de sucer chez les
« pauvres en faveur des riches » (3). L'activité
économique sous toutes ses formes en est di-
minuée, mais le plus grand dommage est pour
l'industrie agricole, soit parce que l'emprunt qui
offre un placement facile aux propriétaires des
terres les détourne des améliorations foncières et
les incite trop souvent à l'aliénation de leurs
domaines, soit parce que l'accroissement d'impôts
qui résulte de la nécessité de payer les intérêts de
l'emprunt resserre la consommation et diminue
la valeur des produits agricoles, de sorte qu'en
dernière analyse, pour Mirabeau, comme plus tard
pour les Physiocrates, les charges fiscales finissent
toujours par retomber sur l'agriculture (4).

Cependant malgré les inconvénients qu'il découvre à l'emprunt, Mirabeau fidèle à son principe
de modération et de prudence reconnaît que dans
certains cas il est indispensable de recourir au

(1) *Ami des hommes*, p. 373.
(2) *Ibid.*, p. 374.
(3) *Ibid.*, p. 370.
(4) *Ibid.*, p. 375. Cette idée servira de base à la théorie
de l'impôt unique.

crédit, mais il voudrait qu'il fût réorganisé sur de nouvelles bases. Il se plaint qu'on ait négligé les principes de bonne foi et de probité dans les rapports de l'État avec les individus et augmenté par là les charges fiscales au lieu de les diminuer. C'est ainsi qu'«en style de finances on ne consi- « dère guère, à moins que la faveur ne s'en mêle, « certains reliquats d'engagements onéreux que « le roi a été dans le temps obligé de contracter « avec des gens d'affaires, que comme des pré- « tentions surannées,... ou l'on ne solde avec eux « qu'à leur désavantage et qu'autant que la moi- « tié de la somme aura acheté des protecteurs (1). » C'est déterminer d'avance les entrepreneurs de l'avenir à « faire leur main dès qu'ils le pourront, « et mettre dans les marchés en sus du profit la « perte des reliquats... Si l'entrepreneur a préva- « riqué dans son entreprise, qu'il soit pendu sans « miséricorde ; mais de crainte de souiller le « gouvernement du soupçon d'avoir voulu enri- « chir le Trésor de la dépouille de ce miséra- « ble » (2), qu'on distribue à ses héritiers ce qu'on lui a promis.

L'État devrait s'inspirer des mêmes principes de justice dans ses rapports avec tous ses créanciers à un titre quelconque, et particulièrement avec les rentiers. Les suspensions de paiement, les faillites

(1) *Ami des hommes*, p. 390.
(2) *Ibid.*, p. 391.

ne font que rendre le crédit plus onéreux en augmentant l'intérêt. On s'imagine à tort que l'État est
au-dessus des lois, c'est la plus dangereuse des
illusions : « vérité, probité, bonne foi, sont les
« vrais appuis de tout gouvernement (1)... La
« mauvaise foi des puissants, est plus odieuse et
« plus impardonnable que celle du pauvre. Plus
« on est au-dessus des lois coercitives, plus on ris-
« que en proportion de sa puissance à s'en affran-
« chir. Ce que les lois ne peuvent faire, le discré-
« dit (excommunication civile et loi des lois dans
« l'humanité) le fait ; et malheur aux grands une fois
« atteints de cette lèpre incurable, malheur à leur
« réputation, à leur fortune, à leurs entreprises :
« tout leur brise dans la main pour en avoir cru des
« guides aveugles, et faute de quelque application
« qui leur eût aisément fait découvrir dans l'exacte
« observation de leurs paroles, la véritable voie
« de secouer tous engagements onéreux et d'être
« en état de n'en contracter que d'utiles. En con-
« séquence je tiens que ce sont des esprits gau-
« ches et des cœurs faibles ou pervers, qui les
« premiers ont établi dans les maximes d'État un
« relâchement qui déshonorerait les particu-
« liers (2). »

(1) *Ami des hommes*, p. 385.
(2) P. 384.

*
* *

La réforme préconisée par Mirabeau en matière
d'impôts n'est pas moins profonde que celle qu'il
veut réaliser dans le crédit public. Bien qu'elle porte
l'empreinte de l'esprit féodal et ne soit pas complètement dégagée des préjugés du temps, elle forme
avec les pratiques financières du xviii° siècle et les
théories le plus généralement répandues à cette époque un contraste très net. Elle est dominée en effet
par une conception du rôle et du but de l'impôt que
le gouvernement depuis plus d'un siècle semblait
avoir complètement perdue de vue à supposer qu'il y
eût jamais songé. L'impôt apparaît à Mirabeau
comme un sacrifice que « la propriété particulière fait
« à la propriété générale en vue de sa conservation et
« de son amélioration » (1). Il est établi non au profit
de l'Etat qui le perçoit mais au profit du contribuable qui le fournit, car l'autorité « doit toujours
« s'exercer dans l'intérêt de celui qui obéit ». De
là découle une importante conséquence, c'est que
le public après avoir payé l'impôt a le droit d'être
payé de ses sacrifices par des services rendus. « La
« circulation de ces deux paiements doit sans cesse
« être en mouvement du centre de l'État à ses extré-
« mités les plus reculées, c'est un principe mathé-
« matique de droit public (2)..... Un prince ne peut

(1) *Ami des hommes.* p. 183.
(2) *Ibid.,* p. 184.

« rien tirer de son peuple qu'il ne soit obligé de
« le lui rendre de la main à la main (1)... » A cette
seule condition « *le change est au pair entre les*
« *sujets et le maître* (2). »

Aussi Mirabeau s'élève-t-il avec indignation
contre le gaspillage des fonds publics et l'abus
des pensions aux personnes qui en ont le moins
besoin. Il y voit la marque de la corruption et un
signe certain de décadence aussi bien dans le gouvernement que chez ceux qui reçoivent et qui
osent même demander : « Eh quoi ! l'élite et les
« principaux d'une nation entière auraient le front
« de substituer à leurs fonctions naturelles de ci-
« toyens celle de quêteur et demandeur constant
« et perpétuel, d'assiéger l'antichambre du prince
« et le cabinet de ses ministres, avec le sentiment in-
« térieur et découvert de n'avoir pas mérité ce qu'ils
« demandent ! C'est cependant le point où on en
« viendra », ajoute Mirabeau qui parle au futur et
qui pense au présent, « et dont on trouverait peut-
« être des exemples sans remonter aux cours
« d'Artaxerxès et de Darius. Celui qui obtient
« une pension de six mille livres pense-t-il qu'il
« enlève la taille de six villages, et si le prince
« ignore avec quelles convulsions de détail il faut
« arracher la perception de cette taille, est-il per-

(1) *Ami des hommes*, p. 201.
(2) *Ibid.*, p. 185.

« mis à lui, particulier, de l'oublier (1) ? » Cependant on l'oublie à ce point que beaucoup de gens se croient « déshonorés du refus de marquer leurs « habits d'une goutte de sang du peuple » (2).

C'est contre ce débordement de dépenses inutiles au profit de gens qui ne rendent aucun service et qui n'ont rien mérité qu'il faut surtout s'élever et non pas contre l'augmentation des impôts car elle peut être profitable si on fait bon usage de leurs produits : « Une province pourrait ne rien payer « du tout et cependant être très misérable (3). » Inversement « elle peut être imposée dix fois au- « tant qu'elle l'était jadis et cependant être moins « foulée ». L'important est donc qu'une « province « ne paie pas plus qu'elle ne reçoit » (4). Toutefois cette règle de l'équivalence entre l'impôt et les services ne doit pas être interprétée d'une façon trop rigoureuse, il faut la compléter par une autre plus importante encore dans laquelle Mirabeau voit « tout le secret de la vivification intérieure », c'est celle de la *proportionnalité de l'impôt aux forces des contribuables* (5). Loin de le considérer comme un stimulant de l'activité, il l'envisage plutôt

(1) *Ami des hommes*, p. 142.
(2) *Ibid.*, p. 258.
(3) *Ibid.*, p. 187.
(4) *Ibid.*, p. 195.
(5) *Ibid.*, p. 200. Cette idée pourrait conduire Mirabeau à l'impôt progressif mais il ne paraît pas y avoir jamais songé.

comme une cause de découragement et d'inertie. «Je
« ne connive pas, dit-il, à l'axiome des idiots ou des
« gens de sac et de corde, qui prétendent qu'il faut que
« le paysan soit misérable pour qu'il travaille (1). »
Partout où l'on constate que l'impôt par son poids
excessif produit la misère on doit l'alléger. « Quand
« il faut la force et des contraintes pour faire ac-
« quitter la dette du peuple, c'est un signe certain
« que la dette est trop forte, il faut la diminuer;
« sinon de contrainte en contrainte on en viendra
« jusqu'à le ruiner tout à fait (2). » Dans les pays
pauvres, et qui supportent péniblement l'impôt,
un gouvernement habile « diminuera la recette et
« augmentera la dépense. On croira sans doute
« que la langue ou la tête m'ont tourné ; je ne ré-
« ponds pas du dernier point ; mais c'est précisé-
« ment ce que j'ai voulu dire. Je diminuerais la
« recette aux lieux où la perception se ferait dif-
« ficilement, et j'y augmenterais la dépense de
« l'Etat, sauf à retrouver mon compte par une
« diminution de dépense aux lieux où l'argent re-
« gorge de lui-même (3). » Cette méthode serait en
dernière analyse avantageuse pour tout le monde,
pour l'Etat d'abord qui s'enrichirait en développant
dans les régions déshéritées une prospérité dont il
bénéficierait par la suite, pour les contribuables

(1) *Ami des hommes*, p. 65.
(2) *Ibid.*, p. 196.
(3) *Ibid.*, p. 196.

eux-mêmes, car les habitants d'un pays sont
solidaires les uns des autres ; le plus puissant doit
ménager le plus faible pour qu'il ne succombe pas
sous le faix, sinon « le voisin alors semblable au
« cheval de la fable sera obligé de porter sa charge
« et sa peau en sus ».

Après avoir déterminé le but et le rôle de l'impôt,
le marquis de Mirabeau se demande qui doit le
payer. Dans son mémoire sur les Etats provinciaux (1), il résout la question non sans embarras, mais
du moins sans hésitation, dans le sens traditionnel,
et se prononce pour les exemptions du clergé et
de la noblesse. Il en donne d'ailleurs d'assez
mauvaises raisons : le clergé administre les biens
de l'Eglise et des pauvres, la noblesse paie les
impôts de consommation et l'impôt du dixième,
et si elle conserve quelques faibles avantages, elle
les mérite en dépensant au service militaire beaucoup plus qu'elle ne gagne. Dans *l'Ami des
hommes*, il est visible que Mirabeau n'a pas
encore changé d'avis, mais le silence qu'il garde
sur cette question à laquelle il fait seulement
de brèves allusions, montre assez que son embarras s'est accru, peut-être sous l'influence de
son frère le bailli qui admettait depuis longtemps
le principe de l'égalité devant l'impôt. Dès 1754,
dans ses lettres au marquis, il montre en effet que

(1) Edition de 1760, p. 163.

les impôts « ne sont onéreux qu'en raison du
petit « nombre de citoyens qui les portent » (1)
et dans son mémoire sur le crédit il déclare
nettement que « tous les impôts doivent porter
« sur toutes les parties de l'Etat » (2). Ce n'est
qu'après sa conversion à la Physiocratie que
Mirabeau se ralliera aux idées de son frère en lui
exprimant le regret de ne l'avoir pas fait plutôt :
« tout ce que tu penses, sur les privilèges de nobi-
« lité est digne de nous ; je me reproche en quel-
« que sorte, maintenant que j'ai cavé à fond les
« principes économiques, d'avoir fort appuyé
« quoiqu'en passant sur l'immunité de ces sortes
« de privilèges » (3).

Mais si Mirabeau a subi sur ce point pendant
une partie de sa vie la pression des préjugés de
son temps et de sa classe, les abus dans la répartition et dans la perception des impôts ont toujours
trouvé en lui un adversaire déterminé. L'arbitraire
en cette matière constitue à ses yeux une atteinte
grave au fondement même de l'organisation sociale,
c'est-à-dire à la propriété et par conséquent à
la source de toute activité et de tout effort.
Aussi demande-t-il « que la distribution et ré-
« partition des charges et impôts soit soumise
« à des règles si invariables que chacun voie son

(1) Lettre inédite du marquis de Mirabeau, 1754.
(2) Mémoire inédit sur le crédit public.
(3) Lettre inédite, 11 juin 1760.

« tarif », qu'il ne dépende pas « d'un chaos d'in-
« terprétations et de décisions. » Sinon l'Etat
n'aura plus en face de lui que « des insolvables
« et des êtres honteux qui font les pauvres par
« crainte de surcharge » (1). C'est précisément, dit
Mirabeau, le spectacle que nous avons actuellement
sous les yeux pour la perception de la taille même
chez ceux qui ont les moyens de s'acquitter. « Le
« terme expiré, à l'heure et à la minute la con-
« trainte marche, et les collecteurs quoique aisés
« et qu'au fond cette garnison soit fort chère, se gar-
« dent bien de la renvoyer en payant, attendu que
« ces sortes de frais sont d'habitude et qu'ils y
« comptent au lieu qu'ils craignent, s'ils devenaient
« plus exacts, d'être plus chargés l'année d'ensuite,
« et voici pourquoi : le Receveur qui connaît bien
« sur quoi porte l'assiette de ses tailles et que ses
« collecteurs sont solvables, envoie contrainte
« pour la forme en ce qui concerne le roi, et pour
« le fond relativement à lui. Son homme ne fait que
« se montrer et sert en même temps de garnison
« pour quatre villages. Ne coûtât-il que deux livres
« par jour au lieu de quatre, comme cela se doit
« en conscience, c'est toujours huit livres par jour
« qu'il gagne, et c'est le premier argent qui paie
« cela. Ce fainéant, lui, ne coûte au receveur que
« vingt sols par jour tout au plus, attendu qu'il

(1) *Ami des hommes*, p 122.

« a son franc repaître dans les lieux de son dé-
« partement : *ergo*... Or si certaines paroisses
« s'avisaient d'être exactes et de payer sans attendre
« la contrainte, le receveur qui se voit ôter le plus
« clair de son bien, se met de mauvaise humeur, et
« au département prochain, entre lui, Messieurs
« les Elus, le sub-délégué et autres Barbiers de la
« sorte, on s'arrange de façon que cette exacte pa-
« roisse porte double faix pour lui apprendre à
« vivre (1). » D'où Mirabeau conclut : « qu'un
« ordre vague de perception qui tient toujours en
« l'air un objet de surcharge pour celui qui met à
« découvert son bien et son industrie, est de tous le
« plus fautif, le plus ruineux et le plus semblable
« à la façon dont les Housards lèvent des contri-
« butions dans les malheureux pays qui sont en
« proie à leurs brigandages (2). »

Toutes ces idées de Mirabeau sur le crédit public et les impôts sont éparses dans l'*Ami des
hommes*. Il les y a développées pour ainsi dire accessoirement et bien que certaines d'entre elles
aient eu le mérite d'une nouveauté relative, c'est
dans le mémoire sur les Etats provinciaux qu'on
trouve la partie la plus originale de ses doctrines
financières. L'idée qu'il y préconise de confier la
répartition de l'impôt en même temps que sa perception à des assemblées élues par les contribua--

_____

(1) *Ami des hommes*, p. 197 et 198.
(2) *Ibid.*, p. 199.

bles, en généralisant un système qui de son temps était encore en vigueur dans les pays d'Etat, n'est pas restée dans le domaine de la théorie ; les assemblées provinciales créées sous Louis XVI n'en sont qu'une application, et les services qu'elles ont rendus montrent assez le parti qu'on en eût pu tirer si leur organisation n'eût été trop tardive (1).

(1) Léonce de Lavergne, *Les Assemblées provinciales sous Louis XVI.*

TABLE DES MATIÈRES

INTRODUCTION

PREMIÈRE PARTIE

DEUXIÈME PARTIE

IMPRIMERIE F. DEVERDUN, BUZANÇAIS (INDRE).